Renate Maria Hörth

# Die Bäume haben uns viel zu sagen

„Wacht auf und erkennt uns -
wir sind an eurer Seite,
sobald ihr uns wahrnehmt."

Verlag LiebeWissen

Herausgegeben von Dagmar Brigitte Reuleke

## Über die Autorin

Renate Maria Hörth (1955 – 2022) war Dipl.-Soziologin, Politologin und Philosophin. Sie wirkte u.a. als Heilpraktikerin für Psychotherapie und Seminarleiterin. Sie arbeite und forschte an einer neuen Therapieform, die weniger Modell und Leitfaden, sondern mehr Türöffner ist.

Von klein auf hatte sie Kontakt zu anderen Dimensionen und konnte mit Pflanzen und Tieren kommunizieren und sie auch heilen.

Zu Bäumen hatte sie einen besonderen Herzenskontakt. 2007 empfing sie von ihnen dieses Buch.

© 2024 Dagmar Brigitte Reuleke (Herausgeberin) V6
Verlagslabel: LiebeWissen

Druck und Distribution im Auftrag der Herausgeberin:
tredition GmbH, Heinz-Beusen-Stieg 5, 22926 Ahrensburg, Deutschland
Coverfoto von: tradition GmbH

ISBN
Paperback    ISBN 978-3-384-23620-3
Hardcover    ISBN 978-3-384-23161-1
Paperback englisch    ISBN 978-3-384-23165-9

# Inhalt

# Hinweise der Herausgeberin

Renate Maria Hörth hat dieses Buch 2007 von den Bäumen empfangen. Damals war die Zeit noch nicht reif für eine Veröffentlichung. Aber heute ist es aktueller denn je, denn es geht um Erwachen und Aufstieg und eine Neue Erde, welches alles nicht ohne ein erweitertes Bewusstsein geht, das uns eins mit den Bäumen, der ganzen Natur, Mutter Erde und allen Seinsreichen weiß.

Bei diesem Evolutionsschritt wollen uns die Bäume mit diesem Buch helfen.

Renate Maria Hörth hat ihren irdischen Körper 2022 verlassen und ich bin dankbar, die Aufgabe übernehmen zu dürfen, dass die Botschaften unserer Brüder Bäume verbreitet werden.

Die meisten Texte waren schon in PC getippt, einiges jedoch noch von Tonband zu transkribieren. Das Vorwort war handschriftlich verfasst und die Worte an einigen Stellen nur zu erahnen. Die ersten Sätze vom Vorwort musste ich leider ganz weglassen, da sie nicht zu entziffern waren.

Und hier noch eine Bitte: Dieses Buch ist kein intellektuelles Buch, es muss mit dem Herzen gelesen werden und transportiert eine hohe Schwingung. Nehmen Sie sich beim Lesen die Zeit, die es braucht, um die Energie dieses wunderbaren Werkes zu empfangen und zu integrieren. Auch ich konnte es nur in Etappen bearbeiten.

Der Satzbau ist vielleicht etwas gewöhnnungsbedürftig und der Verstand wird nicht alles gleich verstehen, umso wichtiger ist es, den Text mit dem Herzen zu lesen und auf sich wirken zu lassen.

Alle weiteren Worte stehen mir nicht zu. Ich wünsche Ihnen viel Freude beim Lesen.


Sommer 2024        Dagmar Brigitte Reuleke

# Vorwort der Autorin[1]

Ein Wesen, ein Mensch zu sein in der Involvierung[2], kann er blind, taub und verwirrend sein in Bezug auf all die Ebenen „hinter" dem Materiellen, „hinter" der physischen, körperlichen. Er kann nicht anders, denn er hat die Organe für die Wahrnehmung aller feinstofflichen, geistigen und spirituellen Ebenen nicht entwickelt bzw. wieder verloren.

Genauso umgekehrt: Ein Mensch, der diese Organe seiner Körper entwickelt hat, ist wissend. Er weiß unmittelbar.

Er weiß, dass die materielle Welt und materielle Ebene so gut wie nicht betreten werden kann, solange nur sie gesehen wird – sie bleibt dann in Mysterien, etwas Unerkanntes, ein Rätsel:

So sehr ein Mensch in der Involution sich auch Herr über die Materie wähnt und sein Wissen bzgl. ihrer als bedeutend einschätzt, er kommt an eine Grenze, wo er nicht weiterkommt und er bleibt blind.

Dieses Buch will ...

Es wird die ganze Bandbreite an Leben in einer Chronologie verschiedener Zeugnisse desselben ins Bewusstsein rücken denen, die dafür offen sind oder dies als Möglichkeit zulassen können und jene Neugier haben oder jene Offenheit und jenes Staunenkönnen haben, mit denen ihre Kinder in die Welt hervorgehen als Faszination über dieses Staunen und dies offene Herz und aus Liebe zu ihrem Kind.

Dann entwickeln sich langsam diese Wahrnehmungsorgane wieder. Denn einerlei, wo, an welcher Stelle, an welchem Punkt uns das Leben, die Liebe – was nur ein anderes Wort ist für die gleiche Realität –

---

[1] Das Vorwort ist handschriftlich ohne Datum und ohne Überarbeitung überliefert. Es ist teilweise nicht zu entziffern und daher mussten die ersten Sätze weggelassen werden.

[2] Involvierung in das Materielle, das er mit Sicherheit verwechselt (ergibt sich aus dem weggelassenen Text)

wieder erwacht, wir beginnen jene Organe der Wahrnehmung zu entwickeln, zuzulassen, die wir brauchen, um uns in einer Welt orientieren zu können, in der wir leben, die auf uns wartet und die wir nicht länger vor verschlossener Tür stehen lassen dürfen, wollen wir nicht … sehen und die Materie für das halten, was sie nicht ist: die einzige Lebenserscheinung und ohne Seele, Geist und Bewusstsein.

Solange wir das tun, werden und sind, bleiben wir krank; krank an Seele, Geist und Körper, denn dieser ist niemals von allen anderen Erscheinungen unseres Lebens zu trennen, auch wenn wir in unserem Geist diesen Trick anwenden, scheinbar um zu überleben in einer Welt die uns von unserem Willen entwurzeln will, damit wir wie Dinge, wie Maschinen selbst ein kleines Rad in einem großen Maschinenwerk sind und keinerlei Reibungsspuren verursachen können.

Doch Leben lässt sich niemals auslöschen. Es ist da. Es ist.

Und es ist so lange da, bis das, was wir ihm entgegensetzen, nicht mehr da ist.

Und es ist so lange da, bis alles, was wir geschaffen haben, um es auszulöschen, von der Erde gegangen ist.

Denn da, wo die Liebe eine offene Tür gefunden hat, geht sie weiter in der Liebe. Sie kennt keinen anderen Weg und kann keinen anderen Weg gehen. Und so ist es mit Mutter Erde und allen Seinsreichen auf ihr, und der Mensch hat sich anzupassen, will er überleben.

Einer geht immer voran und das sind all die, die nicht gehört werden und es sind sehr, sehr viele. Und auch wenn ihr Bewusstsein großen Teils lokal wäre, so sind sie den sogenannten Industrienationen als indigene Völker, was ein umfassendes, kosmisches Bewusstsein anbelangt, um Millionen Jahre voraus, denn sie sind einen anderen Weg gegangen und können ihn nicht verlassen, wollen wir ihr Herz nicht brechen und uns nicht alle Nahrungsgrundlage nehmen: Denn die Erde braucht ein solches Bewusstsein und wird uns nicht länger auf ihr dulden wollen und können, wenn wir nicht imstande sind, es zu würdigen.

Denn es fehlt ja gerade das: Das Hinterfragen unserer materiellen Einstellung, die eine Würdigung eines animistischen Bewusstseins mit sich brächte, und die Anerkennung eines Bewusstseins, das fähig ist, sich mit der Natur und allen Erscheinungsformen so zu verbinden, dass wir alle Platz haben auf dieser Erde, ohne Not zu leiden, Kummer, Leid, Zerstörung.

Denn sie ist es, Mutter Erde, Schwester Erde, unser Selbst, unser größeres, reiferes Selbst, die uns sagt, wo es lang geht. Und wir tun gut daran, nicht mehr an einem Bewusstsein und Willen vorbei zu gehen, das die Beseelung, und das Beseeltsein, und die Seele jeder Naturerscheinung mitsamt einem geistigen Bewusstsein, das sie trägt, anzuerkennen.

Es ist unsere letzte Chance, wollen wir auf dieser unserer Erde bleiben.

Und all diejenigen, die die ursprünglichen Bewohner dieser Erde sind, werden wissen, wie sehr wir die Erde sind, und wie sehr sie uns braucht, weil sie uns liebt und wie sehr sie ... diesen gehört, die sie lieben.

Mutter Erde freut sich über das, was ich soeben geschrieben habe. Und das ist auch mein Ziel.

Zu lange haben wir sie gequält, geschunden und geplagt. Jetzt fangen wir neu an, ganz und ganz von vorn - in der Liebe in unserer Einstellung und in unserem Verhalten ihr gegenüber.

Wir danken ihr für alles, was sie uns seither gab und wir bitten sie um Verzeihung und gehen einen Weg, der uns in der Liebe verbindet und uns miteinander, mit der ganzen Natur, der ganzen Erde und dem ganzen Kosmos eint.

Dieses Buch ist die beste Hilfestellung dafür.

Denn es ist geschrieben von denjenigen, die wissen, wie das geht, die die Meister sind ihres Wissens, denn sie haben die Zugehörigkeit zur Natur, zur Gesamtnatur, zu Gott in der Natur und im Kosmos, zu Gesamt-Gott - dem höchsten All - Wir sind nie verlassen.

Können sie gar nicht. Sie werden durchwebt von Ihm, teilen Sein Bewusstsein, werden geführt und inspiriert von Ihm und warten darauf, dass im Menschen die Initialzündung klappt, und er aufhört, sich etwas vorzumachen - denn getrennt von sich selbst, der Natur und seinem Gott, ist er nimmer in der Lage, so etwas wie die Krone der Schöpfung zu sein. Denn für diese Krone fehlt ihm jedes Bewusstsein, jede wahre Liebe und jede Wahrnehmung all dessen, was sich hinter, in, mit, durch und trotz Materie in seinem Innersten abspielt.

Diese Wahrnehmungsorgane zu entwickeln will das Baumbuch eine Hilfe sein und ist es auch. Denn niemals mehr ist das Wissen der Bäume, das sie uns schenkten, aus dem Kollektivgedächtnis und dem Kosmos herauszutrennen. Denn alles was in Liebe gegeben ist, ist.

Und in diesem Sinne ist dieses Buch ein Katalysator. Und dieser Katalysator wirkt seit 6 Jahren.

Und die Menschheit hat mitgewirkt. All jene Menschen, denen die Erde in Liebe an-ge-hört.

**In diesem Sinne überreiche ich dieses Buch und widme es dem kosmischen Sein. Denn alles Leben auf der Erde ist ein Kosmisches und nicht zu trennen von ihm.**

**Mein Dank geht an alle Bäume dieser Erde, und denen, die inzwischen abgeholzt sind.**

# Kapitel I
# Der Träger des Lebens ist der Mensch, wo er sich besinnt auf seine Wurzeln

Ihr gewinnt unser Vertrauen, da wo ihr euch auf uns einlasst und wir euch dienen dürfen

02.10.2007

*(Gestern hat mir ein Baum, ein einzelner freistehender Baum, ein Eichenbaum, ca. einen Kilometer (Luftlinie ca. 400 m) von dem Haus entfernt, in dem ich wohne, gesagt, dass ich jetzt das Buch von den Bäumen schreiben werde.*

*Dieser Baum ist für mich meine Wohnung.*

*Direkt am Haus, wo ich wohne steht auch ein Eichenbaum, 75 Jahre alt. Er/Sie heißt* **Andiramalan**.

*Allgemein fühlte und fühle ich mich bei Bäumen zu Hause, total wohl. Ich finde sie wunderschön, ich bin glücklich mit ihnen, sie heilen mich, schenken mir Kraft und Freude.*

*Vor ca. 1 ¼ Jahren hatte ich von einem anderen Baum – nicht so weit entfernt wie dieser Baum – erfahren, dass mir die Bäume in 1 bis 1 ½ Jahren ein Buch diktieren werden.*

*Ich war gerade dabei, nach großen Steinen für jemanden zu schauen, da hörte ich – völlig überrascht - die Bäume sagen:)*

**Wir grüßen dich.**

**Im weitläufigen Sinn bist du da gelandet, wo du immer hinwolltest, zu deiner Tanne, und in diesem Sinn bist du auch bei uns.**

*(Die Tanne ist mein Baum. Was ist die Tanne, frage ich im August 2006 die Bäume, während ich am PC sitze zur Korrektur. „Die Tanne ist das, was man deinen Wächter nennen könnte. Nimm es erst mal so an, wir sagen Dir bald mehr dazu." Gut, so korrigiere ich weiter.*

*Ich war nur hierhergekommen, weil jemand Steine wollte, und ich nach den Steinen, die ich hier ca. vor einem Jahr liegen sah, schauen wollte – bevor ich in einem kleinen Wäldchen, ganz nahe bei diesem, das Diktat der Bäume aufnehmen wollte.*

*Das Wäldchen, in dem ich das Diktat der Bäume aufnehmen wollte, ist ein Fichtenwäldchen.*

*Gestern Abend war in der Dunkelheit nichts mehr zu sehen und so hatte ich auf dem Weg in dieses Wäldchen den Impuls, zu schauen, ob die Steine noch da sind, die hier jemand „entsorgt" hatte.*

*Während des Schreibens fällt mir ein, dass ich innigen, bewussten Kontakt zu einer Fichte 24 Jahre vorher hatte während eines Wochen-Kurses, bei dem ich Energiemassage lernte und dass ich vor 16 Jahren, als ich in einer Ausbildung war um die Grundhandwerke, u. a. um kreatives Gestalten zu lernen bzw. zu lernen zuzulassen, war ich in der Mittagspause bei einer Ansammlung von Bäumen. Schön geschützt und nicht sichtbar lag ich in einer kleinen Lichtung, während die Bäume meine Energie aufbauten und mir Klarheit schenkten.*

*Ich schaue mich um, bei welchen Bäumen ich hier bin. Es ist eine große Fichte auf dem Platz. Fichtenbäume nennen wir zu Weihnachten Tannenbäume.*

*Mit dem Kassettenrekorder in der Hand untersuche ich den Platz in diesem Wäldchen.*

*Auf dem Platz, wo ich jetzt bin, (spreche ich auf Kassette auf) sind ringsum - ja, was ist das? Die Bäume sehen aus wie ‚androgyne'. Rauer Stamm, Blätter ein bisschen länglich, aber auch rund und herzförmig am vom Stil entfernten Ende, und so lange Würstchen und auch Kätzchen - also auch runde Früchte (?), beides - Weibchen und Männchen - die Blätter auch weiblich und männlich.*

*Eine Birke sehe ich auch. Auf dem Platz steht in der Mitte die Fichte und ringsherum sind neue, bisher unbekannte oder mir unbekannte, - „androgyne", sag ich mal - Bäume. Ich kannte seither nur den Ginkgo-Baum als androgynen Baum.*

**Und nun sind wir mittendrin und können anfangen.** (*Höre ich die Bäume sagen.*)

**Du bist eingeladen in das Reich der Bäume, weil wir es sind, die die Hüter des Menschen sind. Und wir haben einiges dem Menschen zu sagen.**

**Vor rund 8000 Jahren haben wir begonnen uns darauf vorzubereiten, mit dir zu kommunizieren und wir sind in ständigem Kontakt mit dir gewesen, auch wenn du es nicht wusstest. In deinem ganzen System ist Platz für das Leben der Bäume, und du wirst eingewiesen in ihre Aufgabe, in ihre Arbeit und bringst alles zu Protokoll.**

Es gibt etwas, das du vorab wissen musst: Es beteiligen sich viele Bäume an der Entstehung dieses Buches, und wir sind auch nicht in der Lage, einzeln zu dir zu sprechen und kommen jetzt gleich zur Sache.

Die Lieblichkeit, mit der du auf unsere Anrufung geantwortet hast, hat uns überzeugt, dass jetzt der Zeitpunkt gekommen ist, dir folgendes zu sagen:

Du wirst uns wahrnehmen - korrekt –

*(ermutigten sie mich zu vertrauen, dass ich Folgendes richtig verstanden habe)*

– als Wesen die über der Erde sind und die in der Erde sind. Und in dieser Wahrnehmung ist deine Bereitschaft, mit uns zu kommunizieren. Und du wirst uns auch wahrnehmen als Wesen die jenseits der Erde sind und doch mit ihr verbunden. Und keine der Wahrnehmung ist falsch. Denn alles sind wir.

Und in dieser Wahrnehmung ist auch die Hauptarbeit deines entstehenden Buches, das wir dir so diktieren, dass du in der Lage bist, uns zu vernehmen als Wesen, die weit in der Erde sind - und doch in ihr, sie ganz ausfüllend und ganz zu ihr gehörend.

Und du wirst auch in der Lage sein, uns so zu vernehmen, dass das, was wir dir sagen, nicht im Widerspruch steht zu dem, was Du seither empfangen hast.

*Von euch hab ich doch noch nichts empfangen, meint Ihr von den Zwergen/Sasnapurt? (sagte ich, weil ich mich in dem Moment nicht erinnerte.*

> *Doch am Abend wurde ich durch jemand daran erinnert, dass ich schon vor ein paar Jahren etwas von den Bäumen vorgelesen habe. Ich selbst hatte mich zuerst nur an die Aufgabe erinnert, die jede Baumart hat, und die ich von einigen Bäumen damals empfangen und notiert habe.*

> *Doch dann, nachdem ich also von den Bäumen und von einem Menschen erinnert worden war, fiel mir wieder ein, dass mir die Bäume früher schon einiges gesagt hatten.)*

Du wirst heute einen schönen Spaziergang machen, und dieser Spaziergang wird so ausschauen, dass wir dir nacheinander alles offenbaren, was du wissen musst, um dieses Buch schreiben zu können.

*(Ich ging um die Fichte herum in einem großen Kreis und an den androgynen Bäumen und der Birke vorbei während des Aufsprechens. Das war ein großer, langer Spaziergang mit meinem schweren Kassettenrekorder.)*

Es ist ein offenes Tor. Und durch dieses offene Tor wirst du mit uns gehen und wir zeigen dir etwas, das dich überraschen wird. In der ganzen Unendlichkeit gibt es <u>einen</u> Baum und sein Wesen strömt in alle Bäume. Und dadurch können die Bäume Nahrung erhalten. Sie können ihm dienen und er dient ihnen. Es ist der Baum des ewigen Lebens. Es ist der Baum, der alles enthält, was wir Bäume brauchen, um auf der Erde wachsen zu können.

*Ich dachte, ihr braucht Wasser und Erde und Sonne.*

In diesem Baum ist unsere Heimat und wir sind in ihr in jedem Augenblick unseres Lebens. Es ist der Baum, der uns alles gibt, um zu gedeihen. Und es ist der Baum, der in uns die Liebe ist, die wir sind. Es ist auch der Baum, der für unser Gedeihen sorgt. Und in dem Moment, wo wir ganz eins mit ihm sind, sind wir auch frei, dem Menschen zu dienen und ihn wahrzunehmen und ihn auf eine Stufe zu heben, wo er unsere Ordnung sehen kann und in sie hineinwächst als Teil von uns.

Wir geben dir so viel, wie du heute verkraftest, und wir dürfen dir auch sagen, dass du ein gutes Buch machen wirst, und dass dieses Buch von allen Menschen gelesen wird, die seither nicht in der Lage waren, uns Bäume wahrzunehmen.

*(Ich zögerte und die Bäume sagten:)*

Wir bestehen darauf, dass du das schreibst.

Es ist das Buch, das jeden erreichen wird. Es ist das Buch, das für viel Aufruhr sorgen wird, und es ist das Buch, in dem du all das schreibst, was wir dir zukommen lassen. Und in diesem Buch sind wir die Wächter der Liebe. Und als diese sprechen wir zu dir und wir dienen dir.

Und du wirst von uns eingeführt in ein hohes Wissen, das vor langer Zeit in Atlantis aktiv gewesen ist und das wir nur Eingeweihten gegeben haben und jetzt der ganzen Menschheit zur Verfügung stellen.

Es ist das Buch, in dem du immer wieder Fragen stellen kannst über unsere Herkunft, in dem du uns begegnest wie einer von uns, als wären wir du, als könntest du uns sehen in unserem wahren Wesen

*Könntest - dann kann ich es ja nicht, oder wie?*

und als seien wir ganz nahe bei dir, auch wenn du uns nur als Bäume siehst. Und doch sind wir so nahe bei dir, dass jeder einzelne zu dir sprechen kann - und jeder einzelne dir das Buch diktiert

*In einem Gesamtorchester oder was?*

und du von jedem einzelnen erfährst, wie er lebt – und dass wir dir jetzt sagen, dass wir in einem Chor sprechen, und du uns alle auf einmal hörst, dass aber in diesem Klang, den du hörst, jeder einzelne von uns aufgeht, und dass du ihn wiedergibst in deinen Worten, und dass wir dir dabei behilflich sind und dich auf eine so hohe Energiestufe heben, dass du das mit Leichtigkeit vollbringen wirst.

Und deshalb sind wir hier. Wir haben Dich hierhergebeten, um dir im Chor zu sagen: Alles, was du vernimmst ist in deinem Herzen so präsent, dass du unsere Gegenwart in ihm vernimmst und dass wir zur Stelle sind, sobald du anfängst, an dieses Buch zu denken.

*Brauch ich dann nicht mehr hierher, kann ich das auch daheim machen?*

Es wird leichter für dich sein, wenn du uns vernimmst während du uns siehst. Und es wird auch eine geraume Zeit dauern, bis wir dir all unser Wissen geben können, das wir dir geben wollen.

> *(Beim wiederholten Korrekturlesen im August 2009 wurde mir bewusst, weshalb ich das Buch zwar in 3 Wochen aufgesprochen und in den PC getippt hatte, es aber nicht gleich veröffentlichte, es immer noch nicht veröffentlich ist. Die Bäume konnten mir noch nicht alles Wissen geben - die „geraume Zeit" war noch nicht vorbei.)*

Und darin erkennst du deine Tapferkeit, *hörte ich die Bäume sagen, die während der Korrektur eins mit mir sind.*

*Was meint ihr damit?*

Dass du uns schenkst, was wir brauchen, um dich aufzubereiten für mehr Wissen, indem du ruhen lässt unser Werk.

*Sprecht ihr das an, dass ich – vor eineinhalb Jahren zur Förderung meiner Selbständigkeit diese nachweisen sollte durch Interesse eines Verlages an meinen Büchern, durch Buchveröffentlichung? (Hierfür hatte ich zuerst einen Monat, dann 3 Monate und dann 6 Monate Zeit. Das ist bereits über ein Jahr her und ich habe das Buch immer noch nicht veröffentlicht.)*

Auch. Es ist uns eine große Ehre, dir heute sagen zu dürfen, dass du in dem, was du tust, immer der Stimme deines Herzens gefolgt bist und alles richtig gemacht hast.

*Ich runzle mein Herz und meine Stirn bei den Worten „alles richtig gemacht".*

Sei auf der Hut vor denen, die nicht wahrhaben wollen, dass du in dir so gefestigt bist, dass du in jedem Augenblick weißt, was zu tun ist und gehe deinen Weg weiter.

Alles ist in Ordnung und wir werden Dir bald mehr sagen können, was du jetzt noch nicht fassen kannst, was aber in Kürze zu dir kommen wird.

Wir freuen uns auf weitere Zusammenarbeit mit dir. Nimm das in das Buch hinein.

*Gibt es noch einen anderen Grund, (wollte ich wissen,) der nicht in mir liegt, warum das Buch noch nicht veröffentlich wurde?*

Es gibt noch zwei andere Gründe.

*Sollen wir die - an dieser Stelle - aufführen?*

Nein.

*Wie die Bäume weiter unten sagen, gilt das ‚später' auch für den Leser - und alles andere hier Gesagte auch.)*


Und in diesem Zeitraum wirst du schöne Dinge erleben. Du wirst auf der irdischen Ebene einen Zuwachs an Energie spüren

*In mir oder überhaupt?*

und diese Energie an andere weitergeben.

*Monate später:*

*In welchem Ausmaß und mit wie vielen Seinsreichen verbunden und wem ich die Energie weiterleiten werde - z. B. Mutter Erde, mit der ich überschüttet wurde, ahnte ich damals noch nicht – denn ich hätte diese große Umwandlung gar nicht fassen können.*

*Ein viertel Jahr später, z.B.:*

*Als ich drei Monate später beginne, das Baumbuch zu lesen und zu korrigieren, fiel mir bereits beim Korrekturlesen auf der ersten Seite auf, wie viel mehr Energie als damals ich jetzt habe.*

*Ich fand den Unterschied unglaublich. Jetzt ging alles so unfassbar leicht im Vergleich zu damals.*

<u>*Ein Jahr und 8 Monate später:*</u>

*Im August 2009, als ich die Korrektur fortsetzte, hatte ich so viel Energie, dass ich auch bei unangenehmen, schweren weltlichen Dingen, die normalerweise die Energie runter bringen, vor Kraft/Energie überfloss, auch wenn ich die Nacht, ohne eine Sekunde zu schlafen, durchgearbeitet hatte und auch, wenn ich nichts aß. Auf das Essen zu verzichten, konnte ich mir in der Zeit, als mir die Bäume das Buch diktierten, nicht vorstellen.*

*Jetzt war es mir ein Bedürfnis und ich stellte fest, dass ich dann noch viel mehr Energie habe, als wenn ich esse. Mit den Bäumen bin ich eins. Immer in Liebe verbunden.*

*Weiter im Text vom Oktober 2007:*

Du wirst diesen Zuwachs an Energie nicht nur in dir, sondern in allem spüren, denn wir sind in unserer Präsenz da und dürfen dir dieses Geschenk machen.

*Damals hatte ich noch nicht verstehen können, was die Bäume meinten. Ein Erlebnis in der zweiten Augustwoche wird dem Leser diesen Satz verständlich werden lassen.*

*Ich war im Wald mit meiner altdeutschen Schäferhündin. Zuerst habe ich auf Wunsch der Bäume gesungen und getanzt. Plötzlich höre ich sie sagen: „Verschwinde, der Förster kommt." Ich habe eigentlich keine Lust, verstehe es auch nicht, tanze noch mal in die dem kleinen Wald (wieder ein anderer Wald als bisher) entgegengesetzte Richtung, dann drängt es mich zu gehen.*

*Als ich keine hundert Meter aus dem Wald draußen auf dem Feld – bzw. mehr Grasweg - mit meinem Fahrrad fahre – ich tat das, obwohl man sehr schwer dort fahren kann – kommt mir ein VW-Bus entgegen, der Förster mit seinem Hund. Ich habe fröhlich gesungen, und wusste genau, dass er mich deshalb nicht ansprach, das Fenster hatte er schon unten, bzw., weil mich die Bäume schützen, Luftlinie zum Wald waren es vielleicht 40 m.*

*Ein kleines Stück später, nachdem ich in einen kleinen Teerweg abgebogen war, fragte ich die am Rande stehenden Bäume, warum ich wegen dem Förster gehen sollte.*

*Ich erhielt zur Antwort, dass der Wald/die Bäume sich auf mich einstellen und durch mich beten und singen und wie sehr sie bei einem unmündigen Menschen, wie sie sagten, ihre Energie senken würden und sich ganz anders auf ihn einstellen würden.*

*(Der Wald war ganz klein). Wir hätten nicht zusammen im gleichen Wald/in derselben Energie sein können. Das sei der eine Grund, aber es gäbe noch einen anderen.*

*Der Förster möchte niemand in diesem Wald sehen, und er hätte mit mir Streit angefangen. Er muss mich wohl von der anderen Seite des Waldes gesehen oder gehört haben, denn ich hörte während meines Singens auf der anderen Seite des Waldes, außerhalb des Waldes, einen Hund bellen. Dass er außen herum fuhr mit seinem Auto, um mich zu tadeln, erkannte ich daran, dass er mit seinem Auto sofort wieder umkehrte, nachdem er an mir vorbeigefahren war und doch nicht in den Wald fuhr, obwohl dieser Weg einzig in den Wald mündete.*

*Für mich waren die Worte, „Verschwinde, der Förster, kommt", überhaupt nicht zu verstehen, da es unzählige kleine Wälder gibt, in denen ich noch nie einem Förster begegnet war, nur in etwas größeren in der Umgebung, wegen denen ich aber nie verschwinden sollte und die auch nichts gegen unseren Aufenthalt hatten, auch dann nicht wenn es die Zeit war, auf das Jungwild Rücksicht zu nehmen. Und jetzt war es auch diese Zeit gewesen.*

Es gibt uns nicht nur seit vielen Tausend Jahren. Es gibt uns, seit es die Erde gibt.

*(Im Geistigen fragte ich, weil ich mir das nicht vorstellen konnte.)*

Wir haben dir eine wichtige Botschaft soeben zukommen lassen und du solltest nicht daran zweifeln.

Es gibt uns auch in deinem Traum, und es gibt uns auch auf Ebenen, die dir - noch - nicht bewusst sind. Und es gibt uns solange du denken kannst, denn wir sind immer bei dir gewesen und hüten deinen Schlaf, dein Wachsein und dein Leben und geben dir alles, was du brauchst, um glücklich zu sein.

Wir haben auch eine gute Sprache in dir gefunden, denn du kannst uns gut hören und alles, was wir dich wissen lassen, kannst du gut empfangen. Und wir danken dir für dein Vertrauen und wir bitten dich, zunächst einmal eine kurze Pause zu machen und wir werden gleich wieder mit dem Buch fortfahren.

*Soll ich mich entspannen, vielleicht weil ich den schweren Kassettenrekorder in den Händen halte? fragte ich, weil ich nicht verstehen konnte, dass es eine Pause gibt, denn die Zwerge/Sasnapurt, die mir zuvor ihr Buch diktiert hatten, hatten nicht so schnell bzw. keine Pause gemacht, sondern ein bis eineinhalb Stunden durchdiktiert.*

> *(Ich erhielt eine Einweihung – der Grund für die Pause. Was ich erhielt, sei nicht für das Buch, hat es geheißen. Ich erlebte Glückseligkeit und zum Schluss sind die Baumwesen ganz nahe zu mir hergekommen. Ihre Energie ist unbeschreiblich schön.)*

In dir sind hohe Kräfte des Lichts. Und diese hohen Kräfte des Lichts bewirken eine Transformation, die auf Erden geschieht. Und auch wir sind in dieser Transformation enthalten und bedingen sie. Dadurch kann die Erde atmen und verliert ihr Gleichgewicht nicht mehr, sondern wird stabil und es ereignet sich viel in unserem Leben. Und dadurch kann die Erde zu einem Stern werden.

> *(Erst im August 2009 kann ich diese Sätze wirklich - umfassend - verstehen, und verstehe deshalb auch, warum es bisher nicht dran war, das Buch druckreif zu machen und zu veröffentlichen.)*

Ihr seid alle eingeladen, diesen Prozess mit uns zu unterstützen. Ihr seid auch alle eingeladen in diesen Prozess so hineinzugehen, dass wir Hand in Hand der Erde dienen können.

Ihr, die ihr dieses Buch lest, habt Zeit für einen Reinigungsprozess, der weit über das hinausgeht, was ihr seither an Reinigung erfahren durftet. Wir schließen euch diesem an und stellen ein Licht bereit, das euch hilft, diesen Prozess zu Ende zu gehen.

In diesem Prozess seid ihr angekommen, sobald ihr in uns die Verbündeten seht, die euch und der Erde dienen. Ihr habt in uns Verbündete, die euch alles so präsentieren, dass jeder einzelne von euch in die Lage kommt, sich so an das Licht anzuschließen, dass dieses in ihm wirkt.

Und wir sind ihm - jedem einzelnen - treu zur Seite, wenn er sich in diesen Prozess hineinbegibt. Wir sind ihm auch treu zur Seite, solange er in sich die Bereitschaft findet, sich und das Ganze so anzunehmen, dass alles diesen Einen Transformationsprozess mitmacht, in den er gerufen ist, und der ihn hineinnimmt in eine Liebe, die nicht endet.

Solange ihr diesen Transformationsprozess mitmacht, könnt ihr freie Menschen werden und begebt euch hinein in ein Feuer der Liebe, die euch speist, und die das in euch vollbringt, was ihr gerufen seid zu tun. Und ihr seid freie Wesen, sobald ihr den Ruf so an euch heranlasst, dass alles, was ihr tut, diesem Ruf folgt und ihm dient, und dass ihr in der Lage seid, ein Höchstmaß an Vertrauen zu gewinnen.

In diesem Prozess - in den wir euch rufen, in dem wir eingebettet sind in die wahre Liebe, in das Sein, das in allen von uns ist und das uns eint - erkennen wir die Eine Gegenwart, die Präsenz in uns, die uns eint, und die uns all das gibt, was wir brauchen, um füreinander so da zu sein, dass einer dem anderen dient und dass einer für den anderen da ist.

Ihr habt lange Zeit verstreichen lassen, in der ihr nichts mit uns zu tun haben wolltet, und in der ihr nicht bereit ward, unsere Stimme in euch zu hören, und in der ihr auch nicht bereit ward, so etwas wie den Ruf eures Herzens kennen zu lernen, in dem wir so anwesend sind, dass ihr uns vernehmen könnt, und dass ihr alles habt, was ihr braucht, damit dieser Planet ein heiliger Ort wird, auf dem wir uns wohl fühlen können, und ihr mit uns.

Es ist ein heiliger Ort in dem Moment, wo ihr dankbar das annehmt, was sich euch in eurem Herzen offenbaren will. Und es ist ein heiliger Ort in dem Moment, wo ihr alles an euch heranlasst, was zu euch kommen will.

Ihr vollführt ein Wunderwerk, wenn ihr euch anschließt an das Sein, das euch ruft, an die Tiere, die euch rufen, an uns Bäume, die euch rufen, an die Essenz dessen, was ihr seid und an all das, was euch einlädt, in die Kommunion mit euch zu gehen.

Und ihr vollbringt auch ein wahres Wunderwerk, wenn ihr bereit seid, euer Leben auf ein so hohes Energieniveau zu stellen, dass ihr die Stimme vernehmt, die euch ruft, die euch dienen möchte und die euch hineinführt in den Einklang, in die Symphonie des Ganzen - in unser Geburtsrecht, das wir alle auf diesem Planeten miteinander teilen, und das wir so in Anspruch zu nehmen gerufen sind durch das Sein, das uns eint, dass alles, was wir tun, in Harmonie aufeinander abgestimmt ist.

In diesem Sein ist unser Sein und es kennt keine Grenze zu euch. Und in diesem Sein ist auch euer Sein und in dieses, euer Sein, legen wir unsere Liebe, und wir kehren ein in eine Harmonie des Ganzen, die uns eint, und die uns auf eine höhere Energiestufe hebt, sobald wir einander dienen.

Und auf dieser höheren Energiestufe empfangt ihr unsere Botschaften und seid eins. Es ist jene Energiestufe, bei der ihr alles Leben als eins erkennt und ihm antwortet, ihm dient und ihm alles hinlegt, was ihr habt, um dienen zu können.

Und es ist jenes Sein, bei dem ihr weit über eure Aufgabe hinauswachst - die ihr im jeweiligen Moment zu tun habt - und euch gebiert auf einer höheren Stufe der Ordnung, zu der ihr so kommt, in die ihr so hineinwachst, dass alles euch folgt, und alles zu seinem Ursprung zurück möchte.

Es ist jenes Sein, bei dem ihr alles habt, was ihr braucht, um glücklich zu sein.

Es ist das erweiterte Bewusstsein, das in euch entsteht, sobald die Tür aufgeht zu einem Leben in Freiheit, in dem ihr alles willkommen heißt, was ihr auf der höheren Ebene seid, und zu dem ihr so hinaufblickt,

dass ihr alles empfangt, was euch dienen will - und ihr seid in diesem
Sein dann angekommen, wenn alles euch so umarmt, dass ihr diese
Umarmung fühlt, und ihr nicht mehr getrennt voneinander seid.

*(Ca. ein Jahr und acht Monate später, einen Tag, bevor ich die
Korrektur fortsetzte, spürte ich sehr stark die Umarmung und die
Wärme eines Baumwesens – einer Eiche. Ich saß fast 2 m entfernt
auf einer Bank, der Eichenstamm hinter mir. Zwischen uns ein
ganz kleiner Eichenbaum, mit großen Blättern, die ein
wundervolles Dach über meinem Kopf bildeten.*

*Plötzlich fühlte ich von hinten Umarmung und Wärme. Es war
ein starker, intensiver Wärmestrom. Das Baumwesen hat mich
umarmt und mir seine Wärme gegeben.*

*Es war eine einzelne Erfahrung und deshalb in gewisser Hinsicht
intensiver als das Getragen- und Geborgensein im Sein.*

*Dies spürte ich während des Sitzens allgemein. Ich war geborgen
im Gesamtsein, im reinen Sein und in der Umgebung von
wunderschönen großen Bäumen, die mich einluden, mit ihrer
Energie zu verschmelzen.*

*Ich war eins mit der ganzen Umgebung, ringsum von Bäumen
umgeben und entzückt, die Schönheit von immer mehr Bäumen
– die aus der Gesamtkomposition von ineinander übergehenden
Bäumen hervortraten - zu sehen. Ich bewunderte die allgemeine
Silhouette, aus der sich ein Baum nach dem anderen
nacheinander deutlicher in seiner je eigenen Art und Schönheit
wahrnehmen ließ. Gleichzeitig bildeten sie alle zusammen eine
Komposition vollendeter Schönheit, ein Ganzes von einer
individuellen Gesamtschönheit als das Wesen aller Bäume, das
mich in seiner Gesamtschönheit berührt.*

*Es war ein Spiel eines Gesamtorchesters an Energie, Farben und
Tönen, wunderschöne Bäume der verschiedensten Art in ihrer
Blätterpracht, wie in einem Panorama, aber direkt vor mir. Ich
bewunderte ihre Gesamt- und ihre individuelle Schönheit.*

*Während ich auf der Bank saß und las, wurde ich von dem
Eichenbaumwesen durch seine Umarmung und Wärme*

*eingeladen, mich dieser Baumpracht zuzuwenden – die sich mir als Ganzes und in ihren Einzelheiten hervortretend, darbot- mich an ihr zu laben, zu stärken , zu genießen und eins mit allem zu sein, das Geborgensein in und Einssein mit immer umfassenderen Ebenen der Einheit zu erleben.)*

Und in dem Nicht-mehr-getrennt-voneinander-sein ist auch unser Sein enthalten, denn wir sind die Hüter einer hohen Liebe auf Erden.

Wir möchten euch danken, dass ihr den Weg gefunden habt, uns zu hören, und wir möchten euch auch mit hineinnehmen in unser Sein, das in einer so lieblichen Melodie schwingt, dass ihr alles, was ihr braucht, um diese liebliche Melodie zu sein, in uns findet und wir euch dienen dürfen - indem ihr uns als diejenigen erkennt, die in euch das Lied der Liebe sein dürfen, und wir in euch diejenigen sehen dürfen, die das Lied der Liebe annehmen wollen.

Und in diesem Lied der Liebe sind wir so enthalten, dass alles, was zu euch kommt und sich euch offenbaren will, in dieses Lied der Liebe so einschwingt, dass ihr eins werdet mit eurem Sein, mit eurem größeren Sein und uns hineinnehmt in dieses Sein als diejenigen, die es mit euch teilen.

# In der Falle –
## wie der Mensch sein Leben in Ordnung bringen darf und wir ihm dabei helfen

Ihr seid auf der unteren Ebene, in der ihr in Mühsal und Streit lebt, nicht in der Lage, unsere Botschaft zu vernehmen. Und ihr habt auch keine Ahnung, was es heißt, von uns geliebt zu sein - ihr werdet von uns so behütet, dass in uns das Feuer der Liebe wahrhaft brennt, solange ihr nicht versucht, uns zu zerstören und uns an den Rand des Abbruchs unserer Beziehung zu bringen.

Ihr habt in euch ein Alarmzeichen vernommen. Es ist das Alarmzeichen, dass ihr aufhören müsst, uns abzuholzen, uns wegzuschmeißen, uns zu verschleudern. Es ist auch das Alarmzeichen, dass ihr jetzt in eine neue Zeit gehen müsst.

Ihr seid in diesem Alarmzeichen so aufgewacht, dass ihr jetzt das Bewusstsein besitzt, dass wir eins sind, dass ihr jetzt das Bewusstsein der Einheit besitzt. Und in dieser Einheit dürfen wir euch dienen.

Es ist die Einheit, die jeden ruft. Es ist die Einheit, aus der alles ist. Es ist die Einheit, zu der alles zurückkehrt. Es ist die Einheit eures wahren Seins. Es ist die Einheit, in der wir uns gegenseitig dienen dürfen. Es ist die Einheit, aus der heraus wir zu euch sprechen, und es ist die Einheit, für die ihr geschaffen seid. Es ist die Einheit, aus der heraus ihr lebt.

**Ihr jagt vergangenen Plänen nach, wenn ihr jetzt noch zögert und in diese Einheit nicht einkehren wollt - dadurch kann sich euer Schutzmantel verlieren, den ihr hattet, als ihr in dieses Leben gekommen seid.**

**Durch diese Einheit lebt ihr, und in dieser Einheit seid ihr auch in der Lage, alles in die richtigen Bahnen zu lenken. Ihr werdet euch dann nicht mehr fragen, warum es so kalt ist in der Welt und jeder nur an sich denkt. Es ist so kalt in der Welt, weil ihr diese Einheit verloren habt. Und wir dürfen euch behilflich sein, in diese Einheit zurückzukehren.**

Und wir dürfen euch auch behilflich sein, in dieser Einheit zu sein und sie zu leben, und sie zu dem zu machen, was sie ist: Ein lebendiges Ganzes, in dem ihr so kreativ sein könnt, dass jeder den anderen achtet. Und in dieser Achtung seid ihr angeschlossen an das Reich der Liebe und gehört ihr.

In dieser Achtung ist auch unser Leben, und wir sind euch dankbar, wenn ihr aufhört, diese Achtung mit Füßen zu treten und sie zu ignorieren und uns als ein lästiges Etwas zu beseitigen und scheinbar Wichtiges zu erbauen. Ihr wisst nicht, was ihr tut, wenn ihr so handelt.

In uns ist tiefer Frieden.

Wir sind zum ersten Mal gehört worden von einem Menschen, der bereit ist, mit uns in die Einheit zu gehen und dieser Einheit zu dienen.

Wir sind dabei, eine ganz andere Energie zu bekommen, denn wir haben euch sehr viel mitzuteilen.

Und es gibt ein großes Feld, eine Resonanz in euren Seelenkörpern, und ihr werdet - einige von euch - von uns geschult, unsere Energie wahrzunehmen und sie so wahrzunehmen, dass ihr immer mehr in die Lage kommt, mit uns zu kommunizieren, und wir eine Einheit bilden, in die wir euch rufen und die ihr antreten werdet.

Denn ihr übergebt uns die Schlüssel, mit denen wir aufmachen können das Tor zur heiligen Einheit. Und ihr übergebt uns die Schlüssel, mit denen wir wieder finden unsere verlorene Einheit.

*(Ich hörte kurz auf. Ich bin so erschüttert, ich weine, ich schäme mich für die Menschen. Da müssen die Bäume auf uns zukommen, und wir, wir haben sie getötet. Ich bin einfach zu erschüttert.)*

*Ich bin so erschüttert (sage ich weinend.)*

*Immer diese Liebe von euch, und was wir euch angetan haben, (sagte ich weinend.)*

*Ich muss Pause machen.*

*(Ich weinte. Wie achtlos wir mit ihnen umgegangen sind und umgehen, und dass sie uns die Hand reichen und uns in die Liebe hineinnehmen, erschütterte mich.)*

*Ich möchte mich für mich und alle Menschen entschuldigen, (sagte ich weinend.) Wir haben immer so viel Schlimmes getan (und dann hörte ich die Bäume, indem ich lachend das Gehörte sagte:)*

*Und sind hier, um es zu ändern.*

*Das müssen wir auch schaffen.*

*Ich bin einfach noch sprachlos. (sagte ich weinend.) Ich kann das alles auch noch gar nicht fassen. (und meinte damit, dass die Bäume hier zu mir sprechen, und anfangen, ein Buch zu diktieren)*

*Das ist ja so gekommen, weil alles nicht klappte, deshalb kam ich hierher.*

*Durch seltsame, nicht schöne Zufälle/Zu-Fälle hatte ich einen Tag vorher - von einem einzelnen, auf der Wiese neben einem Acker stehenden Eichenbaum - erfahren, dass wir jetzt das Buch schreiben werden.*

*Zuvor hatte ich das Leben/Gott scherzhaft angeklagt/ein bisschen geschimpft, weil der Hund - der meine Hündin einmal sehr gebissen hatte, was eine tiefe Wunde bei ihr zur Folge hatte - da war, den wir schon sehr lange nicht mehr getroffen hatten. Ich wollte Äpfel holen und diesen bissigen Hund auf dem Weg dorthin nicht treffen. Er war aber gleich zweimal hintereinander da – und ich verstand erst nicht, was das soll. Doch dadurch - weil ich nicht wollte, dass wir diesem Hund begegnen, fand ich bzw. fanden mich Brennesel, Schlehen, Hagebutten, Holunder und alles andere, welch eine Freude.*

*Anschließend war auf unserem Weg ein noch gefährlicherer Hund.*

*Wegen ihm war meine Hündin - er krallte sich, an ihrem Rücken fest - mehrere Male gelähmt, konnte nicht mehr aufstehen. Und noch ein Jahr später, vor ca. 2 Wochen heulte sie vor Schmerz auf, als er es wieder tat. Sie war dabei nie läufig gewesen und das*

„Frauchen" des Hundes ließ ihn immer alleine herumstreunen, doch auch, wenn sie dabei war, änderte sich nichts, da sie ihn stets gewähren ließ und nichts sie dazu bringen konnte, ihn zurückzupfeifen.

Noch einmal machte ich, diesmal wegen des zweiten Hundes, einen Riesen-Umweg. - ich war fast zu Hause und musste mit diesem Umweg, meinem Davonlaufen in die entgegengesetzte Richtung, noch einmal so lang und weit gehen nach Haus. Dabei wollte ich doch schnell wieder zuhause sein.

Um meine Hündin zu schützen und dem Frauchen des wegen ihres Fehlverhaltens im Dorfe gefürchteten Hundes wiederholt zu zeigen, die beiden Hunde dürfen nicht mehr zusammenkommen – weil sie ihn auch dann nicht zurückruft, wenn meine Hündin vor Schmerzen laut aufheult – hatte ich einen Riesen-Umweg gemacht.

Und so - wegen normalerweise sogenannter Ärgernisse - erfuhr ich, dass ich jetzt von den Bäumen ein Buch diktiert bekomme. Ich ärgerte mich aber nicht - obwohl ich dringend heim wollte, denn das waren mir zu viele "negative" Zufälle - dass ich mich dem Ganzen, was da komme, hingab und meinen Wunsch daheim zu sein, aufgab.

Es war auch sehr merkwürdig, wie leicht ich auf die Fluchtwege mein Fahrrad durch völlig unwegsames Gestrüpp brachte - ich hatte hier deutliche, unsichtbare Hilfe.

Und auch, dass ich ausgerechnet bei meinem Lieblingsbaum, „meinem" Eichenbaum herauskam, bei dem ich mich zu Hause fühle, ich sah ihn als meine Wohnung an. Bei ihm angekommen, erfuhr ich von ihm, dass wir jetzt das Buch schreiben werden.

Ich dachte, dass ich bei „meinem" Eichenbaum aufsprechen werde. Dann spürte ich den Ort, wo es sein wird. Da gleich in der Nähe Großgrabsteine sind mit Sitzgelegenheit, so dass der Kassettenrekorder nicht zu tragen war, fasste ich diesen Platz ins Auge.

*Stattdessen war der Anfang da, wo ich gestern für jemand nach Steinen schaute. Ein weiterer „Zufall", der mich da hinführte, wo die Bäume mich hinhaben wollten.*

*Bäume, Menschen (zwei Hundebesitzer und einer, der Steine haben wollte), Steine und Tiere haben mich hierhergeführt.*

*Ich verstehe, wie all die störenden und Zwischenfälle und misslungenen Vorhaben, die mich scheinbar total aufhielten, mich zu meiner Aufgabe brachten - und wie alles im Äußeren mithilft, auch oder sogar gerade das Widrige.*

*Es war und ist mir sonst gegeben, direkt zu spüren und zu wissen, wo ich hin soll, was ich tun soll, an welchem Ort ich wann sein soll, doch das sollte diesmal anders sein.*

*Und ich war so aufgeregt, als ich hierher kam, es ging alles so schnell, und ich wusste gar nicht, ob das klappt, ob ich aufnehmen kann mit dem Kassettenrekorder.*

*Jetzt habe ich schon gesprochen und das ist irgendwie für mich sehr ergreifend. Ich habe noch einmal das Bedürfnis, still zu sein.*

*Ich hatte aufgehört, aufzusprechen und sagte zu den Bäumen: „Heilige Bäume, wisst ihr, wie wohl ich mich bei euch fühle. Ich kann es noch gar nicht fassen, das ist so eine hohe Energie, die ihr habt, das ist so wunderschön. Ich bin einfach nur Freude hier. Eure Energie ist wunderschön."*

*Ich hatte schon einmal so ein intensives Erlebnis im Wald. Da haben mir die Bäume sehr geholfen, da war ich plötzlich Kraft und Freude – und ich war wirklich mehr als am Boden zerstört. Ich hatte so sehr geweint, nach Jahren noch, weil meine Zwillingsflamme so grausam und eiskalt in die Trennung von mir und von sich, dem Ganzen, von Gott und seinem Herzen ging und die Bäume hatten mich damals total aufgebaut.*

*Und jetzt auch hier wieder. Das ist eine so unglaubliche Energie:)*

*Das ist Reinheit, das ist tiefe Andacht, das ist so eine große Weite, das ist eine Herzlichkeit, mit der ich empfangen bin, und das ist Ewigkeit, das ist ein riesig weiter Raum, das ist die Fülle total. Und das alles leben, das alles annehmen - das ist absolut vollkommen. (stammelte ich und versuchte Worte zu finden.)*

Sind wir es nicht auch, die dich führen und einweihen und alles geben, was du brauchst, um glücklich zu sein?

*Ja, das seid ihr auch, klar, (sage ich, als hätte ich es schon immer gewusst. In dem Moment wusste ich es.)*

*‚Sei tapfer, meine Kleine‘, hat hier keinen Bestand mehr. Denn hier ist reine Liebe, (sagte ich zu den Bäumen.)*

> *(‚Sei tapfer meine Kleine‘, diese Worte halfen mir nachdem meine Zwillingsflamme mich wegschlug, sich in die Dichte der Materie bohrte, die Liebe und alles Geistige -  sogar fast alle Eigenschaften der Materie außer das Festeste und Dichteste - negierte, all sein Licht verlor und seine Aura völlig zerstört war. Jahrelang wusste ich nicht, ob ich diese brutalste Trennung überleben werde.)*

**Hier ist reine Liebe,** *wiederholte ich - ich weiß nicht, sagte ich lachend* **- hier bin ich einfach zuhause.** *Ich bin einfach bei den Bäumen zuhause, das ist mein Zuhause. Mein vollkommenes zu Hause. Ihr seid für mich einfach das Beste, Liebste, Schönste, Größte, Reinste, was es auf der Erde an Sichtbarem gibt. Ich liebe euch unendlich.*

> *(Ergänzung zu späterem Zeitpunkt, im August 2009:*
>
> *Ich war auf die Liebe, Schönheit, Reinheit der Bäume vorbereitet von unsichtbaren Naturwesen. Sechs und drei (?) Jahre zuvor hatten mich die riesigen Devas und die Sasnapurt, die wir Zwerge nennen/nannten, so tief berührt in ihrer Schönheit, meine Sehnsucht nach Schönheit erfüllt, aufgebaut und erfreut, geheilt, mich mit dem Leben auf der Erde verbunden, und geholfen, meine Aufgabe zu tun. Hätte ich die Devas nicht erlebt, wäre etwas in mir verkümmert, und ich hätte meine streitende, in der Illusion der Trennung sich befindende Umwelt nicht mehr ertragen können.*

*Und die Sasnapurt haben ein Heilungswunder an mir vollbracht. Denn obwohl ich selbst nicht in der Trennung war, spürte ich oft den Schmerz meiner Zwillingsflamme und erlebte die Trennung dadurch mit, dass sie in die Trennung ging - und das, nachdem ich tief ergriffen von ihrer Schönheit, ihrem Duft, ihrer Liebe und ihrem Licht das aus jeder Zelle ihres Körpers strahlte, war.*

*Meine Umwelt war zwar immer in der Trennung, auch von mir gewesen, doch ich nicht, ich hatte das nicht gekannt, ich war immer das Sein, mit dem reinen Licht verbunden, egal in welch großer Not ich war.*

*Während zum Teil unerträglicher Trennungsschmerzen in Bezug auf meine Zwillingsflamme, die ihr Bewusstsein verloren hatte, ihre Strahlkraft, die sich gegen Gott, die Liebe, gegen ihr Herz entschieden hatte zugunsten des „Sicheren", Festen, Materiellen, und weil ich jahrelang immer wieder Schmerzen der Erde getragen hatte, die teilweise in einer Agonie war und sie (die Schmerzen) deshalb nicht fühlen konnte, begann das Heilungs- und Liebewunder der Sasnapurt an mir zu wirken, während ich das Buch von den Sasnapurt schrieb.*

*Doch die Bäume konnte ich - auch - mit meinen physischen Augen sehen, anfassen, was mir total guttat. Und das tat mir jetzt total gut. Ich war wundervoll geborgen und beschützt, während ich jahrelang weinte bis alle Trauer zu Ende geweint war. Alles kam zum richtigen Zeitpunkt, genoss ich soeben noch die Energie und Liebe der Engel, spürte ich im nächsten Augenblick, wie sehr ich heile in der Energie der Sasnapurt und genau diese brauche. Alles war perfekt.)*

Du wirst eingeweiht in die größeren Zusammenhänge.

*Können wir noch weitersprechen, kann ich noch? fragte ich - ganz der "professionellen" Hilfe der Bäume vertrauend, so wie ich auch diesbezüglich den Sasnapurt vollkommen vertrauen konnte.*

Und dein Leben wird dir aus einer höheren Perspektive bewusst werden. **Und wir dienen dir dabei, Fuß auf der Erde zu fassen, und all deine Energie in die Erde zu bringen und ihr zu dienen.**

*(Ergänzung zu späterem Zeitpunkt, im August 2009 :*

*Dies verstand ich erst richtig durch eine weitere Hilfe im August 2009 - aus einer Richtung, wo ich sie zum Zeitpunkt der Entstehung des Buchs der Bäume nicht vermuten konnte.)*

Und wir sind auch dabei, wenn du in ein neues Leben gehst, und wir dienen dir auch, wenn du nicht weiterweißt, denn wir sind immer bei dir, und wir vermissen dich, wenn du es nicht bist.

*(Auch dies verstand ich erst im August 2009. Der Eichenbaum, von dem ich erfahren hatte, dass wir das Buch jetzt schreiben werden, hatte mich gebeten, eins in der Liebe mit ihm zu bleiben, mit ihm verbunden zu bleiben, da zu sein, wenn ich geh, ihn nicht zu verlassen – er ist ca. 800 m von „zu Hause" entfernt. Ich blieb bei ihm als ich ging, ich gehe nicht mehr in die Trennung. Jetzt bin auch ich immer bei den Bäumen, mit den Bäumen. Das hat alles die letzten 2 Wochen geändert. Als ich nicht schlief, keine Minute die ganze Nacht und während der ganzen Nacht am PC Weltliches arbeite, was einen normalerweise runterzieht, so bin ich nach 12 Stunden ohne Pause in einer unglaublichen Kraft. Das gleiche erlebte ich 2 Wochen später, als ich das Bedürfnis hatte, nichts zu essen, ich fühlte mich so frei und leicht, geliebt und gewärmt von den Bäumen und in einer viel höheren Energie als dann, wenn ich esse. Und das Schöne ist, ich weiß genau, dass sie jedem ganz individuell helfen und ihn da abholen, wo er steht, siehe das Erlebnis mit dem Förster.)*

Wir sind auch bei Dir, wenn du schläfst.

*Was heißt das, ihr seid bei mir, wenn ich schlafe? Wie muss ich mir das vorstellen?*

In unserem Bewusstseinsfeld ist eine große Resonanz zu dir und wir hüten deinen Schlaf.

Es gibt noch ein dringendes Anliegen, dass wir vereint dem Einen Schöpfer/der Einen Schöpferin danken, der/die uns alle erschaffen hat.

*(Das haben wir gemacht, ich habe es nicht aufgesprochen.)*

Und wir singen dir hier ein Lied, damit du unsere Liebe ermessen kannst.

*(Dieses Lied soll auf CD und in das Buch, sagten die Bäume.)*

*An diesem Tag wusste ich noch nicht, dass die Bäume ganz viele Lieder singen werden, nicht nur alleine, sondern auch zusammen mit anderen Seinsreichen, z.B. der Erde.*

## Lied der Bäume

*für die Sprecherin und, von den Bäumen so gewollt,*
*auch für die Leser/für das Buch:*

Oh selige Zeit, oh reines Herz,
wir danken dir dafür,
dass du in deinem Herzen verweilst
und die Sprache der Bäume verstehst.

Wir haben dir heute ein Geschenk gemacht,
und dieses Geschenk liegt vor Dir.
Es ist das Geschenk des reinen Seins,
der reinen Herzenskraft.

Wir ziehen dich jetzt
in unsere Liebe hinein
und all dein Sein
erwacht.

Und dieses Sein hat jetzt die Kraft
zu meistern auf Erden all das,
was jetzt noch zu meistern ist.

Und all das, was jetzt noch zu meistern ist,
das tun wir in unsere Liebe hinein.

Was wir in unsere Liebe jetzt legen hinein,
hat aufgemacht das wahre Sein.

Und wir geben dir unser Wort, oh Menschenkind,
die Liebe allein, ist das höchste Sein
und in diesem Sein
wir dienen dir.


Und dieses Sein,
ist die Liebe allein,
und all unsere Herzen,
die sind jetzt vereint.


Wir danken dir von Herzen und wünschen dir eine Gute Nacht. Du kannst dieses Lied beim Zubettgehen spielen, und wir werden bei dir sein. Auch wenn du erwachst, und wir werden dich tragen und in unsere Fürsorge einhüllen. Und wir werden auch dann bei dir sein, wenn du nicht an uns denkst.

Denn wir haben dein Wort, dass du durch das Tor gehst, sobald du das Lied in dein Herz sinken lässt, und dann sind wir zur Stelle und helfen dir, wann immer du uns brauchst.

In diesem Lied ist auch die Kraft, die alles überwindet, was seither trennend zwischen uns gestanden ist. Es gibt in dir eine Tür, durch die du gehen kannst, sobald du bereit bist, in Kontakt mit uns zu treten. Und dann sind wir zur Stelle und hüllen dich ein in unsere Liebe.

Und wir sind auch bei dir, solange du in der Gewissheit lebst, dass es uns gibt, und dass wir für dich da sind. Und wir kommen so nahe an dich heran, dass du unsere Liebe spürst. Du wirst sie auch dann spüren, wenn wir nicht physisch anwesend sind. In dem Moment, wo du an uns denkst, sind wir bei dir.

Und wir hüllen dich ein in unsere Liebe und wir kennen dich und dürfen dir helfen, sobald du uns vertraust und in dir das Licht der Liebe entzünden willst, das unsere Anwesenheit herbeiruft. Denn das Licht ist unser Wegbereiter und wir können zu dir kommen, sobald du es anzündest in deinem Herzen. Und in dem Moment haben wir die Tür aufgemacht zu deinem Sein und kennen deinen Weg und begleiten dich und dienen dir.

Es gibt ein Tor, durch das du gehen musst, um zu uns zu kommen, und dieses Tor findest du, sobald in dir die Bereitschaft erwacht, durch die Liebe zu leben und ihr zu dienen.

Und in dem Moment bist du willkommen in unserem Land, und wir können dich hören, und unsere Kraft reicht für alles, was du meistern musst, denn wir haben dich eingeladen, das Tor der Liebe aufzuschließen.

*(Rückblick im August 2009/Ergänzung zu späterem Zeitpunkt, im August 2009 :*

*Ja, so ist das, wenn ich Extremes innerhalb kürzester Zeit zu meistern hatte, wo man Wochen dafür braucht in Fleiß und Disziplin, so habe ich erlebt, wie ich alles an einem Tag schaffe. Es war mir nicht möglich, irgendetwas zu planen, das funktionierte nie. Und wenn etwas nicht dran war, war es nicht dran, auch wenn mein Verstand dachte, es hätte spätestens vor einer Woche fertig sein müssen und muss jetzt aber gemacht werden. War es nicht dran von höheren Ebenen des Wissens aus gesehen, hatte ich keine Kraft dafür, auch nicht für die einfachste Arbeit. Tat ich aber spontan, was aus meinem Herzen heraus getan werden wollte, hatte ich die unglaublichste Kraft auch bei unglaublichem Pensum, dabei tat ich auch noch alles leicht, in Freude, und alles war seltsamerweise total einfach, was wirklich eigentlich nicht einfach war.)*

Und in diesem Tor gibt es unsere Gegenwart. Und durch diese unsere Gegenwart bist du gespeist mit der Nahrung, die du brauchst und du wirst Frieden finden.

Und in diesem Frieden, können wir uns das nächste Mal wiederfinden. Wir danken fürs Zuhören.

*Hab' ich das jetzt beendet?*

Du wirst jetzt nach Hause geführt.

*Ja, ich möchte heim und etwas essen.*

# Wie ihr uns hören könnt –
## sprecht mit uns

03.10.2007

Tag der Deutschen Einheit (17 Jahre nach dem Mauerfall)

*Heilige Bäume, (sagte ich) ich möchte Verbindung zu euch aufnehmen, und ich bitte euch, das Buch weiterzudiktieren. Vielleicht habt ihr in 14 Tagen schon eure Blätter fallen lassen, und/oder es ist kalt. Ihr sagtet, es ist für mich leichter, das Buch zu schreiben, wenn ich euch sehe. Bitte, erstellen wir das Buch so schnell wie möglich.*

Es gibt etwas, das du vorab wissen solltest. Das Zwergenreich/Sasnapurtreich[3] hat uns beauftragt, dir etwas mitzuteilen.

*(Vorab zum Verständnis für den Leser: Ich war heute im Konflikt, ob es richtig ist, das Baumbuch zu schreiben, wo ich das Zwergenbuch/Sasnapurtbuch noch nicht fertig korrigiert habe. Und ich wollte genauer wissen, warum die Zwerge/Sasnapurt ihre Energie zurückgenommen haben und fast gar nicht mehr bei mir sind.)*

## Botschaft von den Sasnapurt/den Zwergen, übermittelt von den Bäumen

Wir sind so innig miteinander verbunden, dass ihr in eurer Welt und wir in unserer Welt Berührung miteinander haben. In dieser Berührung können wir auch sehen, wo du bist, welche Aufgabe du hast.

Und in dieser Berührung dürfen wir dir auch sagen, dass es keine Konkurrenz zwischen uns gibt, und dass wir nicht darauf aus sind, zuerst unser Buch veröffentlicht zu haben, so wie wir nicht darauf aus sind, etwas vor dir geheim zu halten - so dass du nicht wissen sollst,

---

[3] Die, die wir ‚Zwerge' nennen, möchten SASNAPUT genannt werden. Das bedeutet: ‚die mir dem Wind reiten'. Dieser Name würde passender sein.

warum wir uns zurückgezogen haben. Wir wünschen dir viel Erfolg und ziehen uns jetzt zurück, damit die Bäume zu dir sprechen können.

*(Ich weine und sage, sie - die Sasnapurt - waren die ersten die immer gut zu mir waren, ich bin nicht so glücklich unter den Menschen. Die Menschen sind nicht in der Wahrheit, sie sind in der Illusion. Sie erinnern sich nicht, was sie gesagt haben, sie sind in der Lüge, es gibt so wenig Sterne unter ihnen.*

*Meine Leidens- und Frustrationskapazität ist einfach erschöpft nach der Trennung meiner Zwillingsflamme und mir. Nachdem Gott uns in die entgegengesetzte Richtung geworfen hatte - ihn in die Involution - den Abstieg - und mich in die Evolution - den Aufstieg mit der Erde - kann ich nicht mehr, will nicht mehr. Bei euch war es schön, sagte ich zu den Sasnapurt und wollte sie jetzt nicht gehen lassen.*

*Wir werden dir dazu etwas sagen, sagten die Sasnapurt, die sich jetzt direkt bei mir meldeten, nachdem ich sie nicht loslassen wollte.)*

Du bist einen weiten Weg gegangen, um uns zu hören, und wir danken dir dafür. Jedem von uns ist bewusst, wie sehr du dich abmühst unter den Menschen, und wir wünschen dir in Zukunft mehr Freude.

Wir dürfen dir auch sagen, dass Du getragen bist von unserer Liebe, und dass einer von uns immer bei dir ist, und dass wir so viel von dir wissen, dass wir genau wissen, wann wir aufhören müssen, und wann wir weitermachen dürfen.

*(Später wurde mir der Rückzug der Sasnapurt erklärt und dass dies wichtig war, um mich meinen Prozess machen zu lassen)*

*Ist das jetzt vielleicht darauf bezogen, weil ich gesagt habe, ich möchte, dass das Buch von den Bäumen schnell entsteht, solange es noch schön Wetter ist. Heißt das, wir können jetzt deshalb nicht weiter machen? Ich erhielt keine Antwort.*

Es ist ein Geschenk heute für dich da, und wir möchten, dass du dieses Geschenk in Empfang nimmst.

*(Während des Abschreibens weinte ich und dachte, dass ich bei den Zwergen/Sasnapurt mein Weinen ob der Trennung von*

*meiner Zwillingsflamme - was fünf Jahre her ist - aufgehört habe und dass ich bei den Bäumen wieder weine.*

*Und ich dachte, durch diese hohe Liebesenergie der Bäume kommen mir alte Wunden, Entbehrungen - auch aus der Kindheit hoch - wie allein ich in Bezug auf Menschen war, immer bezüglich meiner Wahrnehmungen und meines Wissens, meiner Erlebnisse mit Gott, mit Engeln, mit Feen im Wald - schweigen musste, ich wünschte/wünsche mir soeben wirkliche, gelebte Liebe.*

*Daraufhin war der Gedanken in mir, dass ich einmal einen Wald haben werde.)*

*Es wird so sein, wir haben dir einen Wald ausgesucht, und er wird zu dir kommen in Bälde.*

*Ich möchte auch jetzt einen Wald, sagte ich, wo ich nicht 1-2 Stunden stehen muss, sondern auch sitzen kann, wenn ich das nächste Mal mit den Bäumen spreche, auf Kassettenrekorder aufspreche.*

*Im Moment ist alles so ungerecht, warum muss mein Leben so schwer sein, sofort musste ich lachen und dachte, herzlich willkommen, heiliges Ego ( – und sprach dies lachend auf.*

*In dieser Liebe, die ich sofort wieder spürte, war es unmöglich, etwas für weniger wert zu halten als das andere, und so sagte ich: heiliges Ego)*

*Ich sagte, ich bin hier bei den heiligen Bäumen, und du, mein Ego, merkst nichts, siehst nichts und weinst nur und klagst, und sprach das immer noch lachend auf Kassette.*

*Ich möchte halt wo sein, wo ich ungestört von ihre Kinder schlagenden und sie zusammenbrüllenden Nachbarn sein kann.*

*(<u>Ein halbes Jahr später:</u>*

*Diese Nachbarn haben ca. ½ Jahr später einen Märchengarten aus Riesenzwergen gemacht und haben einen viel liebevolleren Umgang mit ihren Kindern und die Kinder sind jetzt nur noch so laut wie Kinder eben sind und überschreien sich nicht mehr selbst.)*

*Im Baum ist der größte Reichtum, hatte ich auch noch gesagt. Und dann hieß es:*

Wir bringen ihn dir.


*Also, ich bin jetzt bereit, anzufangen.*

Vor 5000 Jahren habt ihr begonnen, uns wahrzunehmen und habt uns in eure Pläne mit einbezogen. Und in diesen Plänen sind wir heute nicht mehr. Und wir können auch nicht mehr zu euch sprechen, wie wir es damals taten.

*Wie? Kollektiv oder was?*

Du wirst heute auf ein geschichtliches Ereignis aufmerksam gemacht. Und wir haben dir ein besonderes Geschenk.[4]

*(Das Geschenk, das ich bald erhalten sollte, war ein Hochstuhl und ein etwas höherer Hochstand mit Dach, falls es regnet, ca. 10 m entfernt vom Hochstuhl mitten in einem etwas ferneren Wald – ich wollte doch sitzen, um den schweren Kassettenrekorder nicht tragen zu müssen - ein wunderschönes Geschenk - ich wurde direkt hingeführt.)*

Es gibt in euren Reihen Menschen, die immer noch mit uns kommunizieren, und die sich nicht die Mühe machen, euch davon zu berichten, da sie es nicht für nötig erachten, weil ihr selbst eines Tages drauf kommen werdet, und weil sie denken, dass ihr noch nicht genug entwickelt seid, um uns verstehen zu können.

Es hat aber einen Umschwung in eurem Herzen gegeben. Und diesen Umschwung sehen wir als Zeichen, uns euch so mitteilen zu können, dass ihr unsere Worte vernehmen könnt.

*Wie? Selber oder was?*

In genau diesem Zeichen sprechen wir zu euch. Und wir kehren euch nicht den Rücken, wenn ihr anfangs es nicht wagt, mit uns zu kommunizieren.

---

[4] sic

Es gibt in euch ein System von Verdrängung, das es euch nicht erlaubt, so in Herzenskontakt mit euch zu sein, dass ihr uns wahrnehmen könnt, und dass ihr bereit seid, uns so an euch heranzulassen, dass wir eure Diener sein können.

Ihr seid aber dabei, eine große Menge an Information auf einmal zu bearbeiten, und so können wir euch sagen, dass ihr in eine neue Zeit gehen werdet und euch einschwingt in die Melodie eures Seins. Es ist die Zeit, in der wir eure Begleiter sein dürfen und euch wachrütteln und euch Dinge sagen können, die ihr seither nicht an euch herangelassen habt.

Wir freuen uns sehr auf die Zusammenarbeit mit euch, und wir würden uns wünschen, dass immer mehr Menschen in diese Fußstapfen treten. Dadurch können wir der Erde ein Bewusstsein vermitteln, das weit über eurem jetzigen liegt, und das ihr braucht, um in Zukunft eure Pläne verwirklichen zu können.

Ihr seid dabei, der Erde einen großen Dienst zu erweisen. Und ihr habt all unsere Hilfe dabei, denn wir kennen euch.

Ihr habt uns einen großen Gefallen getan, als ihr dieses Buch zur Hand genommen habt - ihr wisst, wie sehr wir auf euch warten, sobald ihr die Botschaften dieses Buches in euer Herz habt fallen lassen und sie versteht.

Ihr könnt uns so vernehmen, dass jeder von euch in der Lage ist, die großen Botschaften zu verstehen, die wir euch zukommen lassen.

Und ihr werdet heute in eine Geschichte eingeweiht, die sich auf der Erde ereignet hat. Es ist die Geschichte jener Saat, die ihr vor 5000 Jahren gesät habt.

Und in dieser Saat beginnen wir miteinander zu sprechen und kehren zurück zu einem Anfang, in dem ihr wusstet, wie sehr wir leiden, wenn wir euch nicht erreichen können.

Es gibt ein kleines Kind in unserer Geschichte, das immer zu einem Baum lief, weil es wissen wollte, warum er so schöne Früchte hat. Wir haben ihm unsere Äpfel gegeben, und wir haben ihm unsere Liebe gegeben. Und in all dem hat es verstanden, wer wir sind.

Wir haben es Einblick nehmen lassen in unser Bewusstsein. Wir sind ihm ganz nahegekommen. Wir haben ihm Leben gespendet, und wir haben alles getan, dass es glücklich ist und mit uns im Einklang.

Dieses Kind hat eine Entdeckung gemacht. Es hat herausgefunden, dass - wenn es im Einklang ist mit uns, wenn es uns würdigt, und uns dankt für unsere Gaben - wir ihm helfen dürfen, wenn es sich verletzt hat und wir ihm Trost geben.

Unsere Heilung bestand darin, alles zu tun, dass seine Wunde in unserer Energie heilte. Und dies ist tatsächlich geschehen.

Und es haben viele Kinder zu uns gefunden - denn die Erwachsenen waren noch nicht getrennt von uns, sie haben uns angenommen und haben uns gedankt.

Wir durften ihnen viele Dinge mitteilen von unserem Leben, wie wir sie (die Kinder) empfinden, welche Kraft in uns ist, und wie sehr wir sie ihnen geben dürfen, wenn sie uns vertrauen.

Wir wünschen uns sehr, dass mehr Menschen mit uns kommunizieren.

*Haben das damals auch nicht alle gemacht? Oder ist das eine erfundene Geschichte?*

Durch diese Geschichte erkennt ihr, wie sehr wir einmal verbunden mit euch waren, und wie sehr wir uns noch an dies erinnern, und dass alles, was ihr tut, in uns gespeichert ist.

Denn wir haben ein Gedächtnis, das keine Lücken aufweist. Ihr könnt über uns alles erfahren, was jemals an einem bestimmten Ort gewesen ist.

Und wir haben auch für alles Verständnis, was ihr tut, und bringen sehr viel Mitgefühl auf. Doch auf keinen Fall können wir euch helfen, wenn ihr nicht mehr bereit seid, uns wahrzunehmen, und unsere Fürsorge anzunehmen, und sie hineinzustellen in euren Dienst.

Ihr braucht eure Wurzeln, ihr braucht eure Traditionen, und ihr braucht es, uns zuzuhören, mit uns eins zu sein und uns zu verstehen.

Wir haben sehr viel Wissen durch die Jahrtausende gesammelt, und es gibt keinen Baum, der nicht in diesem Wissen zu Hause ist, denn wir teilen alles miteinander.

*Heißt das von jedem Ort? Und was da konkret mit den Menschen passiert ist, auch? Welches Wissen teilt ihr?*

Es ist das Wissen unserer Herkunft. Es ist das Wissen, in dem wir zu Hause sind, wenn wir euch dienen, wenn wir euch sagen dürfen, wie sehr ihr uns vermisst, wie sehr ihr uns braucht, und wie sehr ihr auseinandergerissen seid, wenn ihr uns aus eurem Gedächtnis, eurem Bewusstsein und eurem Herzen eliminieren wollt.

Wir haben auch das Wissen einer großen schöpferischen Kraft, und wir zeigen euch den Weg, wie ihr so mit eurer Kraft in Verbindung kommen könnt, dass in euch die Früchte eurer Liebe entstehen können, und ihr sie mit anderen teilt.

*(Dann sagten die Bäume zu mir:)*

Höre uns eine Weile zu, wir haben dir etwas Wichtiges zu sagen.

Du bist jetzt hier, um mit uns zu kommunizieren, um uns kennen zu lernen, um unsere Energie zu spüren, und wir danken dir, dass du diesen Schritt getan hast, und wir wünschen dir, dass du erst einmal eine Pause machst, in der du in die Stille gehst, meditierst, uns an dich herankommen lässt.

Und wir würden uns auch freuen, wenn du dies auf einem Spaziergang tun würdest. Dann können wir besser an dich herankommen, und du kannst unsere Energie besser aufnehmen.

*Kann ich mein Fahrrad hier stehen lassen, fragte ich und dann erinnerte ich mich, dass ich bereits als ich noch zu Hause war, erfuhr, dass ich heute spazieren gehen werde. Ich fragte, soll ich in diesem Wald spazieren gehen oder woanders?*

Du wirst dich noch 5 Minuten in diesem Wald aufhalten, und dann werden wir mit dir eine andere Gegend aufsuchen.

*Ich pflückte Brennnessel, von denen ich hier umgeben bin – deshalb die 5 Minuten.*

*Dann wurde ich woanders hingeführt, in einen anderen, sehr großen Wald.*

Ihr werdet immer mehr von eurer Intuition geführt.

Und diese Intuition sagt euch auch, wann ihr zu uns in den Wald kommen müsst. Vertraut dieser Intuition. Ihr habt dann den Grundstein gelegt für ein Leben in Freiheit, und ihr könnt dann so mit uns kommunizieren, dass wir alles, was ihr braucht, euch zur Verfügung stellen.

> *(Auch an Äußerem, wie ich sehen konnte - mein heiß ersehnter Sitzplatz - damit ich nicht anderthalb Stunden den schweren, großen Kassettenrekorder in den Händen halten muss. Damals hatte ich noch kein Auto.)*

Und wir kennen kein Limit, keine Bedingung, und wir kennen auch kein Wenn und Aber.

Denn jedes Mal, wenn ihr euch auf uns einlasst, haben wir die Antwort, die ihr braucht, um weiterzukommen. Und wir haben auch die Antwort, die ihr braucht, um euch an das zu erinnern, was euch verloren gegangen ist.

Ihr habt vor langer Zeit einen guten Kontakt mit uns gepflegt, und wir haben euch dienen können. Und in diesem guten Kontakt seid ihr, sobald ihr euch darauf einlasst. Denn ihr habt es nicht verlernt. Und ihr könnt so mit uns kommunizieren, dass ihr jede Antwort in eurem Inneren wisst.

Sag es so – *hieß es, denn ich zögerte* - und ihr habt in uns Führer, die sich an das halten, was in euch schlummert, und die das zutage fördern helfen, was ihr braucht, um die nächsten Schritte erkennen zu können.

Und ihr habt in uns auch Führer, die wissen, wie sehr ihr leidet, wenn ihr nicht zu uns kommt, und wenn ihr uns nicht eure Probleme anvertraut. Denn wir Bäume sind die Wächter der Liebe, die in allem einen Rat wissen, und ihr könnt euch uns so anvertrauen, dass ihr unsere Stimme in eurem Inneren hört.

Wir haben vor langer Zeit begonnen, mit euch zu arbeiten und euch einzuführen in die Gesetze der Natur, in die Gesetze des Lebens. Ihr habt in uns Verbündete da, wo ihr diesen Gesetzen vertraut, und wo ihr heimwärts schaut in euer Inneres hinein, in eine Zukunft, die in eurem Inneren beschlossen liegt.

Und wir haben zu euch Vertrauen, sobald ihr uns euer Ja gebt, und euch tief einlasst auf die Begegnung mit uns. Ihr erkennt uns an unserer Energie. Wir tragen ein Stück weit eure Schatten davon, und wir erlösen euch von ihnen.

Ihr habt in uns Weggefährten, die sich so auf euch einlassen, dass immer, wenn ihr unsere Hilfe annehmt, sie auch in euch fruchten kann. Denn wir bringen euch all das, was ihr braucht, um die nächste Tür finden zu können. Und wir kämpfen nicht mit euch. Wir haben nichts zu verbergen und wir verschließen uns euch nicht.

In unserem Sein gibt es eine Tür, die euch hinaufhebt auf die nächste Stufe eurer Erkenntnis. In diesem Sein ist auch die Möglichkeit, all das zu heilen, was in euch im Argen liegt. Und ihr seid gerufen, dieses Sein kennen zu lernen, mit uns hineinzugehen in es.

Wir sind die Wächter der Liebe, weil wir euch rufen, in es – euer, unser Sein – hineinzugehen. Und weil wir euch den Weg zeigen, wie ihr hineinkommen könnt, und wir dienen ihr, der Liebe.

Und wir sind auf einer hohen Energiestufe, d.h. in uns ist ein so hohes Potential an Liebe, dass in dem Moment, wo ihr die Tür aufmacht zu unserem Sein, ihr in dieses Potential eingeladen seid und es in Anspruch nehmen könnt, sobald ihr offenen Herzens die Tür aufmacht, die uns verbindet.

Ihr seid dann eingeladen, in unser Sein einzutreten, und ihr habt dann alles, was ihr braucht, um die Ruhe und die Kraft zu finden, eure nächsten Schritte zu erkennen. Ihr seid nicht mehr allein, sobald ihr euch einlasst auf das Leben der Bäume, auf unsere Herrlichkeit, auf das, was wir in Fülle sind.

Wir bergen in unserem Inneren reiche Schätze, denn wir sind Wesen, die so in der Liebe zu Hause sind, dass ihr euch in dieser Liebe baden könnt und ihr euch, wann immer ihr es braucht, mit dieser Liebe volltanken könnt.

Ihr wisst nicht mehr, was es heißt, uns euer Vertrauen zu schenken und euch bei uns auszuweinen.

*(Ich tat das nach dem Erlebnis meiner Begegnung mit meiner Zwillingsflamme und nach deren grausamsten Taten mir gegenüber. Es waren Erlebnisse, von denen ich wusste, dass ich - noch - nicht mit Menschen darüber sprechen konnte. Die Bäume waren meine Retter, meine Lebensretter.)*

Ihr wisst auch nicht mehr, was es heißt, von uns so beschenkt zu werden, dass ihr den Himmel auf Erden erlebt, sobald ihr den Weckruf vernehmt, der von uns ausgeht und den wir zu euren Herzen lenken.

Ihr habt auch vergessen, was es heißt, so von uns getragen zu sein, dass einer im anderen das erkennt, was er wirklich braucht, um Erfüllung zu finden.

Wir wissen genau, was ihr vom anderen haben müsst, damit dieser in euer Sein so eingelassen wird, dass ihr ein gemeinsames Sein seid, denn wir kennen euch auf Ebenen, die euch unbewusst sind, und wir verraten euch ein Geheimnis:

Ihr seid alle auf der höchsten Ebene der Liebe vereint. Nur habt ihr keinen Zugang zu ihr.

Und ihr könnt euch auch nicht trauen, weil ihr denkt, der andere will etwas von euch haben, was ihr ihm nicht geben wollt. Denn ihr denkt, dass das, was ihr habt, dem anderen nicht zugänglich ist, wenn ihr es ihm verschweigt, und wenn ihr so tut, als hättet ihr es nicht.

Das heißt, ihr produziert Misstrauen und Gelegenheiten zur Trennung, sobald in euch das Licht der Liebe so erwacht ist, dass ihr nicht mehr wisst, was ihr tun sollt, um euch vor dem Anderen zu verstecken.

Und da treten wir auf den Plan. Denn wir kennen euch und wir möchten euch an der Hand nehmen und euch einige Beispiele geben, damit ihr versteht, warum ihr dem anderen trauen könnt, und warum der andere nicht in der Lage ist, euch irgendetwas zu nehmen, was ihr ihm nicht geben wollt.

Denn ihr seid so sehr eins mit eurem gemeinsamen Sein, dass ihr da, wo ihr liebt, immer Liebe vom Anderen erhaltet, denn sein Sein ist nicht getrennt von dem Sein eurer Liebe, und ihr seid auch nicht getrennt in eurer Liebe von seinem Sein.

**Und in diesem eurem Sein ist so viel Liebe, dass ihr in dem Moment, wo ihr liebt, Liebe empfangt, auch wenn die Persönlichkeit des Anderen diese Liebe nicht berührt.**

**In dieser Liebe könnt ihr alles verstehen, alles verzeihen und habt die Geduld, um den anderen seinen Prozess machen zu lassen und seid gleichzeitig von eurer Liebe gehalten.**

04.10.2007

*(Ich war gestern unsicher, Zwergenbuch/Sasnapurtbuch, Baumbuch, was mache ich da eigentlich, wird es jemand verstehen, wie viele werden es verstehen, wie viele nicht? Was kommt da auf mich zu, wird man denken, dass ich das selbst geschrieben habe, oder dass es meiner Phantasie entspringen würde?*

*Heute Morgen, am 04.10.2007 wachte ich mit dem Satz auf:)*

**Du kannst das Ganze auch beenden, du bist frei.**

*(Und ich schaute, was ‚das Ganze' bedeutet und antwortete dann und sagte zu den Bäumen:)*

*Egal wie es die Menschen aufnehmen, ich stehe dazu, ich folge meinem Herz, ich habe noch nie etwas so Schönes erlebt, wie mit euch Bäumen.*

*(Und zu den Zwergen/Sasnapurt sagte ich:)*

*Und was euch Sasnapurt betrifft: Ihr wolltet nur diktieren, wenn ich schreiben wollte, dann ward ihr sofort zum Diktat bereit, bis auf ganz wenige Ausnahmen. Ihr habt mir immer meine Würde gelassen, ihr seid mir immer mit Achtung begegnet - diese unvergleichlich schönen Erlebnisse, auch mit euch!*

*(Zum Verständnis:*

*Es ging mir sehr, sehr schlecht, extrem schlecht in dieser Zeit, ich wusste nicht, ob ich es überleben werde - niemand wusste es, es war fifty-fifty, von Anfang an und musste auch so sein, erfuhr ich später - ich war voller Trauer und Schmerz, Trennungsschmerz in Bezug auf meine Zwillingsflamme und immer wieder Schmerzen der Erde in meinem System, da sie teilweise in einer Agonie war und ihr die Schmerzen, die ihr die Menschen angetan hatten, viel zu viel waren und sie sie nicht mehr spüren konnte. Nichts, gar nichts konnte mir da fast 2 ¾ Jahre lang helfen, immer wieder schrie ich jahrelang: Mein Gott, warum hast Du* mich verlassen und ich schrie den Namen meiner Zwillingsflamme innerlich so laut, dass ich mich später wunderte, dass nicht sämtliche Adern in mir geplatzt waren. Kraft zum Gehen hatte ich nicht, deshalb musste ich in meiner Wohnung schreien und tat das lautlos.

Und das obwohl ich von Anfang an meine Zwillingsflamme in meinem Herzen spürte und erlebte, dass trotz der Trennung, der totalen Zerstörung, die sie machte, wir nicht getrennt sind.

Ich wusste, dass es die Schmerzen der Menschen waren, die sich von Gott verlassen glaubten, die in der Erde gespeichert waren, die in mein System geschmissen wurden und dass ich nur dadurch in ihre unerträglichen Schmerzen hineinkam, dass ich den für lange Augenblicke unerträglichen Trennungsschmerz von meiner Zwillingsflamme kannte.

Insgesamt weinte ich fast 6 Jahre lang und davor schon 2 ¼ Jahre, vor der Begegnung mit meiner Zwillingsflamme. Mit dieser war ich immer verbunden und eins, 47 Jahre lang, ohne ihr im Physischen begegnet zu sein. Dieses Ereignis, in meinem 47. Lebensjahr, Hochzeit mit goldener Krone auf geistiger Ebene, hatte ich mit 17 Jahren vorausgesehen und meine Zwillingsflamme geistig gesehen, als würde ich ein Bild anschauen und bevor ich sie dann traf, ihren Namen gewusst. Als ich 6 Jahre alt war, sie war damals noch nicht inkarniert, hat sie mich auf meine/unsere Aufgabe vorbereitet.)


Ihr, ihr habt mich geheilt, ich hätte das nicht geschafft ohne euch, (sagte ich zu den Sasnapurt.

Die Antwort meines Herzens - mit der ich Klarheit hatte - auf den Satz

‚Du kannst das Ganze auch beenden, du bist frei‘, war:)

Ich bleibe meinem Herzen treu. Ich verrate mein Herz nicht und veröffentliche die Bücher für die Menschen, die offen dafür sind und sonst gehe ich aus eventueller Angst heraus, überwinde sie durch die Tat, dadurch dass ich meiner Aufgabe treu bleibe!

*(Für diese meine Aufgabe, von der ich wusste, dass ich ihr treu bleiben werde, ging ich anschließend wieder in „meinen" Wald zu „meinem" Hochsitz. Von hier sehe ich gerade vor mir in einiger Entfernung ein Licht von ca. 12 cm Durchmesser, orange, sehr satte, helle Farbe, und es bewegt sich auch. Vielleicht wird es von der Sonne angestrahlt, aber ich weiß nicht, was da im Wald so orange reflektieren könnte, wunderte ich mich.)*

Du erlebst uns

*(höre ich die Bäume in meine Gedanken hinein sagen.)*

*Also ich bin bereit aufzusprechen, (fahre ich hoch und beende mit diesen Worten meine Überlegungen zur Quelle dieses intensiven Lichtes.)*

und wir sind bereit weiter zu sprechen.

Du erlebst uns als etwas, das in einer großen Symphonie miteinander ist. Und in dieser Symphonie teilen wir unser Sein miteinander und haben Anteil am anderen. Denn wir sind auf hohen Energieebenen und bringen unsere Botschaft aus dieser hohen Energieebene, wo einer dem anderen dient, wo einer um den anderen weiß, wo es kein gemeinsames Sein in dem Sinn gibt, dass der andere Baum nicht mehr enthalten ist - denn wir bringen alles hervor, was dieses gemeinsame Sein in heiterer Einheit ist als eine Art Liebesmelodie, als etwas, das in unserem Herzen, in unserem Innersten ist.

Und als dieses *(als Sein)* kreieren wir auch unser gemeinsames Sein und haben Anteil an ihm, denn wir haben kein getrenntes Sein außer da, wo wir getrennt von euch wahrgenommen werden.

Doch wir überstehen diese Trennung in euch, da wir auf einer hohen Energieebene sind und auf dieser hohen Energieebene unser Sein allumfassend ist, und wir keine Trennung spüren.

Wir sind auf einer so hohen Energieebene, dass das, was wir uns vorgenommen haben, auch Wirklichkeit wird. Und gleichzeitig haben wir ein so hohes Bewusstsein, dass ihr nicht in der Lage seid, uns zu schmälern, uns zu trennen oder euer getrenntes Sein auf uns zu übertragen. Denn unser Bewusstsein ist weit über dem euren.

Und wir finden keine Worte, wenn ihr denkt, dass wir totes Holz sind, und dass wir nur dazu da sind, dass ihr Sauerstoff habt oder dass ihr im Winter Wärme erzeugen könnt, denn wir haben weit höhere Aufgaben als diese. Und wir können auch nicht nur Wasser speichern und euch nähren.

Wir können euch auch über weite Entfernungen hinweg hören. Denn in unserem Bewusstsein gibt es keine Trennung.

Und wir sind so eins mit euch, dass wir immer dann, wenn wir uns in eurem Innern hören wollen, Botschaften für euch haben und euch empfangen dürfen in unserem Sein, und euch in unsere Liebesmelodie hineinnehmen dürfen und euch warmhalten dürfen, wo ihr friert, auch wenn ihr keinen Ofen anmacht. Denn wir sind nicht an die physische Wärme gebunden, um euch zu wärmen. Und wir haben in unserem Sein so etwas wie einen Katalysator, der eure Entwicklung beschleunigen hilft, sobald ihr an uns denkt.

Denn wir dürfen euch jetzt in Geheimnisse einweihen, die über Jahrtausende brach liegen mussten, und die wir in uns hüten mussten, damit ihr in uns keine Gefahr seht, sondern euren Willen gebrauchen konntet bis ihr von selbst wieder zur Einsicht kommt, dass ihr in dem, was ihr tut, nicht auf dem richtigen Pfad seid und unsere Hilfe haben wollt.

Ihr habt schon lange angeklopft und die Bäume um Hilfe gebeten, sonst hätte dieses Buch nicht entstehen können. Und wir haben Ja gesagt.

Wir verändern uns in unserem gemeinsamen Streben, alles von der Erde zu erfahren, was sie braucht, damit sie euch mitnehmen kann in ihren Prozess des Aufstiegs hinein.

Wir dürfen euch auch sagen, dass es uns schwergefallen ist, hier, an einer Wegkreuzung, den Weg einzuschlagen, den wir nun gegangen sind, und euch all unser Wissen zur Verfügung zu stellen.

Denn wir hatten die Befürchtung, dass ihr, wenn ihr das hört, auf keinen Fall unsere Botschaften annehmen wollt, und erst im zweiten Schritt, in einem langsamen Massenerwachen hineinkommt in das, was euch zusteht, und was ihr gerufen seid zu tun, und was ihr vor langer, langer Zeit begonnen habt.

Wir haben aber auch erkennen können, dass ihr jetzt in der Lage seid, diesen Schritt zu tun und euch aufzumachen, gemeinsam in die Melodie des Seins hineinzugehen, und deshalb haben wir begonnen, dieses Buch in uns entstehen zu lassen und sind nun in der Lage, es euch zu überreichen. Und die weiteren Schritte werden geprägt sein von einem heiteren Gewahrsein und von dem, was ihr zu tun habt, damit ihr in die Lage kommt, uns zu vernehmen, und damit ihr in uns

*(Ich soll es annehmen –*

*das erinnerte mich an die Zwerge, und deshalb dachte ich, ist es möglich, dass ich dasselbe sage und stoppte.)*

Brüder und Schwestern seht, die mit euch wandeln, und die euch jederzeit erreichen können, sobald ihr die Bereitschaft in euch zeigt, dies auch annehmen zu wollen.

Ihr kennt uns, ihr habt viel von uns erfahren, ihr müsst es nur abrufen und euer Sein ist voll von Erinnerungen.

Gebt uns einen Augenblick - wir werden gleich weiter sprechen - macht auch ihr eine Pause, die ihr dieses Buch lest.


*(Dann sprachen die Bäume und zum Schluss auch die Sasnapurt zu mir persönlich über ein bestimmtes Thema aus aktuellem Anlass und was ich dabei zu lernen und zu meistern habe.)*


Schau einmal auf die Uhr.

*Ich muss heimgehen, ich wollte um vier Uhr daheim sein, (sagte ich.*

*Das hatte ich völlig vergessen, ich wäre nicht draufgekommen, wenn die Bäume nicht gesagt hätten, schau auf die Uhr.*

*Die Worte*

*‚Schau einmal auf die Uhr‘ waren als Erinnerung gemeint, denn ich trage nie eine Uhr, da Uhren bei mir nicht funktionieren – ich erinnerte mich bei ihren Worten an meine Vorhaben und schaute geistig, wieviel Uhr es ist.*

*Ich hatte uns nur drei Stunden für die Aufnahme gegeben, da ich nicht gewusst hatte, dass ich Brennnessel, Holunder und Hagebutten sammeln und (größtenteils) an einem weiter entfernten Platz aufsprechen werde, der ca. 2 km entfernt ist.)*

Es ist ein weiter Weg bis dahin und wir zeigen dir unterwegs etwas.

*Kommt da noch etwas zu dem Buch?*

Wir werden morgen weiter auf sprechen. Für heute ist es genug. Dein Sein braucht Ruhe. Gönne sie dir, du machst große Fortschritte.

*(Die letzten Sätze zeigen, wie sehr die Bäume, wie auch die Zwerge/Sasnapurt bereits zwei oder zweieinhalb Jahre lang, mich in allem unterstützen, was ich tun will, was ich mir vorgenommen hatte, mich daran erinnern, es immer respektieren, nur die Zeit, die ich für sie vorgesehen hatte - falls ich das tat - sich nehmen und wie sehr auch sie darauf achten, dass mir ihre Energie und ihre Informationen nicht zu viel werden.*

*Und wie sehr sie auch zurücktreten, ihre Energie zurücknehmen, damit ich zwar noch in Ihrer Gegenwart sein kann, aber selber zu Erkenntnissen gelange, selber meine Lektionen lerne, und wie sie einen Kurs für mich beenden und mir Zeit lassen, um nach so viel neuen Informationen in die Stille zu gehen, mich neu zu organisieren, sich alles setzen zu lassen.*

*Ich fühle mich in ihrer Schule - so wie bereits in der mit den Zwergen/Sasnapurt die letzten 2,5 Jahre - so gut aufgehoben, bewacht, behütet gefürsorgt - während des Aufschreibens kommt mir die große Gnade in den Sinn, in der ich bin. Welch wundervolle, achtsame Lehrmeister voll unbeschreiblicher Liebe.*

*Es fing alles damit an, dass ich, obwohl ich sah, in welche Trauer und welchen Schmerz ich gehen werde - Begegnung und anschließende Trennung von meiner Zwillingsflamme, der göttlichen Liebe, die wir sind - bereit war, den göttlichen Willen zu tun und ihr zu begegnen.*

*Und dann kam die Hilfe der Zwerge/Sasnapurt und der Bäume und meine Aufgabe im göttlichen Plan mit ihnen.*

*Wie vollkommen alles ist, wenn man auf sein Herz hört, und sich Gott/dem göttlichen Willen hingibt - egal wie der andere sich verhält - durfte ich zuerst in der gemeinsamen Aufgabe mit den Sasnapurt und dann mit den Bäumen erleben.)*

05.10.2007

Vor langer Zeit, als ihr vereint gewesen seid in unserem Bewusstsein und angeschlossen an euer Sein, habt ihr begonnen, eure Aufgabe zu tun, und diese ist es, worüber wir heute sprechen wollen.

Es ist jene Aufgabe, bei der ihr so vereint seid mit euch, dass alles, was ihr tut, in dieses Einssein hineinmündet, und dass in allem, was ihr tut, dieses Einssein zum Ausdruck kommt. Und nur in diesem Einssein könnt ihr uns auch vernehmen - jeder, der in dieses Einssein hineinwächst.

*(Ich weinte und sagte „nicht so dolle", und spreche damit auch die Engel an - und mein Selbst auf einer höheren Energie-/Bewusstseinsebene - die die ganzen körperlichen Prozesse so überwachen, dass es nicht zu viel für einen wird. Ich hatte plötzlich solche Schmerzen am Rücken hinter dem Herzen. Und dann sprach ich in Gedanken mit jemandem - ein altes Muster, ein alter Konflikt, der sich während des Aufsprechens zeigte.*

*Bei den Sasnapurt kam es auch vor, dass ich körperliche Schmerzen hatte während des Aufsprechens. Die hohe Liebesenergie der Naturwesen und der Bäume löst Blockaden, was im ersten Moment schmerzhaft ist – da der Schmerz fühlbar wird, aus der Verdrängung kommt - aber schnell weggeht.)*

Du klärst Neues, und dadurch wird das Alte aus deinem System geschwemmt, sei dankbar dafür, sagten die Bäume.

*Ich hatte das Gefühl, es war nicht richtig, in Gedanken etwas zu jemand zu sagen, was ich sagte. Ich habe immer noch so große Schmerzen. Erinnerungen kommen mir, Wortfetzen: ,Umgekehrt, es ist umgekehrt:' ,Geradeaus, du sollst nicht immer kehrt machen'. ,Nicht mit ihr'. Ohh, (ein Schmerzlaut zwischen o und a. Das ist im Moment ein sehr intensiver, sehr schmerzhafter Reinigungsprozess.)*

Was du jemals unbewusst getan hast, ist als Schmerz in dir gespeichert und will Erlösung finden, *erklärt man mir.*

*Auch unbewusst meine Haferflocken die letzten Tage essen, wird mir klar.*

*Es schmerzt alles, meine Ohren schmerzen, das Zahnfleisch schmerzt, mein Rücken schmerzt, mein rechter Kiefer schmerzt, meine Schultern, mein Hals innen, vorne die Brust. Meine Mutter höre ich sagen: „Es ist umgekehrt". Ich habe die höchstmögliche göttliche Quelle um Heilerspezialisten gebeten, die mir jetzt am besten helfen können.*

Eine Woche.

*Wie? Habe ich jetzt eine Woche Schmerzen, dann kann ich ja nicht aufsprechen.*

Du wirst von uns immer wieder an der Hand genommen,

*(spreche ich auf meinen Kassettenrekorder - immer noch mit schmerzverzerrter Stimme.)*

und dadurch löst sich alles, was in deinem System gespeichert war, und was Knoten bewirkt hat, was nicht frei atmen konnte.

*Hooo – (ein Schmerzlaut, zwischen o und a gebar sich stöhnend aus mir.) Was soll ich tun, soll ich spazieren gehen?*

*(Ich stieg voller Schmerzen von dem Hochstuhl im Wald herunter und trank - auf dem Boden unten - viel Wasser. Und dann ging es mir wieder gut. Ich stieg wieder hoch - schmerzfrei.)*

*Ich hoffe, hier oben geht es mir jetzt auch gut, (sagte ich während des Hochsteigens.)*

*Ich bin bereit weiter zu sprechen, liebe Bäume, wir können weitersprechen. (Schmerzen hatte ich keine mehr. Sie waren ganz weg.)*


Und wir beginnen da, wo wir aufgehört haben.

Durch inniges Zuhören ist im Menschen das entstanden, was er braucht, um eins mit sich zu sein. Er vertraute uns, er kannte uns, und er war unser Diener, und wir waren der seine. Und nur in dieser

Kommunion konnten wir miteinander sprechen, und wir wussten, was im Menschen vor sich geht. Wir haben eine Energie, die er erst wieder kennenlernen muss.

Wir klären euer System, wir stellen uns ganz ein auf euch, und wir empfangen über euer Bewusstsein - an dem auch wir Anteil haben - den Großteil unserer Informationen, wann ihr traurig, niedergeschlagen oder verzweifelt seid, und wir dürfen euch dann helfen.

Ihr habt zu uns gefunden, sobald Ihr euch aufmacht, euer Herz sprechen zu lassen und ihm die Botschaften anvertraut, die wir ihm gcbcn möchtcn. Ihr kennt euer Herz noch nicht genug, um es sprechen lassen zu können, und ihr habt auch noch nicht genug Vertrauen in den Prozess eures Wachstums, eurer Fähigkeiten.

*(Es kam ein Auto, ich bat die Bäume, dass sie niemand an mich heranlassen, dass sie das Stückchen Weg, an dem ich bin, abschirmen, weil mich das aus dem Aufsprechen herausbringt.*

*Dann war folgender Gedanken in mir:)*

Greif nicht zu hoch in deinen Träumen - erst muss der Grundstock gelegt werden. Und indem wir den Grundstock in euch legen und wieder mit euch verbinden, könnt auch ihr an die Pforte herangeführt werden, wo ihr uns hören könnt.

Es gibt viele von euch, die das bereits erfolgreich praktizieren, und wir danken ihnen, dass sie das tun. Ihr seid zu einem offenen Tor geworden, sobald ihr uns erlaubt, euch höheres Bewusstsein zukommen zu lassen. Indem ihr in euren Nächten Kontakt mit uns aufnehmt, können wir euch langsam einstimmen in das, was wir euch sagen wollen. Und wir dürfen dann so nahe an euch herankommen, dass ihr uns vernehmen könnt, auch wenn ihr keine bewusste Erinnerung daran habt.

Es ist wie bei einem Ruder, wenn ihr es gebraucht, kommt ihr von der Stelle, und wenn ihr es nicht gebraucht, habt ihr Mühe, euch im Wasser fortzubewegen. Das Ruder sind wir, und wir sind auch das Segel, mit dem ihr euch fortbewegen könnt. Wir sind auch der Mast, an dem dieses Segel fest gemacht ist.

Ihr seid lange gegangen und habt nun Platz gemacht für ein neues Bewusstsein, das euch schneller an euer Ziel bringt. Und wir haben Platz gemacht, euch zu vernehmen, uns euch zu nähern, und euch in unserem Bewusstsein aufzunehmen - denn auch wir sind einen weiten Weg gegangen, um euch wieder hören zu können.

**Und in diesem weiten Weg ist all unsere Bereitschaft, uns auf euch einzulassen, und wir sagen euch hier an dieser Stelle, dass keiner von uns überleben wird, wenn ihr nicht umkehrt und Platz macht, für ein neues Bewusstsein.**

**Es sind ganz andere Voraussetzungen nötig, wenn ihr auf der Erde bleiben wollt, und wenn ihr ihr dienen wollt, und wenn sie euch dienen darf.**

**Es sind dies Voraussetzungen, die ihr euch langsam erarbeiten müsst, in die ihr langsam hineinwachsen müsst. Und in diesen Voraussetzungen findet ihr auch unsere Bereitschaft der Zusammenarbeit mit euch, so dass wir euch einführen können in Gesetze des Lebens, die ihr seither missachtet habt, und so, dass wir eine große Spannweite der Regeneration für euch zur Verfügung stellen können - denn dies erlaubt uns, näher in Kontakt mit euch zu kommen und gleichzeitig euch so an uns heran zu lassen, dass ihr unsere Gegenwart spüren könnt, und euch sicher sein könnt, dass wir jeden von euch lieben.**

**Und in diese Aufgabe wachsen wir so hinein, dass wir alles mit euch teilen. Und dadurch erhalten wir Zugang zu eurem Sein. Denn wir sind die höheren Mächte der Liebe und dürfen euch erst dann an eure Aufgabe heranführen, wenn ihr bereits einen weiten Weg zurückgelegt habt, um uns dienen zu wollen.**

**Das heilige Sein, das ihr alle seid, kennt keine Grenzen, es ist ganz, und in dieser Ganzheit sind auch wir enthalten. Und diese Ganzheit will sich euch so mitteilen, dass ihr jeden von uns vernehmen könnt, der in dieser Ganzheit enthalten ist.**

Und ihr könnt auch uns Bäume so vernehmen, dass ihr in der Lage seid, ein höheres Bewusstsein zu erreichen, und es in euch so zu erschließen, dass alles, was ihr hierfür tun müsst, ein Mehr an Freiheit mit sich bringt für euch und all die, die euch anvertraut sind, sobald sie in den Kontakt mit uns eingewiesen wurden.

Es gibt hierzu viele Helfer auf der irdischen Ebene, ihr seid nicht allein. Und ihr werdet auch nicht nur von uns betreut. Es gibt zahlreiche Wesen, die in den Dienst getreten sind für die Erde. Und all diese Wesen werden sich auch um euch kümmern, sobald ihr das Tor öffnet, das euer wahres Sein enthält, zu ihm führt und von ihm gespeist wird. Es ist das Tor der ewigen Liebe. Es ist das Tor zu jener Freiheit, in dem ihr angeschlossen seid an ein Bewusstsein, das zu euch kommen will, und das euch all das überbringen will, was ihr als Nächstes in der Lage seid zu tun.

Und in diesem Tor ist eure Freiheit. Es kennt euer Leid, es kennt eure Sorgen, es kennt euren Schmerz und es kennt uns und alle Wesen, die die Torhüter sind.

**Und in dem Moment, wo ihr Ja gesagt habt zu eurem Schmerz und ihn annehmen wollt, können wir das Tor öffnen und er wird weichen - vorher dürfen wir es nicht. Denn ihr seid in einer Schule der strengen Läuterung, sobald ihr diesen Pfad beschreitet.**

**Und diese Schule der strengen Läuterung enthält auch unsere Aufgaben, die wir für euch haben.**

Denn wir sind eingebettet in die göttliche Freiheit, die sich euch so zeigen will, dass ihr euch bewusst werdet, wie viel an Verschwendung, an Lieblosigkeit, an Tagträumerei, an Nicht-Erwachen-Wollen und an Fürsorge für das, was in eurem Ätherkörper nicht enthalten ist - und was ihr euch weg nehmt, sobald ihr an es herankommen wollt - ihr mit euch herumtragt.

Es ist dies euer ganzes Profit-Denken, euer ganzer stählerner Wille, nicht mit euch kommunizieren zu wollen, euch zu verschließen, euch abzukapseln und euch nicht eins sehen zu wollen.

Es ist dies auch euer Wille, nur an euer Überleben zu denken und nicht an das, was ihr werden könntet, wenn ihr bereit seid, uns und unseresgleichen - die im göttlichen Plan enthalten sind und sich ihm nicht verschließen - zuzuhören und uns nicht zu verachten und uns nicht zu behandeln wie etwas, das kein Bewusstsein hat und uns nicht zu missachten in dem, was unser Anliegen ist und uns vollkommen hinein zu beziehen in eure Pläne, in denen wir genauso zu Hause sind, wie euer wahres Sein, sobald ihr sie ihm öffnet und ihm die Führung überlässt für das, was zu euch kommen will.

Und das braucht ihr nicht erst herbeizurufen. Denn in dem Moment, wo in euch das Feuer der Liebe erwacht, habt Ihr Ja gesagt zu einem Sein, das euch hinein nimmt in diese Liebe. Und in dieser Liebe seid Ihr geborgen, kämpft nicht mit euch und dem, was ihr habt.

Ihr vergeudet eure Zeit und wisst nicht, wie gefährlich es ist, haltet inne! Ihr seid auf der Flucht, ihr verwehrt euch, was ihr braucht, um leben zu können. Und ihr betet nicht zu einem Gott, der in euch das Feuer der Liebe so entzünden kann, dass ihr in jedem Augenblick wisst, dass ihr in euch geborgen seid, dass ihr Schätze habt, die zu euch kommen wollen, und dass ihr diese Schätze nur annehmen müsst, damit ihr hineingestellt werden könnt in ein Leben in Freiheit.

Durch diese Schätze findet ihr Zutritt zu eurem Sein und in diesen Schätzen findet ihr euer Sein. Es sind die Schätze der ewigen Gegenwart Gottes auf Erden und in dieser Gegenwart findet ihr auch unser Bewusstsein und eint uns mit euch.

Ihr seid auf der Hut voreinander und so können wir nicht eine Einheit bilden, und ihr seid auf der Hut vor euch selbst, und so könnt ihr nicht hineinwachsen in unser gemeinsames Sein, das wir miteinander teilen.

Öffnet euer Herz dem größeren G-an-zen, dem Ein-Klang in All-em, durch All-es und mit All-em. Und durch diesen Ein-Klang können wir uns er-reich-en und unser Herz dem Anderen öffnen und ihn her-ein-lassen in unser Herz und ihn lieben, und ihm ge-hören.

Denn die Liebe verbindet uns auf eine Weise, dass wir eins mit-ein-an-der sind, und dann hören wir den Anderen auch und ver-nehmen ihn in uns und nehmen ihn wahr und geben ihm das, was er braucht, damit er sein Tages-Bewusst-Sein füllen kann damit, und damit er uns wahr-nehmen kann und um ihm eine Freude zu machen. Denn das Sein dient sich, liebt sich, und hat nichts was es dem Anderen vorenthält.

*(Ich habe in den beiden letzten Abschnitten Wörter getrennt. Möge der Leser dies geistig immer da machen, wo er den Impuls verspürt, dies zu*

*tun. Die Silbe ‚An' bedeutet ‚jenseits der Dualität' - das andere, was durch
das Trennen sichtbar wird, ist bekannt.)*

Auf einer höheren Stufe eures Bewusstseins, wo ihr in diesem Einklang
seid – nimm es an, was jetzt folgt – seid ihr auch getrennt von eurem
niederen Selbst - das in sich keinen Halt, keine Stütze, keine Würde,
keine Gemeinsamkeit, keine Achtung mit Allem und für Alles
empfindet -, denn ihr seid in eurem höheren Selbst nicht eins mit dem,
was Ihr nicht in der Liebe seid.

Und ihr könnt auch keine Stufen hinab zu ihm (dem niederen Selbst) -
sondern ihr verliert euch da, wo in euch die Tür zugegangen ist zu
eurem höheren Bewusstsein, zu dem, was in euch leuchten, in euch
strahlen will und was euch alles gibt, damit ihr die Dinge versteht, ihr
sie erkennt, in euch Frieden findet, und euch wohl fühlt in eurer Haut.

**Ihr habt zu viel vergessen von dem, was ihr einst wusstet, und ihr
seid in einer Sackgasse gelandet, wo ihr eure Augen verbindet, wo
ihr nicht mehr eins seid mit eurem wahren Kern, wo ihr euch
nicht der Hauptaufgabe übergebt, die ihr im Leben habt.**

**In dieser Hauptaufgabe ist auch unser Sein, denn wir kennen sie,
wir teilen sie mit euch, und wir unterstützen euch darin, sobald
ihr bereit seid, sie an euch heranzulassen und sie für euch fordert,
und sie keinem andern Menschen übergebt, sondern in sie
hineingeht in eurer vollen Verantwortung und in all dem, was ihr
braucht, um sie erfüllen zu können - und da sind wir zur Stelle und
dienen euch.**

Unser Bewusstsein ist rein, es ist ein Magnet für alles, was ihr braucht,
um Erfüllung finden zu können, und wir teilen dieses Bewusstsein mit
euch, sobald in euch die Liebe so erwacht, dass ihr in der Liebe weiter
gehen wollt und diese Liebe sein wollt und in dieser Liebe dienen wollt
und euch hinter diese Liebe stellt, damit sie geschützt ist und damit sie
euch kennt und damit sie weiß, ihr seid bereit, ihr alles zu opfern und
damit sie in euch den Frieden herstellen kann, den nur sie zu finden,
zu erreichen, zu installieren vermag und in euch die Botschaft
verbreiten kann, die ihr braucht, damit ihr ihr gehört, und damit sie
euch dienen kann, und damit ihr in ihr das finden könnt, was ihr
braucht, um wahrhaft leben zu können.

Und in diesem wahrhaft Leben sind auch wir.

**Unser Sein ist heiliges Sein, wir sind heiliges Bewusstsein, wir sind in einem hohen Bewusst-seinszustand, und wir können euch nur dann erreichen, wenn ihr diesen hohen Bewusstseinszustand anstrebt und ihm dient.**

Und in diesem hohen Bewusstseinszustand kennen wir euch und finden zu euch und geben euch das, was ihr braucht, um in diesem hohen Bewusstseinszustand bleiben zu können. Und dieser hohe Bewusstseinszustand ist es auch, der euch immer wieder die Tür aufmacht zu unserem Sein. Und in diesem Sein sind unsere Worte.

Und diese Worte kennt ihr, sie sind in euch und sie vernehmen euch so, wie ihr sie vernehmt, denn es sind unsere Worte, und unsere Worte haben ein großes Gewicht. Sie sind Lebensspender, sie lassen euch ein in das Territorium der Liebe, in ihr Gebiet, und sie lassen euch ein in das, was ihr braucht, um leben zu können.

Die Worte sind rein. Sie sind aus der Liebe heraus gesprochen. Sie sind die Worte der Gnade - einer hohen Gnade - die an euch gerichtet sind, damit in euch das Feuer der Liebe wieder erwacht und ihr den Weg findet, der euch eint mit allem Sein, und der euch hinführt zu eurem wahren Wesen, der in euch die Tür aufmacht zu diesem Sein, das ihr seid.

Es ist das Sein eurer Liebe, es ist das Sein, in dem ihr so zu Hause seid, dass in euch das Feuer der Liebe so brennt, dass eine hohe Achtung in euch entsteht und euch trägt und euch hinanführt die Klippen empor und weiter, zum Gipfel, bis ihr eins mit euch geworden seid und euch einschwingt in die Melodie eures Wahren Seins und hineinblickt in es, auf dass es wachsen und gedeihen kann und ihr in ihm geborgen seid und ihm diese Geborgenheit schenkt - denn ihr seid willkommen, wenn ihr das tut.

Und Ihr habt auch ein Gewissen, das euch sagt, dass ihr aufhören müsst, die Natur zu zerstören und dass ihr aufhören müsst, euch so zu benehmen, als ginge sie euch nichts an, und dass, wenn ihr das tut – weiterfahren mit eurer Zerstörung - ihr euch selbst zerstört.

Und dies Gewissen zeigt euch, wer wir sind und wie ihr handeln müsst.

Denn Ihr seid weit mehr als der Abklatsch eurer Gedanken, der euch an den Rand des Abgrunds geführt hat, und der uns glauben machen will, wir hätten keine andere Möglichkeit, als uns von euch missbrauchen zu lassen - denn wir sind die Hüter eines großen Geheimnisses, und dieses Geheimnis will zu euch kommen.

Und in diesem Geheimnis seid ihr so, dass ihr euch den Kopf anstößt, wenn ihr weiterhin glaubt, uns verleumden, uns verachten und in uns Feinde sehen zu können, denn wir sind alle eins und kennen kein Leid für euch da, wo ihr dies anerkennt. Und in diesem Anerkennen liegt eure Befreiung.

*(Ich dachte und sah während des Aufsprechens an das Feuer, auch an physisches Feuer, an Wald und Feuer, an Feuerbrände im Wald, dass uns dies nicht schadet, dass wir anders damit umgehen müssen, dass wir eine andere Sichtweise bekommen müssen.)*

Und durch diese andere Sichtweise erkennt ihr, wer wir sind und wie wir euch rufen und dass wir unsere nächsten Schritte mit euch gehen können, wenn ihr dazu bereit seid, uns vertraut und uns an die Hand nehmt im gemeinsamen Bündnis und uns nicht mehr verachtet, verschleudert, ignoriert, sondern in euer Bewusstsein die Ganzheit einfließen lasst.

Und diese Ganzheit beinhaltet alles, was ihr seid – der-die Eine Geist, das Eine Leben, die Eine Hinwendung an das, was ihr Gott nennt, und die Eine Tat, um diese/n Gott/Göttin-Gott in euch zu befreien, und Sie-Ihn nicht mehr in Ketten zu legen und zu sprengen, zu missachten, mit Füßen zu treten, sondern weit hinein zu gehen in Sein-Ihr Bewusstsein - das Er-Sie euch öffnet und das Er-Sie euch zur Verfügung stellt und in dem ihr Heimat finden sollt und einkehren sollt in die Liebe und in euch die Gaben der Liebe so finden, dass ihr angeschlossen seid an Sein-Ihr Bewusstsein, und dass ihr mit hineingenommen seid in Seine-Ihre Herrlichkeit-Strahlkraft und dass Er-Sie euch alles zeigen kann, was ihr braucht, um Seine-Ihre gemeinsamen Gaben, die Er-Sie in Allen ist, an Andere weiter reichen zu können - damit Ihr und Alles in Seiner-Ihrer Freude singt und Seine-Ihre Liebe kennt und zu Seiner-Ihrer Liebe werdet und Seine-Ihre Liebe offenbart - als die Beschenkten, die Ihm-Ihr aufgemacht haben ihr Herz, und die Tür zu Ihm-Ihr kennen.

Und in diesen Gaben sind auch wir die reich Beschenkten und halten euch nicht mehr aus, sondern dulden euch als die, die umkehren, und geben euch nicht mehr eine letzte Chance, sondern erlauben euch, mit uns zu gehen und einzukehren in diese Eine Melodie des Seins - das wir alle sind, und zu dem wir werden, wenn wir in die Liebe einkehren.

In diesem Einen Sein verbinden wir uns, sobald wir anfangen, das Gesetz der Liebe zu achten und ihr den Vortritt geben vor allem, was da ist. Denn die Liebe ist unser aller Heimat, in der wir alle wurzeln.

Und dieser Liebe den Vortritt zu geben, schafft euch Freiheit und ihr lasst euch nicht mehr enthaupten, sondern steht fest zu euch, zu euren Gedanken, die fest verwurzelt sind in der Erde und die keine Höhenflüge brauchen, um sie missachten zu können, denn die Erde ist eure einzige Nahrung.

Und sobald ihr in der Erde wurzelt, seid ihr auch die Flügel, die in den Himmel reichen. Und sobald ihr der Erde dient, seid ihr auch euer Gott-Göttin.

Denn Er-Sie ist nichts anderes als das erwachte Bewusstsein der Erde, das ihr mit ihr seid, und das ihr von Ihm-Ihr erhaltet, sobald ihr sie nicht mehr mit Füßen tretet.

Denn dieser Gott, zu dem ihr betet, ist ein Gott der Erde, er ist ein Gott der Liebe, er ist ein Gott, der die Erde liebt, er ist ein Gott, der all Seine Geschöpfe liebt, er ist ein Gott, der in all Seinen Geschöpfen zu Hause ist, er ist ein Gott, der all Seine Geschöpfe so beim Namen nennt, dass sie wachsen und gedeihen, dass sie in sich Frieden finden, und dass sie die Liebe sind, die Er in ihnen ist.

Und nur, wenn ihr diesen Gott nicht außerhalb, sondern in euch und in allem, was ist, fühlt, mit Ihm eins seid, kann auch die Erde heilen und euch weiterhin tragen und euch hineinnehmen in ihre Liebe, die so groß ist, dass sie alle Schmerzen auf sich genommen hat, die ihr seither nicht tragen musstet, und die jetzt vermehrt auf euch zu kommen, weil ihr nicht mehr anders könnt, als ihr helfen, wollt ihr auf ihr bleiben und euer Bewusstsein läutern, wollt ihr in ihrem Bewusstsein Anschluss finden an das, was sie vorhat, an ihren Plan, den sie mit dem geht, den auch ihr Gott nennt.

Denn sie kennt auch keinen anderen Gott als ihr. Und ihr seid auch Seine Geschöpfe, so, dass ihr ihr Wehklagen hören könnt, sobald ihr euer Herz aufmacht, und sie nicht mehr aus eurem Bewusstsein ausschließt und ihr dankt für die viele Mühe, die sie auf sich genommen hat, um ein Menschenge-schlecht hervor zu bringen, das sich erkennen darf.

Und nur, wenn ihr diese Chance jetzt auch wahrnehmt, kann die Erde euch dienen und euch behalten. Andernfalls ist es besser, ihr verlasst sie - was ihr ohnehin dann tun müsst.

Doch verlasst sie in dem Bewusstsein, dass sie große Taten vollbracht hat, und dass ihre Liebe größer ist, als ihr jemals erahnen könnt, und dass ihr nichts dagegen halten könnt, außer eurer Demut jetzt, die sie daran hindert, euch zu entfernen.

*Das Buch ist besser als alles, was ich mir jemals hätte vorstellen können.*

*(Und dann habe ich – an die Erde gerichtet - gesagt:) Heilige Erde, wir machen das.*

*(Daraufhin sagten die Bäume:)*

Und zu keinem andern Zweck sind wir zusammengekommen.

Denn wir haben dich hierher geführt,

*in diesen großen Wald mit dem Hochsitz, oder was?*

um dein Bewusstsein zu weiten, um unser Bewusstsein in dir zu verankern, und um uns gemeinsam auf eine Stufe zu heben, wo wir dem-der Einen dienen, dem Einen Licht, der Einen Liebe und es so in uns hineinlassen, dass keiner mehr getrennt von Ihm-Ihr ist, und dass wir alle uns erkennen als die Einen Diener Seiner-Ihrer Herrlichkeit-Strahlkraft, Seiner-Ihrer Größe, Seiner-Ihrer Wahrheit, Seiner-Ihrer Liebe – denn dies ist es, was wir euch schenken möchten, in das wir euch hinein führen möchten.

*(Ich hätte einen Wunsch, sagte ich, dass ihr Bäume und das ganze Sein jeweils meine Zwillingsflamme und mich, meinen Sohn und mich und meinen Vater und mich zusammenführt.*

*Und die Bäume hatten auch einen Wunsch – ich hatte sie um ihren Wunsch gebeten: Dass ich sie ‚nicht mehr aus meinem Bewusstsein' lasse.)*

Halte uns den Rücken frei.

*Was heißt das:*

Stehe zu deinem Wort.

*Aber ich hatte es doch vorher schon versprochen. Gut, ihr kennt mich vielleicht besser als ich mich. Heilige/r Gott-Göttin, ich bitte dich um die Gnade, um die Hilfe, dass ich zu meinem Wort stehe und mir der Bäume bewusst bin und ihrer Liebe und unserer Verbindung und dass ich das Buch der Bäume veröffentliche.*

*Und was ist mit meinem Wunsch?*

Ein schönes Vermächtnis.

*Was heißt das?*

Wir würden uns sehr freuen, wenn du uns glaubst, dass wir dir diesen Wunsch bereits erfüllt haben.

*Was heißt das? Und ist das wahr?*

Du läufst vergangenen Schätzen hinterher.

*Gut, dann bitte ich euch, mir zu sagen, welchen Wunsch ich in Zukunft haben werde, (sage ich lachend) - welchen Wunsch ich habe, der mir – im Moment - nicht bewusst ist, oder was ihr mir einfach schenken wollt. Und dann sagt mir auch noch, welchen Wunsch ich euch noch erfüllen kann.*

Es ist dein lang ersehnter Wunsch, eine Hütte im Wald zu haben.

*Ja, stimmt. Ein Haus nehme ich inzwischen auch, auch am Meer oder einem Fluss oder einem Berg oder eins davon oder so viel, wie möglich und gut ist, um im göttlichen Plan optimal zu dienen.*

*Einen Ort der Kraft, der Stille, wo ich schnell regeneriere und in vollkommenem Gleichgewicht und hoher Energie dienen kann, wo sich alles schnell manifestiert, wo ich der Erde und dem Ganzen den höchstmöglichen Dienst erweisen kann, so einen Ort wünsche ich mir - stimmt, das ist auch noch ein Wunsch von mir.*

Dann vergewissere dich, ob der noch gilt, oder ob du weißt, dass wir ihn dir bereits erfüllt haben.

*Ja gut, dann habt ihr ihn mir bereits erfüllt, aber ich habe es ja noch nicht. Kann der Wunsch erfüllt sein, wenn ich es noch nicht habe?*

Auf höherer Ebene. Im Einklang mit dem göttlichen Plan wirst du es dann zum richtigen Zeitpunkt erhalten.

*Was heißt auf höherer Ebene?*

Dein Leben wird in dieser Bahn ablaufen und dir Neuigkeiten schenken, wenn du es zulässt.

*Gut, ich lasse es zu.*

*Ich hatte ja euch auch noch um euren Wunsch gebeten - oder wollt ihr mir noch einen von <u>mir</u> sagen, der mir nicht bewusst ist?*

Du rennst vergangenen Schätzen hinterher - da in dir ein großes Potential an Liebe ist, und wir an deinem Erwachen beteiligt sind, und dieses Erwachen sich so ereignet, dass du alles in Empfang nimmst, was in dir die Liebe ist, deine Schöpfer/innenkraft, deine Reinheit, deine Güte, deine Herrlichkeit/Strahlkraft, die du in Gott-Göttin und mit Ihm-Ihr zusammen und durch Ihn-Sie und für Ihn-Sie bist, und alles mehr, was du brauchst, um in der göttlichen Ordnung zu sein - denn wir haben auch diesen Wunsch bereits erfüllt.

Und nun kommen wir zu einem Wunsch, den wir an dich haben: Benetze dich mit Wasser, du kannst unsere Botschaften dann besser verstehen.

*(Ich trank Wasser.)*

Wir kommen jetzt zu einem anderen Thema, das uns große Sorgen macht.

Ihr dürft in der heutigen Zeit nicht mehr gedankenlos durch Eure Wälder gehen, denn Ihr seid Gefangene eurer selbst, solange ihr dies tut. Und ihr seid auch Gefangene eurer selbst, wenn in euch das Licht der Liebe nicht so brennt, dass ihr achtsam seid auf das, was um euch herum geschieht.

Und in dieser Achtsamkeit liegt eure Berührung mit uns.

**Wenn Ihr euch nicht die Mühe macht, zu erleben, was ein Baum erlebt, wenn ihr ihn abholzt - sobald Ihr euch eines Nutzwertes sicher seid oder zu haben glaubt - ohne dass ihr ihn wirklich braucht für eure wahren Bedürfnisse, dürfen wir euch nicht mehr dienen - und sorgen dafür, dass ihr nicht mehr zur Verfügung habt, was euch wärmt.**

*(Sie betonen, dass das wahr ist, dass ich das schreiben soll! In mir war ein Fragezeichen.)*

Ihr habt uns aufgegeben. Ihr beneidet uns vielleicht, wenn ihr das hört.

Aber solange ihr in einem Bewusstsein herumlauft, das immer nur vor der eigenen Türe kehrt, und nicht den Dreck, den ihr vor der anderen gemacht habt, wegräumt - in vermeintlichem Glauben, ihr seid dadurch reicher - **können wir euch auch nicht unsere Schätze geben, auch nicht unsere materiellen, und müssen euch leider mit von der Erde weisen.**

**Denn in diesem Zustand unserer Liebe, können wir euch nicht mehr dienen, solange ihr die Tür verschlossen haltet zu der Liebe, die wir gemeinsam sind, und die uns eint.**

**Und solange ihr in einem Bewusstsein lebt, in dem ihr die Sprache der Bäume nicht verstehen könnt - und euch auch nicht die Mühe**

macht, sie so zu verstehen, dass in euch die Tür aufgeht, zu einem höheren Sein, zu einem reineren Leben, zu einem Leben das euch beherbergt, das euch trägt, und das euch kennt, werdet ihr auch nicht von uns wahrgenommen, und wir dürfen unsere Schätze nicht an Euch verteilen.

Wir haben ein so hohes Bewusstsein, dass, folgt ihr nicht dem Ruf eures höheren Seins, ihr auch nicht in die Lage kommen werdet, mit uns zusammenzuarbeiten und uns das zu geben, was wir brauchen, um euch weiterhin dienen zu dürfen.

Und ihr seid dann auch nicht in der Lage, uns zu vernehmen und in euch ist dann auch nicht das Feuer der Liebe, in das ihr hineinwachsen müsst, damit der Planet euch in seine Fürsorge mit einschließen kann, und euch sicher über die Zeit bringen, in der ihr noch nicht im Vollbesitz eurer Kräfte seid, und in der ihr nicht das Bewusstsein erreicht habt, das die Erde  bereits jetzt hat.

Und in diesen beiden - in eurem schlummernden Bewusstsein und in dem erhöhten Bewusstsein der Erde - liegt eine große Gefahr, die ihr nur dann meistern könnt, wenn ihr euch aufmacht, diese Gefahr zu beseitigen.

Und das könnt ihr nur tun, indem ihr wachen Bewusstseins über die Erde geht und uns wahrnehmt und alles, was wir sind.  Denn wir sind die Träger der Liebe, einer hohen Liebe - und in dieser hohen Liebe sind wir auch eins mit euch.

Und wir können euch nur dann in diese Einheit hineinholen, wenn auch ihr in der Lage seid, in diese hohe Liebe hinein zu kommen, und wenn auch ihr in der Lage seid, diese hohe Liebe so zu sein, dass in eurem Bewusstsein das entsteht, was in euch zum Tragen kommen will und was euch hineinnimmt in eine Entwicklung, bei der die Erde angeschlossen ist an euer Bewusstsein, und ihr an das ihre. Denn in dem Moment könnt ihr auch mit ihr gehen.

Und nur, wenn ihr bereit seid, eine hohe Bewusstseins – Entwicklung, ein Hineingehen in all die Schätze, die auf euch warten und ein Aufmachen eures Herzens zuzulassen, kann die Erde euch auch in ihrem erwachten Zustand mit hinübernehmen und euch hineinnehmen in ihr Sein, zu dem sie erwacht, in das sie nur dann hineinkommen kann, wenn auch ihr in der Lage seid, es zu tun.

Und das bedingt einen hohen Bewusstseinswandel.

Und in dem Moment, wo ihr aufmacht euer Herz und euch hineinlasst in die Schwere - die ihr erzeugt habt, und die euch immer wieder einen Strich durch die Rechnung macht - um sie erlösend anzunehmen - könnt ihr auch in eine Leichtigkeit kommen, bei der ihr vereint mit der Erde eure nächsten Schritte tut.

Und nur dann ist sie in der Lage, in euch diejenigen zu sehen, die mit ihr gehen und diesen Bewusstseinswandel auf einer höheren Ebene mitzugestalten, zu gewähren und zu vollziehen vermögen.

Ihr könnt sie nicht daran hindern, dies zu tun - denn sie hat bereits angefangen, eine so hohe Energie zu erzeugen, dass in ihr weite Teile nicht mehr dem entsprechen, was ihr von ihr kennt, in dem ihr geborgen und zu Hause sein könnt.

Denn sie kann euch nicht mehr tragen, sobald ihr angefangen habt, euren Neigungen zu frönen, in der sie so wenig enthalten ist, dass in euch ein Wandel kommen muss, damit sie in euch noch diejenigen sehen kann, die in der Lage sind, ihren Aufstieg mitzumachen.

Ihr vergeudet viel Zeit, wenn ihr glaubt, ihr könntet weiterhin im Äußeren auf der Suche nach eurem Glück sein. Ihr werdet geprüft. Und in diesen Prüfungen ist das enthalten, was die Erde braucht, damit die Gewissheit in ihr entstehen kann, ein Planet zu sein, der in sich die Fähigkeit hat, alles mit euch zu teilen, was ihr seither abgelehnt habt.

Ihr habt die Zeichen der Zeit noch nicht erkannt, ihr habt Ihre Unruhe noch nicht bemerkt, ihr schlaft.

Ihr denkt, es wird schon einen Weg aus der Sackgasse geben, damit ihr die Schicksalsschläge übersteht, wenn Teile der Erde auseinander gerissen werden, wenn ihr übersät seid mit Wunden, die diejenigen in euch hinterlassen, die von der Erde gehen müssen und wenn ihr nicht bereit seid, euch aufzumachen, in eine Neue Zeit zu gehen, in der ihr die Geschöpfe auf der Erde so seid, dass sie nicht mehr hinterher hinken muss, um euren Dreck wegzumachen, sondern in Freizügigkeit und in reiner Absicht und in Demut und Liebe dies - heiteren Gewissens, ohne so viel Gepäck im Rücken zu haben, dass sie das nicht schaffen kann - tun kann.

Ihr habt eine Aufgabe ihr gegenüber. Ihr seid ihr dankbar verpflichtet für alles, was sie für euch getan hat, und ihr seid nicht in der Lage, ohne sie weiter zu gehen.

Und ihr habt in ihr weite Teile so verwüstet, dass sie in die Reinigung gehen muss, und ihr kennt sie nicht wieder, wenn ihr weiterhin Gehör ihr verweigert.

Denn ihr seid gerufen, auch ihr euer Gehör zu schenken. Und ihr seid nicht mehr in der Lage, einen von uns beiden zu ignorieren, wenn ihr dabei seid, ein Leben auf der Erde zu planen.

Dadurch können wir euch dienen, wenn ihr Ja sagt zu dem Plan der Erde, und wenn ihr uns so wahrnehmt, dass ihr diesen Plan mit uns gemeinsam zu erfüllen vermögt.

Es ist uns dann eine große Freude, bei euch zu sein, und euch immer dann zu unterstützen, wenn ihr unsere Hilfe braucht. Und in dieser können wir euch sagen, dass ihr vor gut einem Jahrzehnt noch nicht in der Lage gewesen ward, den Aufstieg mit der Erde zu vollziehen, und dass ihr in ihr so etwas wie eine Geißel gesehen habt, durch die ihr jetzt das erdulden müsst, was auf euch zukommt.

Doch in eurem innersten Sein, in dem Winkel eures Herzens, wo ihr zugänglich seid für ihre Fürsorge, kennt ihr ihren starken Drang, euch zu helfen, euch mitzunehmen und euch einzuschwingen in die Melodie ihres wahren Seins und mit euch gemeinsam den Weg zu gehen, den sie eingeschlagen hat.

Nur wo ihr so viel Liebe für sie aufbringen könnt, dass in ihr auch weiterhin die Bereitschaft ist, euch mitzunehmen, kann euch die Erde dienen, und ihr könnt die Sprache der Bäumen vernehmen und euch einschwingen in ihre Liebesmelodie, in ihre Geborgenheit, in ihr Sein.

Und in diesem Sein seid ihr dann die Meister eures Schicksals, und lauft nicht Gefahr, dass es in euch zu einer Gefahr für euch wird, weil ihr dann längst den Anschluss nicht mehr findet an das, was sich ereignet.

Erkennt uns an unserem wahren Wesen und ihr werdet von uns so geführt, dass ihr in euch die Bereitschaft findet, ein hohes Maß an Achtung gegenüber den Prozessen der Natur aufzubringen, und ihr zu dienen - dadurch erhaltet ihr Zugang zu der Gegenwart der Liebe in euch.

Und ihr werdet ein schönes Zuhause vorfinden - denn alles ist bereit gestellt für die, deren Herz frei ist für die Entwicklung der Erde, und die in sich das finden, was sie brauchen, um diese Entwicklung mitmachen zu können.

Ihr habt nun einen kurzen Überblick erhalten über das, was auf euch zukommt. Und wir vertrauen euch, dass ihr in der Lage seid, diese Botschaften zu vernehmen und in euch so zu erzeugen, dass ihr wisst, was ihr zu tun habt. Und in diesen Botschaften sind wir so anwesend, dass ihr uns jederzeit erreichen könnt, denn diese Botschaften sind wir.

Und wir finden den Weg zu euch, wenn ihr diese Botschaften in euer Herz fallen lasst.

*Ja aber, wer das Buch nicht hat, der kann ja auch mit euch eins sein, oder - braucht ja bloß zu euch gehen oder was ist zu tun? Das Buch muss man doch dafür nicht kennen, nicht lesen, oder?*

Ihr seid bereit, diese Botschaften zu vernehmen, sobald ihr in euch das höchste Licht anzuzünden bereit seid.

Und dieses höchste Licht ist immer das nächst höchste, und ihr könnt nicht fehl gehen, denn ihr seid alle ‚gezählt‘, das heißt ihr seid alle im Bewusstsein der Einheit, und ihr geht alle hinein in diese, wenn das Feuer der Liebe in euch so brennt, dass ihr bereit seid, den Aufstieg der Erde mitzumachen, und wenn ihr bereit seid, unsere Stimme in euch zu vernehmen - denn wir rufen euch in diesen.

Und in diesem sind wir auch so anwesend, dass wir alles mit euch teilen, was ihr braucht, um eure Diener zu sein, und das ist der springende Punkt - ihr könnt euch nicht bekämpfen und in ein neues Zeitalter gehen. Und in diesem Punkt ist auch unsre Arbeit. Denn wir knüpfen hier an und bringen euch Botschaften, die euch weit über das hinausheben, was ihr seither in der Lage gewesen seid, an euch heranzulassen.

Und nur, wenn ihr diese Botschaften auch so behandelt, dass ihr sicher sein könnt, dass sie euch auch erreichen, wisst ihr in jedem Moment, wo ihr sein müsst, und was in euch bereit gestellt werden muss, damit die Erde mit euch diesen schwierigen und doch so lohnenden, diesen reichen und von ganzem Herzen euch gewidmeten Prozess machen kann.

Und jetzt seid ihr in der Lage, unsere Stimme zu vernehmen, denn ihr wisst, wer wir sind.

Wir sind die Wächter der Erde, die in sich so viel Raum schaffen, wie die Erde braucht, um ihren Aufstieg zu machen, und als diese kommen wir zu euch, denn ihr liegt uns sehr am Herzen. Und wir gewinnen euer Vertrauen dadurch, dass ihr euch aufmacht, diesen Prozess zu verstehen.

Und nur dann sind wir auch in der Lage, euch beizustehen. Und ihr könnt auf uns zählen, sobald ihr in diese Belange bereit seid hineinzugehen, und sobald in euch das Bewusstsein für diese Tat reift, und Ihr gerufen seid, sie zu vollbringen.

*Welche Tat?*

Die Tat der reinen Liebe der Erde euch und allem Sein gegenüber.

Und nun entferne dich von diesem Ort, es wartet ein Geschenk auf dich.

*(Welches Geschenk, ein Essen, ein Besuch, ein Anruf oder was - überlegte ich und ging.)*

*Ein schöneres Geschenk hättet Ihr mir nicht machen können, (sagte ich auf meinem Fahrradweg nach Hause:) Die Sonne scheint!*

*(Und als ich dies sagte, erinnerte ich mich wieder an ihre Ankündigung eines Geschenkes. Sie schien heute nur auf meinem Nachhauseweg, während dieser kurzen Zeit, wieder daheim, war die Sonne wieder weg. )*

# Seid nicht auf der Hut voreinander – ihr könnt euch gar nicht verfehlen, wenn ihr euch vertraut

08.10.2007

Auf der unteren Stufe eures Bewusstseins seid ihr getragen von einer Kraft, die euch erhält, und doch kennt ihr diese Kraft nicht. Durch diese Kraft erhaltet ihr die Information, die ihr braucht, um euer Bewusstsein zu erweitern und es hineinzustellen in das kommende Zeitalter, in euren Reichtum. Durch diese Kraft seid ihr in der Lage, das ganze Spektrum eures Bewusstseins zu euch kommen zu lassen, und dadurch könnt ihr uns hören, denn auch wir sind das Bewusstsein in euch, und haben euch auf Ebenen etwas zu sagen, die erst noch erschlossen werden müssen. Und in diesen liegt die Kraft, euer Leben selbstbestimmt, in Freiheit zu führen.

In diesem Moment, wo ihr angeschlossen seid an euer Bewusstsein, erlaubt ihr der Kraft, an euch das zu bewirken, was euch verbindet mit eurem Sein und euch hineinnimmt in ein Leben in Freiheit. Ihr seid bereits diesen Weg gegangen zum Segen des Ganzen und zu euer aller Wohl.

Und in dieser Gnade, in der ihr empfangt die Worte, die an euch gerichtet sind, könnt ihr uns hören und verliert euch dann nicht mehr in Gedanken, die nicht fruchtbar werden können für euch. Ihr habt dann Ja gesagt zu einem Transformationsprozess, in dem ihr die Gereinigten seid und euch einlasst auf das, was zu euch kommen will. Ihr beginnt dann so mit uns zu kommunizieren, dass wir euch helfen dürfen und langsam den Weg mit euch gehen dürfen zu neuem Bewusstsein.

Ihr habt uns schon unzählige Male gehört - und in diesem Hören liegt Gnade für uns alle - ohne es zu wissen, denn ihr seid nicht in der Lage uns von euch zu unterscheiden, und uns an euch so herankommen zu lassen, dass ihr wisst, wer wir sind.

Wir sind die Diener des Lichts, und wir sind es so, dass wir in euch die Gnade des Augenblicks zum Vorschein kommen lassen dürfen und ihn tanzen. Denn euer höheres Sein ist bereits so eins mit uns, dass wir alle in diesem Augenblick vereint sind. Und in diesem Augenblick geschieht auch etwas, das unendlich kostvoll ist.

Ihr erhaltet von uns Nahrung, die ihr braucht, um euren Weg erkennen zu können. Durch diese Nahrung haftet ihr nicht mehr am Gegensätzlichen an. Ihr seid dann auch nicht darauf aus, euch in irgendeiner Weise zu rechtfertigen, sondern hegt das Geschenk einer großen Freiheit in euch. Und in diesem Geschenk ist alles enthalten, was ihr braucht, um uns hören zu können. Es ist das Geschenk der reinen Liebe, die wir mit euch teilen, und die ihr mit uns teilt.

In euch flutet ein Sonnenschein, ihr könnt gar nicht ermessen, welche Kraft ihr besitzt in dem Moment, wo ihr ihn bewusst zu euch einladet und euer Sein willkommen heißt, das ihn trägt.

Und durch dieses Sein seid ihr eingeladen, in einen hohen Bewusstseinsstrom der Liebe einzutauchen und in ihm zu erwachen. Dieser Bewusstseinsstrom ist getragen von so viel Licht, dass in euch die Tür aufgeht zu einem Sein, in dem ihr ganz von diesem Licht lebt, von diesem Licht erfüllt seid und in dieses Licht wieder einkehren dürft als die Geläuterten - denn es lässt euch nichts übrig, was ihr nicht in diesem Licht seid.

Und dadurch erhaltet ihr die Kraft, immer mehr von eurem wahren Sein zu leben und in das hineinzublicken, was ihr in Wahrheit seid. In diesem Licht seid ihr die wahrhaft Erwachten, und ihr seid in ihm angekommen durch euer heiliges Sein, durch seine Verbindung mit ihm.

*Aber ist das Heilige Sein nicht gleich Licht? Ich denke das Heilige Sein ist das Licht. Oder ist das wie mit den russischen Puppen, dass da immer noch mehr Licht kommt, Heiliges Sein als Licht und immer größeres Licht, oder wie ist es gemeint, das Sein und seine Verbindung mit dem Licht?*

Das Licht kennt keine Grenzen. Es ist in euch so präsent, dass ihr in ihm lebt, von ihm durchtränkt seid.

Ihr müsst aber etwas geben: Es ist eure Bereitschaft, dem Licht zu dienen, euch einzulassen auf es, und es zu verstehen, bewusst zu werden, und euch hineinzunehmen in den Prozess des Wachstums, nicht mehr getrennt von ihm sein und euch einzuschwingen in die Melodie des Seins und in euch die Tür aufzumachen zu immer höherem Bewusstsein.

Und nur in diesem Prozess sind wir auch in der Lage, euch so behilflich zu sein, dass ein jeder von euch in Berührung kommt mit unserer Essenz, mit dem Sein, das wir sind, mit der Nahrung, die wir euch zukommen lassen können.

Diese Nahrung ist unsere Gegenwart, und wir erkennen euch. Und in dieser Gegenwart spielt sich unser Reifeprozess ab und der eure. Es fließt uns eure Liebe zu, wenn wir euch helfen dürfen, durch diese Liebe zu leben, in dieser Liebe aufzugehen.

Und nur, wenn ihr in der Lage seid, in diese Liebe hineinzuwachsen, gewinnen wir euer Vertrauen und dürfen euch dienen. Denn ihr seid dann in der Lage, uns wahrzunehmen und mit uns zu kommunizieren und euch einzulassen auf den Prozess des Dienens und unsere Hilfe zu erhalten, damit ihr diesen Prozess zu Ende gehen könnt.

Große Schranken habt ihr errichtet, und in diesen Schranken ist unsere Gegenwart, denn wir sind in ihnen enthalten. Es gibt nichts, das ihr vor uns verstecken könnt, und ihr begreift auch nicht, wie sehr wir euch lieben, wenn wir euch rufen, diese Schranken aufzugeben und mit uns hineinzuwachsen in ein Sein, das allem dient. Es ist das gleiche Sein, das wir miteinander teilen, denn in uns ist euer Leben genauso wie in euch unser Leben ist. Ihr kennt dieses Leben, ihr habt es oft berührt in euren Träumen, in euren Spaziergängen, in dem Eins-Sein mit uns, wenn in euch eine tiefe Stille präsent ist, und in den Zeiten, wo wir mehr miteinander zu tun hatten – wo in uns die Sehnsucht, das Sehnen entstanden ist, uns wieder zu begegnen.

Ihr dürft auch hineinfinden in diese Sehnsucht/dieses Sehnen, und euer Herz wärmen in ihr/in ihm - denn ihr seid mit uns so verbunden, dass ihr immer dann, wenn ihr uns aus eurem Bewusstsein ausschließen wollt, in eine größere Sehnsucht geht nach einem Leben, das euch wirklich gehört - und in dem ihr euch einfindet in das, was wir euch zu sagen haben.

Ihr seid dann getragen von unserer Liebe. Ihr seid dann getragen von unseren Gedanken des Friedens an euch und ihr habt dann alles, was ihr braucht, um uns vernehmen zu können.

Denn unser Sein ist niemals getrennt voneinander, es gibt nichts, was wir voreinander verbergen können, so wie es nichts gibt, was euch nicht die Tür aufmacht zu höherem Bewusstsein.

Und in dem Moment könnt ihr euch begegnen als die Geliebten des Seins, als Seine Kinder, denn es ist das gleiche Sein, das ihr mit uns teilt und mit allem, was ist.

Ihr habt vergessen, dass ihr wahrhaft geliebt seid. Denn ihr wisst nicht mehr, was es heißt, so in die Liebe hineinzugehen, dass ihr wahrhaft von dieser Liebe getragen seid, von ihr genährt werdet, in ihr aufgeht und für sie da sein könnt als die, durch die diese Liebe lebt und in die sie einkehrt als die reine Herzensmelodie eines Seins, in dem jeder sein heiliges Bewusstsein wieder findet – und durch dieses dienen wir euch.

Und ihr habt in uns eine mächtige Gegenwart, die euch trägt und euch verbindet mit eurem Sein, eure Wurzeln kennt und sie euch wieder schenkt.

Indem ihr so handelt, dass ihr unsere Stimme in euch vernehmt, tragt ihr dazu bei, dass in euch das Licht der Liebe wieder so erwacht, dass die ganze Bandbreite eines gelebten Lebens in euch zum Vorschein kommt.

*(Ich war mit meiner Hündin ein Stückchen gelaufen, damit sie auf dem Weg und auf der Wiese Wasser trinken kann, als die Bäume sagten, ich soll das Diktat wieder aufnehmen, und dass sie bei mir sind, um ganz in mein Sein zu kommen.)*

In euch liegen höhere Mächte brach. In diese Mächte könnt ihr hineinhorchen, ihr könnt sie zu euch bitten, es sind eure wahren Wurzeln, es ist euer wahres Erbe, heilig ist es, ganz, und ihr seid die Geläuterten, wenn ihr es zu euch ruft.

Ihr bringt uns in Verlegenheit, wenn ihr nicht von eurem Recht Gebrauch macht, das Wissen in euch zu aktivieren, denn es ist euer Wissen, und es wird von euch benötigt - und wir dürfen euch nur dann helfen, wenn ihr so gar nicht in der Lage seid, euch in das Wissen hineinzufinden, wie ihr Kontakt zu uns aufnehmen könnt und uns dienen könnt.

Ihr habt vielleicht bemerkt, dass unser Sein etwas ist, an dem ihr Anteil habt - indem ihr das Buch bis hierher gelesen habt und nichts ausgelassen habt - und es ist euch auch nicht entgangen, dass wir euch inständig bitten, in dieses Sein hineinzugehen.

In ihm erwartet euch viel Schönes, der ganze Sonnenschein eures Herzens, und die ganze Kraft eurer Gedanken, denn sie zusammen bilden ein Ganzes.

Und in diesem Ganzen ist euer Herzensabenteuer, auf das ihr euch so einlassen könnt, dass in euch die Gewissheit entsteht, getragen zu sein von dieser Liebe, die in euch entsteht und die euch ruft, in immer größeres Sein hineinzugehen und euch auszudehnen und euch bewusst zu sein, dass ihr alles Sein enthaltet.

Es ist der gleiche Ruf, der auch an uns ergangen ist als wir euer Sehnen wahrgenommen haben, und wir dürfen euch sagen, dass in euch eine große Kraft ist, die ihr jetzt freisetzen solltet, die euch jetzt trägt und die Klippen hinaufführt, wo ihr alles meistert, was ihr zu meistern gerufen seid. In diesem Sein ist der ganze Tanz eures Lebens, ist die Vielfalt eurer wahren Bedürfnisse.

In diesen euren wahren Bedürfnissen können wir euch dienen und euch folgen. Und nur in ihnen können wir mit euch gehen und sie euch nicht vorenthalten und sie in euch schützen und uns für sie einsetzen, und mit euch diesen Weg gehen, wo ihr erhalten werdet und wo ihr in ihnen Erfüllung finden werdet.

Ihr seid dann wach. ihr seid dann gerufen, sie mit uns zu teilen und sie in euch entstehen zu lassen als das, was das Sein erfüllt, was es reich macht, was es an Liebe euch geben will und dadurch wächst an Liebekraft und an Innehalten da, wo der ganze Reichtum zu euch kommen will, und ihr nicht mehr getrennt seid von ihm und ihr so hineinwachst in die Liebe, dass ihr auf einmal alles erkennen könnt, was sich euch offenbaren will und was in Euch die Liebekraft so verstärkt und ausdehnt und meistert, dass in euch das Band dieser Liebe stärker wird, das euch mit allem verbindet, in allem eure Bedürfnisse so zu euch kommen lasst, dass ihr sie - in wahrer Gestalt, in Heiterkeit und Demut und in großem Recht auf sie - annehmen könnt, und ihr euch nicht schämen müsst vor ihnen und ihr sie euch auch nicht vorenthalten müsst und euch auch nicht vor ihnen fürchten müsst.

Ihr könnt vertrauen, dass das, was wir euch sagen in euch in Resonanz geht mit dem, was ihr seid, braucht und was zu euch kommen will und euch nähren will.

Habt Vertrauen in diesen Prozess der Achtung eurer wahren Bedürfnisse, und ihr werdet von uns inspiriert, sie hervorzubringen, sie anzuerkennen, sie in euch Teil von dem werden zu lassen, was ihr immer gewesen seid: ein Reich lebendiger Fürsorge an Kraft, an Liebe, an Geborgenheit, an Verstehen, an Hervorbringen von all dem, was euch glücklich sein lässt.

Ihr seid dann nicht mehr Träger einer Liebe, die nicht in euch leben darf, und ihr habt dann auch nicht mehr Angst, euch zu dem zu bekennen, was in euch schlummert, was ihr ans Tageslicht bringen wollt und was ihr zeigen wollt.

Ihr seid dann nicht mehr Gefangene eines Lebens, wo ihr euch nicht traut, das zu sein, was ihr in Wahrheit seid, und auch nicht mehr auf der Hut vor dem andern.

In euch ist dann das Licht so anwesend, dass es euch immer den Weg zeigt - auf welche Weise es gehen will - und euch an der Hand nehmen will und euch vertrauen will und euer Vertrauen haben will und mit euch Platz schafft für das, was ihr in eurer Seele seid - da, wo ihr wahrhaft seid, wo in euch die Einheit ist, wo ihr in dieser Seele Platz gemacht habt für das, was zu euch kommen will und euch dienen will und euch beansprucht als die, die von ihm beschenkt werden wollen.

**Haltet inne und vertraut diesen Worten.**

Sie sind mehr als eine Kraft, die euer Potential freilegen kann. In ihnen ist das Dynamit, das euch herausführt aus euren Zwängen und hinein in ein Leben in Freiheit.

Sie sind geladen mit geballter Liebeskraft.

Sie sind unser Zeuge für die Liebe, die ihr seid und in ihnen ist unsere Liebe so anwesend, dass ihr alles habt, was ihr braucht, um diesem Ruf der Freiheit in euch, der schon lange an eure Tür klopft, folgen zu können und ihn nicht mehr zu überhören.

Überhört auch nicht unser Anklopfen. Es ist das Anklopfen eures Seins, denn in ihm ist all unser Wissen, das wir mit euch teilen und das wir von euch haben und das wir euch bewusst machen dürfen.

In ihm liegt auch alle Quelle der Kraft, der Liebe, der Lebendigkeit und der Zugehörigkeit zu einem Sein, das so mächtig ist, dass es das Tor öffnet zu all dem Reichtum, der ihr in Wahrheit seid. Und es grüßt euch aus jedem unserer Worte.

Und es führt euch hinein in eure Zuversicht, in eure Liebe, in eure Wahrheit und löst in euch die Knoten, die euch trennten von ihm und die euch nicht hervorbringen ließen die Gewissheit eines freien Lebens, in dem ihr erwartet werdet, das euch finden will, das euch ganz haben will und über das ihr bestimmen könnt, sobald ihr die Antwort vernehmt, die wir euch geben auf euer Sehnen, und die wir euch geben auf eure Tat, uns zu Wort kommen zu lassen und uns in euch zu vernehmen als die Kraftquelle - die die Tür öffnet und euch nicht mehr ausschließt aus unserem Bewusstsein und die Gaben vor euch ausbreitet, die wir im Bewusstsein eurer Liebe mit euch teilen dürfen - und euch Teil haben lassen dürfen an all den Gaben, die euch erwarten und euer Herz berühren wollen -,indem ihr uns hören wollt und indem ihr uns die Tür aufmacht, dass wir unsere Worte eins mit eurem Wahren Sein in euch legen dürfen.

Ihr seid getragen von unserer Liebe und habt den Ruf vernommen, uns anzuhören.

*Ja, was ist denn das! - Jetzt sind plötzlich so viele Vögel da. Alles zwitschert zusammen.*

*Wo kommen denn jetzt auf einmal die vielen Vögel her!? Die waren die ganze Zeit nicht da und jetzt ist alles übersät mit ihnen!!*

*Überall sind sie plötzlich, um mich herum und so weit mein Auge reicht, dicht an dicht mit ihrem vollen, lauten, wunderschönen, unglaublich schönen Gesang.*

## Vögel

Und wir dürfen euch sagen, dass diese Vögel unseren Ruf vernommen haben und kommunizieren wollen im Bewusstsein der Einheit.

Sie sind gekommen um euch eure Melodie vorzuspielen, die ihr in euch tragt. Ihr wisst es, ihr habt es nur vergessen und erinnert euch dann an sie, wenn ihr den Vögeln lauscht, die euch wegholen wollen von euren trüben Gedanken und euch hineinführen wollen in ein Sein, in dem alles miteinander kommuniziert, und ihr die Töne hört, die ihr hören sollt und euch entspannen könnt und euch aufmacht, so in euch gegenwärtig zu sein, so präsent zu sein, dass ihr in diesen Melodien hört euer eigenes Lied.

Vögel sind Boten Gottes. Sie sind dankbar, wenn ihr dies vernehmt.

Sie dienen euch. Sie möchten euch hinweisen auf das, was in euch singt. Sie haben eine uralte Sprache, die ihr alle verstehen könnt. Es ist die Melodie eures Seins.

Sie sind in der Lage, Blockaden in euch zu lösen, wenn ihr ihnen zuhört.

Und sie kennen uns und sie dienen uns, denn sie sind wie wir diesen Weg gegangen - der in die Freiheit führt - euch zu zeigen, wie sehr wir euch rufen und euch hineinnehmen wollen, in die Melodie, die ihr mit uns teilt.

Vögel haben ein gutes Gehör für eure wahren Wünsche. Und sie haben ein ebenso gutes Gehör für das, was aus euren wahren Herzen kommt und euch erreicht. Sie sind die Diener einer großen Kraft, die in der

Lage ist, euch an das heranzuführen, was euch dem Licht näherbringt und euch hineinführt in es.

Vögel können gute Kommunikatoren sein, wenn ihr nicht weiter wisst und euch getrennt habt voneinander.

In ihnen ist ein Gehör, durch das ihr angeschlossen seid an den Ruf des Lebens, an die Gestaltungskraft des Seins, an euer wahres Sein, denn sie verbinden alles mit allem.

Sie sind die wahren Kommunikatoren einer freien Zeit, in der Ihr eure Träume so leben könnt, dass ihr hineinwachst in das, was euch mit ihnen (den Vögeln) verbindet und euer Leben mit ihnen teilt. Es ist das gleiche Leben, das auch ihr in euch habt.

Und sie bringen euch diese Botschaft in unendlicher Liebe. Sie sind wahrhafte Boten der Neuen Zeit, die sich so auf euch einlassen, dass ihr in euch die Quelle der Liebe wiederentdecken könnt, und sie bringen

*Jetzt sind sie wieder still – vorher so unendlich viele so laut. Und jetzt ganz still.*

euch eine frohe Botschaft.

Es ist die gleiche Botschaft, die euch nähren will, die euch immer wieder vor Augen führt, wie sehr ihr geliebt seid. Und wie sehr ihr in ein Reich hineingerufen seid, das sich euch erschließen will und euch die Tür aufmachen will und euch herzlich willkommen heißen will in der Mitte eines Seins, wo alles mit dem Anderen eins ist.

Ihr seid dann getragen von dieser Liebe, die alles durchtränkt. Und ihr habt dann eine Stimme, mit der ihr uns erreichen könnt. Denn ihr folgt dann eurem wahren Herzen, und wir sind eingeladen, euch zu hören.

Ihr habt dann über weite Strecken hinweg nichts anderes im Sinn, als diese eure reine Melodie so zu spielen, dass ihr in der Lage seid, mit allem höheren Bewusstsein zu kommunizieren und euch aufzumachen, seine Botschaft zu verstehen.

Und indem ihr euch auf das einlasst, was ihr inzwischen begonnen habt, seid ihr auch bereit, unsere Stimme so zu vernehmen, dass wir in euch die Kanäle bilden können, die ihr braucht, um euch wahrhaft begegnen zu können.

Ihr seid dann das Sein. Und dieses Sein ist nicht getrennt voneinander. Und ihr habt dann Anteil am Sein des Anderen. Und ihr habt dann Anteil an seiner Kraft, seiner Liebe und könnt ihm vertrauen.

Und ihr seid dann nicht mehr auf der Hut voreinander. Ihr habt dann auch Anteil an dem, was euch verbindet. Und ihr seid dann auch getragen von einer Liebe, die alles eint.

Ihr seid dann in euch diejenigen, die sich messen dürfen mit ihrer eigenen Kraft und die ihr standhalten können, und die sie zu sich hereinbitten können und in Empfang nehmen können.

Und ihr seid dann nicht mehr darauf angewiesen, euch so darzustellen, als könntet ihr den Anderen in irgendwelchen Wettkämpfen besiegen, ohne dass ihr euch selbst besiegt und ohne euch auf das einzulassen, was euch immer wieder ruft: in euch selbst die Wurzeln zu sehen und in ihnen eure wahre Kraft und nicht in derjenigen Herausforderung, die sich euch stellt, sobald ihr in euch nicht die wahren Geliebten eines Seins seht, sondern euch hineinführen lasst in die Kälte einer Welt, die nichts mit euch zu tun hat - wo ihr euch messen müsst und übertrumpfen müsst, was ihr nicht enthaltet und was euch scheinbar im Weg steht.

Ihr könnt dann nur dem Anderen etwas vormachen und ihn beiseiteschieben und ihn mit seinem eigenen Gewicht messen, das ihr nicht wahrhaft zu würdigen wisst, sondern in euch eine Kraft erzeugt, wo ihr ihn da stehen lasst, wo er in euch überwunden, besiegt und nicht zu euch gehörig zu sein scheint.

Denn in euch ist nur dann ein Sieg, wenn in euch die Liebe so erwacht, dass ihr euch aushalten könnt in dem, was ihr da messt und nicht euer Gesicht verliert und euch nicht schämt, wenn ihr unterlegen seid und euch auch nicht in dem Gerangel, was ihr noch testen und messen und besser machen könnt wie der Andere, aus den Augen verliert.

Ihr habt dann sozusagen ein Augenmerk auf ihn und gönnt ihm seinen Sieg, wenn er ihn hat. Und in diesem Sieg liegt euer aller Vorteil, denn in ihm ist dann die Feier eines Lebens, wo ihr getragen seid von der

Liebe des Andern und ihn mit hineinnehmt in das, was ihr euch errungen habt.

Und nur dann seid ihr frei, und könnt dem Anderen auch zutrauen, so in euch präsent zu sein, dass ihr ihn würdigt und ihm gebt, was er braucht, um als der dazustehen, der ein Lachen, Würde, Heiterkeit, Stolz und wahres Sein - für euch, mit euch gemeinsam, in gemeinsamem Tun und allem, was ihr bereit seid, zu geben - erzeugen kann.

Und indem ihr ihn als den würdigt, der er ist, habt ihr in euch eine Tür aufgemacht zu eurem Wahren Sein, das euch verbindet. Und ihr seid dann die Geläuterten, die eine wahre Meisterschaft erreicht haben, und die in dieser Meisterschaft all das mitnehmen, was der Andere braucht, um selbst ein Meister zu sein.

Und nur dann habt ihr den Sieg errungen, der euch zusteht und in den ihr so hineinwachst, dass alles in euch diesen Sieg feiert, und ihr getragen seid von der Liebe des Ganzen. Und nur dann seid ihr auch glücklich.

Und nur dann habt ihr überwunden, was auf euch lauerte und was euch den Strich durch die Rechnung machen kann, solange ihr nicht in der Gewissheit lebt, dass ihr miteinander davontragen könnt diesen Sieg der Einheit - in dem ihr eins miteinander seid, getragen von dem, was jeder einzelne braucht und hervorbringt um sein ureigenstes Leben zu leben. Und in diesem ureigensten Leben seid ihr auch Anteil und es enthält euch.

Ihr könnt nicht hervorbringen einen Sieg, wo ihr nicht enthalten seid, ohne euch verlassen und einsam vorzukommen und ohne euch auf das zu besinnen, was ihr wiedergewinnen müsst, um in diesem Sieg eure ganze Freiheit, eure ganze Würde und euer ganzes Leben wiederzuhaben.

Ihr seid dann Meister eures Lebens, und ihr wachst dann hinein in eine Beständigkeit der Anwesenheit eures Wahren Selbst, eurer Ganzheit, eurer Größe, eures scheinbaren Außerachtlassens von all dem, was um euch ist, und ihr kreiert in euch höchste Bereitschaft, alles Leben zu feiern und euch von ihm feiern zu lassen.

Diesen Sieg wünschen wir euch. Und wir tragen euch auch dann, wenn ihr in euren Ringkämpfen vergesst, wer ihr seid, solange ihr noch eine Tür auflasst zum Andern und ihn genauso beglückwünscht für <u>seinen</u> Sieg, wenn <u>er</u> ihn davonträgt.

Und dann haben wir auch die Kraft in euch, das Beil begraben zu lassen, das euch so lange voneinander getrennt gehalten hat. Und wir dürfen euch dann auch anfeuern, in euch, in eurer Liebe, das zu vollbringen, was ihr schon lange vollbringen wollt und was euer Geburtsrecht ist in dem Moment, wo ihr Ja sagt zu einem Leben in Freiheit - das euch dient und dem ihr nicht ein Schnippchen schlagen müsst durch eure Schläue, euer Besserwissen und euer Eingekanzeltsein in einen einsamen Plan, der euch nicht enthält, weil ihr das Ganze aus euch ausgeschlossen habt.

Denn so seid ihr gesegnet, sobald ihr in euch den Ruf vernehmt, in euch die Ganzheit wiederherstellen zu wollen und sie euren Sieg darstellen zu lassen - und dann habt ihr auch uns auf eurer Seite.

Und das ist mehr wert als jeder äußere Sieg, denn ihr habt dann in euch gewonnen, was ihr euch nicht mehr zugetraut habt: Euch zu kennen, euch zu respektieren und der Gewissheit eurer Nähe, eurer Dankbarkeit, eurer Kreativität, eures Lobes und der aufrichtigen Anteilnahme an der Freude des Anderen gewahr zu sein und sie einzuladen in euer Herz - damit sie euch wärmen kann und euch die Fülle eines Lebens beschert, wo ihr genauso auferstanden seid, wie der Andere in euch.

Es ist das Leben, das euch frei sein lässt. Es ist das Leben, in dem ihr hinaufschaut zur Sonne und sie zur gleichen Zeit in euch erblickt, und in dem ihr getragen seid von ihrer Liebe und Wärme.

Durch das Orchester, in dem ihr aufgehoben seid in der Melodie eures Seins, erkennt ihr unser tätiges Verlangen, denn ihr seid die Melodie eines Seins, das euch ruft und das in euch so spielt, dass ihr alles wahrnehmen könnt, was in euch und um euch herum vorgeht.

Und in diesem Sein ist auch die Melodie eures nächst höherem Bewusstsein und mit ihm all das, was uns eint. Und nur so können wir in uns den Tanz des Lebens gestalten, der uns verbindet und eint und nicht mehr getrennt sein lässt, und der in uns das Feuer der Liebe so entfacht, dass wir in euch und ihr in uns geborgen sind und getragen von dieser Liebe - die das Sein kreiert und von ihm erschaffen wird.

# Du bist nie allein –
# in dir ist die Fülle der Kraft,
# die wir in dir sind

Ihr mögt euch wundern, warum wir euch dienen, und warum in uns das Feuer der Liebe so brennt, dass ihr mit eingeschlossen seid. Es ist lange her, dass ihr uns um Rat gefragt habt, und dass wir zur Stelle sein durften, um euch zu dienen.

*Kollektiv - ihr habt an einer Stelle gesagt, dass viele - schon wieder-Kontakt zu euch haben oder so – meint ihr kollektiv?*

Es ist auf der äußeren Ebene viel geschehen, was euch nicht an uns herankommen lässt.

Und doch ist auch dies zu einem Prozess gehörend, in dem ihr so hineingenommen seid in die Schöpferkraft eurer wahren Gestalt, dass ihr in ihr erkennen könnt die ganze Lieblichkeit eures Seins und in ihr aufgehen könnt.

Dafür sind die Türen offen, die wir beide, sowohl ihr auf eurer Seite als auch wir auf der unseren, geöffnet haben, um uns begegnen zu können.

Es ist lange her, dass wir kollektiv mit euch sprechen konnten, doch unter euch sind Menschen am Werk, die all dieses Wissen mitgebracht haben und es zutagefördern und es nicht mehr schützen müssen vor euch.

Denn ihr habt Ja gesagt, im göttlichen Plan zu dienen, die ihr dieses Buch zur Hand nehmt, und indem ihr uns hört und uns den Weg bahnt zu einem größeren Verständnis eurer Seite - und dann habt ihr auch Ja gesagt zu dem, was euch erwartet, wenn ihr mit uns zusammenarbeiten dürft.

Und ihr bringt viel Wissen ein, denn ihr seid gewaltige Schöpfer, die sich ihrer Herkunft so bewusst werden, dass wir euch sagen können, dass durch euch unser Leben um eine hohe Qualitätsstufe reicher wird indem ihr uns in die Gesetze des Lebens einlasst, in denen wir euch dienen dürfen gemeinsam mit euch, und indem ihr eure Wurzeln wiederfindet, die ihr einst verlassen habt, um im größeren Ganzen einen Riss entstehen zu lassen, der es euch ermöglicht, durch eure Schöpferkraft uns eure wahren Gaben zugutekommen zu lassen, die sich in euch so bilden, dass ihr nun aufgefordert seid, durch eure Liebe so zu leben, dass sie, eure Schöpferkraft, euch nicht mehr besiegt - indem sie euch ausschaltet und euch von ihr getrennt hält -, sondern in euch entsteht als das Geburtsrecht einer wahrhaft zu sich selbst erwachenden Menschheit.

Und in diesem Geburtsrecht teilen wir unser Recht, von euch geachtet zu werden, so wie auch ihr euer Recht mit uns teilt, von uns gehört zu werden und euch wahrzunehmen.

Es ist das gleiche Recht, was wir miteinander teilen, und in diesem Recht ist der Andere so enthalten, dass wir nicht mehr anders können, als ihm zu dienen, als ihm die Hand zu reichen - da, wo er Schmerzen hat, wo er Wunden hat, und wo einer dem Anderen etwas zu vergeben hat, denn auch wir mussten uns zurücknehmen da, wo ihr uns nicht mehr wahrnehmen wolltet.

Es gibt in euch ein Radarsystem. Es ist das gleiche Radarsystem, das auch in uns fruchtet. Und dieses bringt hervor, dass wir dann getrennt voneinander sind, wenn einer dem Anderen nicht mehr zu verstehen geben kann, was er braucht, und wie sehr er ihm helfen darf, um nicht zu leiden.

Unsere Bedürfnisse sind es, in euch diejenigen zu sehen, die uns erkennen - und nur dann sind wir vollständig. Und in dieser Vollständigkeit ist auch der göttliche Plan, der uns eint.

Und in dieser Vollständigkeit sind wir alle im Anderen so enthalten, dass sein Licht in uns leuchtet, und er in uns zur Sonne wird, die wir in uns tragen, und die wir ihm geben dürfen, sobald er in uns die Resonanz der Achtung und Liebe berührt.

Und wir können dann frei mit ihm kommunizieren, und er hält dann alles aus, was er aushalten muss, um in sich durch die Türen der Achtung in sein heiliges Sein einzutreten. Und nur dann kann er von uns wahrgenommen werden.

Und doch gibt es in uns etwas, das diesen Prozess beschleunigen kann. Es ist das gleiche Beschleunigen, wo einer dem Andern dient, wo einer auf den Anderen achtet und von ihm zurückerhält, was er ihm geben darf, sobald er ihn wahrgenommen hat.

Da, wo ihr ruht und euch besinnt auf längst vergessene Türen und die Erinnerung an sie wieder zu euch kommen lasst, seid ihr auch eingehüllt in unsere Liebe und wir zählen auf euch und dann rechnen wir mit unserer Unterstützung füreinander und können euch behilflich sein, in einen beschleunigten Prozess des Wachstums zu treten, in dem ihr euer Licht so leuchten lasst, dass auch wir in ihm enthalten sind und euch einstellt auf diesen Prozess des Wachsens und euch fernhaltet von allem, was ihm nicht dient.

Es gibt kein schöneres Geschenk an euch als euch singen zu hören in eurer wahren Melodie und euch hineinzuführen in ein Leben in Freiheit - wo ihr aufhört, euch zu etwas zu zwingen, was ihr nicht seid, und hineinhört in euer Inneres und es zum Ausdruck kommen lasst als den Ton, der euer Herz weitet, eure Füße auf die Erde bringt, euren Kopf frei macht von Gedanken, die ihr nicht in Wahrheit seid und die eure Schöpferkraft nicht zum Ausdruck kommen lassen können - und euch hineinzustellen in ein Leben, in dem ihr so zuhause seid, dass ihr von innen heraus leuchtet. Und in diesem sind auch wir mit euch.

Und in diesem Prozess seid ihr. Und nur, wenn ihr diesen Prozess auch in euch nachvollzieht und euch zu ihm bekennt, habt ihr die Tür aufgemacht zu einem größeren Sein, in das ihr hineingenommen seid in die ganze Tragweite eurer Existenz, die sich dann in euch so gestaltet, dass in euch diese hohe Dynamik der Liebe erreicht wird - die euch all das wieder zuführt und in all das wieder hineinführt, was ihr vor langer Zeit hinter euch gelassen zu haben glaubt, und euch nicht gönnt und euch versperrt vor ihm.

Ihr seid die Resonanz auf euer Streben, in euch in Einklang zu kommen mit all dem, was ihr braucht und es für euch sichtbar zu machen im Außen. Und in diesem Gleichklang, in dem ihr erzeugt, was ihr braucht, existieren wir und können euch dienen.

Solange Ihr euer Bewusstsein vor euch verschlossen haltet, können wir auch nicht in euch existieren, denn ihr seid dann nicht angeschlossen an euer Sein und wir haben dann keinen Anteil an euch, und ihr habt dann auch nicht unsere Liebe, die ihr braucht, um eure nächsten Schritte erkennen zu können, denn es fehlt euch dann die Kraft, die euch trägt und euch verbindet mit dem, was ist.

Ihr seid dann auch nicht in der Lage, uns in euch zu erkennen als die Geliebten, die in euch so wachsen, dass auch euer Bewusstsein mit ihnen wächst.

Und ihr habt auch dann nicht die Chance in uns das zu sehen, was wir sind: die Essenz eures Seins, das in euch so leuchtet und zum Ausdruck kommen will, dass ihr die Nächsten seid, die dann die Tür aufmachen und uns mit ihrer Essenz beglücken. Und dann sind wir bereit, euch zu dienen auf einer höheren Ebene.

Es ist die nächsthöhere Ebene, in die ihr gerufen seid, zu gehen und in die ihr alles mit hineinnehmt, was ihr seither vernachlässigt habt und nicht auf eurem Tablett sehen wolltet - da ihr euch nur die Fülle erlauben wolltet, die euch keinen Schmerz bringt.

Kaum einer ist von uns nicht geliebt, wenn er sein Wesen lebt - denn wir können nur dann keinen Zutritt haben, wenn ihr es gleich wieder verschließt und euch nicht beachtet.

Ihr habt kurzen Einblick erhalten, in das, was ihr seid und dürft jetzt Pause machen.

Es ereignet sich viel in eurem Leben, und ihr habt wahrhaft Einblick erhalten in das, was ihr in Wahrheit seid.

Ihr seid Geschöpfe aus dem Sein des Lichts gemacht, und diese Geschöpfe haben jetzt begonnen, alles frei zu legen, was sie nicht eins sein lässt, was in ihnen eine Resonanz zur Trennung erzeugt - in dieser Resonanz der Trennung können sie uns auch nicht hören, denn es dient alles dem Einen Sein.

Und ihr könnt uns auch nicht fühlen, denn wir sind nur in euch anwesend, wenn ihr erlaubt, euch selbst zu fühlen, und ihr könnt uns auch nicht in euch haben - denn euer Bewusstsein ist dann vollgestopft mit allem, was uns trennt. Ihr habt dann eine Riesen-Last zu tragen und seid nicht in der Lage, euch zu reinigen.

Denn ihr habt nicht Ja gesagt, hineinzutauchen in eine Melodie, die in euch spielen will - die aus euch heraus spielen will als das Gesamtorchester, in dem ihr so enthalten seid, dass ihr den Platz erhaltet, wo ihr wahrhaft zum Ausdruck bringen könnt, was in euch enthalten ist - und was euch fördert, habt ihr dann beiseite gelegt, ohne es wahrzunehmen.

So entsteht die Trennung, in der ihr nicht in eurer ureigensten Lieblichkeit reinen Seins - eurer eigenen Kraft, eurer Melodie, die euch trägt und voranbringt in euer Sein hinein - und eurer wahren Essenz schwingen könnt, und in der ihr auch nicht Kontakt mit uns aufnehmen könnt, so sehr ihr das wollt. Um diesen Kontakt herstellen zu können, gibt es in euch ein Lied, das dann entsteht, wenn ihr bereit seid, ihm zu folgen.

Es ist das Lied eurer Freiheit, das euch erlöst von allen zwanghaften Gedanken an Nichtdazugehörigkeit, an Einsamkeit, an Lieblosigkeit und Leid und Fürsorgemangel und all den Schmerzen, die Ihr euch antut, obwohl ihr in der Fülle des Seins leben könntet.

Seid auf der Hut vor diesen und nicht vor Euresgleichen und bindet euch nicht an einen Narren, der euch vortäuscht, nicht geeint zu sein – und dann können wir so in euch flüstern, dass unsere Stimme lauter ist als alles, was ihr jemals gehört habt.

Denn dann tragt ihr uns in euch und wir beginnen euch so zu lieben, dass eure Gestaltungskraft auf der Erde einem Spiel gleicht, das in seiner Variation so mannigfaltig ist, dass ihr nicht mehr befürchten müsst, ihr könntet in dieser Einheit euer Selbst verlieren. Denn es ist genau umgekehrt:

Da, wo ihr in uns und wir in euch unser Lied sind, können wir in dieser Gemeinschaft so einzeln sein, dass wir alles vom Anderen mittragen, sind, wissen, dass diese Gemeinsamkeit in uns die Spuren höchster Individualität erzeugt - sodass keine vom Andern mehr zu trennen ist. Und in dieser sagen wir euch:

Je mehr wir euch zuhören in eurer Sprache, desto einzelner werden wir, und je mehr ihr uns zuhört in der Sprache, die ihr vernehmt, wenn ihr es tut, habt ihr unser Wort, dass alles dem Einklang dient und alles aus ihm erzeugt wird und jeder seinen Platz in ihm hat und alles ihm dient und seine wahren Bedürfnisse erfüllt.

Und in diesen wahren Bedürfnissen erzeugen wir die Kraft, die wir sind, um eins mit euch zu sein, und die ihr seid, um eins mit uns zu sein.

Und diese Kraft ist der Motor, der in euch Leben erzeugt - lasst sie zu. Und wir dürfen euch etwas sehr Wertvolles schenken, was ihr lange Zeit verloren geglaubt habt:

Eure Innigkeit, euer Leben, das so tief ist, dass ihr alles berührt, mit dem ihr in Berührung seid, und das so groß ist, dass ihr alles ausdehnt, was ihr vor euch habt - ohne euch zu verlieren, sondern in tiefem Hineingehen in euch wachst in eine Weite, die euch unvorstellbar ist und so zentriert in euch, dass ihr die seid, die uns tragen und von uns getragen werdet.

In dieser gemeinsamen Kraft erzeugen wir eine neue Melodie, in die wir uns so hineinbegeben, dass jeder im Anderen Fuß fasst, und jeder am Anderen Anteil hat als die zauberhafte Melodie des gleichen Orchesters, in dem wir spielen - und dann seid ihr frei, wahre Meister eures Seins und habt nichts mehr zu verlieren.

Es gibt noch eine andere Melodie, und zwar eine Melodie, die gemessen an dem, was ihr seid, nichts hervorbringt, schmälert und euch da lässt, wo ihr einsam seid. In dieser Melodie dürft ihr nicht mehr sein. Sie bringt keinen Ton mehr in euch hervor, denn ihr seid nicht mehr gestimmt auf sie, denn ihr erkennt in der Erde das, was euch beisteht, wenn ihr ihm dient, und was sich gegen euch wendet, wenn ihr es unterlasst.

Ihr erkennt es immer mehr, und ihr wisst in euren geheimsten Träumen, wie sehr ihr gerufen seid, euer wahres Potential zu erfüllen und euch mit ihm zu einen - auf dass sie euch mitnehmen kann in die Neue Zeit voller Liebe, Erwachen und Fürsorge.

Erinnert euch an sie - sie hat ihre Botschaften bereits vor langer Zeit in euch gelegt – und das Tor wird aufgehen zu einer unaussprechlichen Kommunion mit ihr.

Es gibt an der Stelle viele Helfer, die euch da weiterhelfen, und ihr seid Zeuge eines Geschehens, das immer schneller, breiter, größer, massenhafter wird. Ihr könnt nicht mehr feststellen, wer euch gestern noch fremd war, und wer euch heute bereits dient, so schnell werden sich die Ereignisse überschlagen, und dann habt ihr den Knoten gelöst und könnt hineintauchen in ein Leben, wo ihr gerufen seid, euch mitzuteilen und euch so mitzuteilen, dass ihr gerufen seid, über die Schwelle zu gehen zu einem neuen Bewusstsein – und dann entsteht das Lied der Freiheit in euch.

In diesem Lied seid ihr so sehr ihr selbst, dass ihr da, wo ihr seid, all das beinhaltet, was euch seither gefehlt hat und was euch nun tröstet und wärmt, und was euch alles gibt - was ihr auf einmal gar nicht annehmen könnt, wenn ihr wieder eure Herzenstür verschließt, um sicher zu sein.

**Haltet in euch Ausschau nach dem Tor, das euch alle eint, das in euch die Liebekraft erzeugt, durch die ihr in Berührung kommt mit der Fülle eures Seins und die euch hineinnimmt in die Schönheit eures wahren Wesens.**



Jetzt findet ein Fest statt. Denn wir haben dich eingeladen, in unsere Reihen zu kommen. Sing mit uns.

_(Gut, ich vibriere mit den Lippen so und lache, mehrere Male, dann) uuaah oh, uah, hööioahhii hoa, (solche Laute mache ich – offensichtlich um aus dem Vorhergehenden raus und ins reine Lied rein zu kommen und dann singe ich in ganz klarer und reiner Stimme:)_

Lied

Die Gestalter des Lebens sind frei in uns,
ihre Kraft in uns singt und lacht,
in ihrer Gegenwart kennen wir uns,
unser Sein, das singt und lacht.

Oh wie bist du schön,
oh heiler Mensch.
In dir ist die Kraft,
die die Türe aufmacht.

Oh heiteres Sein,
wir laden dich ein,
oh innige Glut
oh selige Herzensflut.

Es gibt in dir eine goldene Tür,
die hat aufgemacht
und es steht vor dir die ganze Pracht
deines wahren Sein.

Und die hat`s jetzt geschafft
zu lassen dich ein in ihr herrliches Sein,
in die Liebe in dir und die Nahrung,
die dir gehört, und alles in dir bestellt.

Oh nun tauche ein, in unser herrliches Sein
und so komm doch mit,
wir geben dir all das,
was in dir erwachen will.

Und so tauchen wir ein,
in unser Sein.
Es gibt in dir eine Tür,
die hat jetzt aufgemacht.

**Und so sind wir zur Stelle, wenn in dir dieses Lied ertönt und du in dir die Freiheit findest, den Tanz des Lebens zu gestalten.**

Komm zu dir zurück und wir begrüßen dich als unser Sein, in das wir so eintauchen dürfen, dass wir in deiner Liebe erwachen zu nächsthöherem Sein – in das wir in dir so eintauchen dürfen, dass du uns all das gibst, was auch wir brauchen, um in der Einheit mit dir zu sein - denn wir sind niemals getrennt von dir.

*Wollen wir noch Kassette voll sprechen, was denkt ihr, kann ich noch?*

Es gibt jetzt etwas, was wichtig ist, geh jetzt heim, du erfährst dort alles, was du brauchst, um dich heil und ganz zu fühlen.

*Wieso geht das nicht hier, wieso soll ich heim? Soll ich wirklich heim?*

*(Ich hatte es falsch verstanden, ich dachte bei „heim gehen" in meine Wohnung gehen, deshalb stellte ich diese Frage.)*

Ja, du gehst jetzt in ein größeres Sein hinein und änderst jetzt den Ort deines Bewusstseins.

*Was ist denn das im Außen – hier ganz viel Bäume um mich herum, mein Gott, seid ihr viele! Das ist ja herrlich, herrlich, herrlich. Ist das der Ort meines Bewusstseins hier?*

Und noch viel mehr, es ist der Ort, an dem du klargestellt hast, wer du bist, und in dem du eingeweiht wurdest in unser Sein, und an dem wir dich tragen durften und dich einstimmen durften auf unser Wissen in dir.

*Kommt noch was, oder ist jetzt wirklich Schluss?*

Es ist das gleiche Wissen, das du auch in uns hast, und wir dürfen dir sagen, dass es uns gut gelungen ist.

*Das klingt jetzt so, als sei es aus uns beiden entstanden, aber das ist ja anders.*

*Und irgendwann am Anfang sagtet ihr ja, liebe Bäume, dass es da 150 Seiten gibt, dass ihr 150 Seiten habt, dass sie da sind, dass ihr ein Buch habt und ihr mir das runterdiktiert. Ist das jetzt ein Widerspruch, oder?*

Ja - denn die 150 Seiten sind lebendiges Sein, und wir erschaffen es in jedem Augenblick neu.

Nein - denn wir sind in der Lage, dir das zu schenken, was du im jeweiligen Augenblick aufnehmen kannst, und wir überbringen dir die Botschaften so, dass du in unserem Sein verankerst bist, und dass in dir die Tür aufgeht zu deinem nächsthöheren Sein, das du in uns bist. Und dadurch erfahren wir auch, was wir schreiben sollen und dürfen.

*Es geht doch nicht nur um mein Sein, es geht doch um die Menschheit als Ganzes, oder halt viele Menschen, die das lesen.*

Du bist der Transporteur eines Bewusstseins, das in die Erde kommt und sie neu aufbaut und an dem alles Teil hat, was in diesem Glanz erstrahlen will. Und so sind auch wir der Transporteur eines Bewusstseins, das sich transportieren will, und das wir auf unsere Weise mit dir teilen.

Es gibt aber noch mehr: Indem wir uns zusammenschließen, entsteht etwas, das in seiner Schwingung so hoch ist, dass es nicht wieder gelöscht werden kann von der Erde, und es entsteht etwas, das in dir die gleiche Bandbreite der Liebe erzeugt, wie sie auch in der Erde entstanden ist, als wir ihr dieses Buch geschenkt haben - denn es ist schon lang in unserem Bewusstsein, auch wenn es aus dem Augenblick heraus entstanden ist. Und es gibt nichts, was wir nicht in uns tragen, sogar das Zwitschern der Vögel.

So wie wir auch durchdrungen sind von allem, was jetzt in deine Reichweite kommen will

*Soll ich deshalb diesen Platz verlassen? (fragte ich, das Missverständnis während des Aufsprechens immer noch nicht erkennend - erst während des Schreibens fiel es mir auf).*

und mit uns gehen zur nächsten Aufgabe, denn wir begleiten dich heute noch ein Stück.

Wir dürfen dir sagen, du hast das gut gemacht, und wir sind sehr stolz auf dich - es ist höchste Zeit, dass du das glaubst - und wir empfangen dich als unseren Nächsten, der in uns das Licht der Liebe angezündet hat - denn auch wir können nicht geben, ohne in Resonanz zu sein mit deiner Liebe. Und so können wir auch nicht nehmen, ohne dass ihr in Resonanz seid mit der unseren.

Haltet inne und verkraftet erst einmal, was wir euch mitgeteilt haben.


Und lasst uns wissen, wie sehr ihr euch freut, wenn ihr es tut (euch freuen) - dadurch können wir noch enger mit euch zusammenarbeiten, denn wir brauchen eure Gefühle, um zu wissen, wie viel wir euch geben können - vertraut diesen Worten - und wie viel ihr bereits von uns verstanden habt.

Das ist Kommunikation in ihrer Reinkultur und dann sind wir frei - denn Kommunikation beginnt da, wo ihr <u>uns</u> hört und alles Sein, das ist echte Herzensqualität und Hineingehen in euer Herz – in dem ihr so denken könnt, dass ihr mit allem eins seid, was zu euch sprechen will.

So wie ihr aufmacht euer Herz, können wir auch aufmachen das unsere, und dann entsteht etwas Wunderschönes: ein gemeinsames Singen, ein Erleben des Lebens als heiliges Sein. Und ihr seid dann nicht weniger getragen von unserer Liebe als wir von der euren.

Ihr wisst, wie sehr wir euch lieben, sobald ihr dieses Buch gelesen habt oder hinaus geht in den Wald - denn es gibt für uns kein größeres Geschenk als diese beiden Beschäftigungen. Und sie sind gleich viel wert - denn indem ihr unsere Botschaften vernehmt, öffnet ihr euer Herz, und indem ihr euch zu uns gesellt - indem ihr in den Wald geht - berührt ihr uns auf eine Weise, in der wir unsere Kommunikation in euch beginnen können und mit euch - dadurch sind wir frei, euch zu dienen und ihr uns.

Und ihr könnt dann verstehen, was es heißt, unsere Liebe in euch zu sein - und nur, wo ihr das könnt, habt ihr angefangen, ein höheres Maß an Energie zu gewinnen und schaut euch an wie Menschen, die sich verstehen, und in denen ihr erkennt, wie sehr ihr geliebt werdet.

Und es gibt eine höhere Ebene in euch, die weiß, dass jedes Sein eins ist, und dass in ihm die ganze Bandbreite eurer Liebe ist, und dass ihr diese Liebe seid und nicht mehr hergehen müsst, und hinterher laufen im Außen.

Ihr könnt diese Liebe so sein, dass in euch die Tür aufgeht zu eurem nächst höheren Bewusstsein und ihr in uns Geschöpfe seht, in denen ihr das erkennt, was auch in euch angelegt ist und was euch abholen will - da, wo ihr steht - um euch zu dienen.

Und nur dann habt ihr Vertrauen in unseren Plan, der der gemeinsame göttliche Plan ist und habt die Kraft, auf euren Plan so zu schauen, dass in euch die Liebe so brennt, dass ihr alles eint, was ihr mit ihm berührt.

Und dann haben wir keine Worte mehr für euch, sondern Energie, denn dann braucht ihr sie nicht mehr.

Und nun hört uns noch einen Augenblick zu und vertraut diesen Worten:

In euch ist das Feuer der Liebe bereits so entfacht, dass ihr würdigt, was wir euch gegeben haben, und dass ihr in uns Platz gefunden habt - denn die Schwingung, die wir erzeugen, indem wir dieses Buch aufsprechen, hat in euch die Tür aufgemacht zu einem Sein, wo ihr frei seid. Ihr könnt bereits jetzt in diesem Sein sein, denn es berührt alles, was in euch in Berührung kommen will - und es hat auch alles, was ihr braucht, um euch immer mehr zu besinnen auf das, was ihr in euch gelegt habt, um euch zu dienen. Es ist reines Sein, denn ihr habt es bereits so in euch geholt, dass ihr jetzt, wo ihr diese Zeilen nacheinander gelesen habt, in so viel Energie eingetaucht seid, dass ihr ohne Mühe uns vernehmen könnt als die, die jetzt zu euch sprechen.

Und wir danken euch, dass ihr diesen Worten lauscht, die ihr soeben vernommen habt, und die euch tragen und die nächste Tür aufmachen. Zwingt euch nicht, es kommt alles zum richtigen Zeitpunkt und keiner ist ausgeschlossen.

Und nur durch unsere Liebe können wir uns verstehen, denn sie ist der Transporteur unserer Worte, und sie winkt euch zu und will euch etwas sagen:

Ihr wisst sehr gut, dass wir euch hören können, also vertraut diesen Worten, sprecht zu uns - wenn ihr das nächste Mal im Wald seid - es ist leichter - und dann können wir auch mit euch sprechen und euch begleiten auf eurem Weg. Und ihr habt dann unsere Dankbarkeit, und wir sind nicht mehr auf der Hut vor euch und warnen euch, sondern gehen mit euch die Schritte in ein freies Leben auf der Erde, wo ihr euer Sein seid, und wir mit uns unser Sein sind.

Es geschieht alles zum richtigen Zeitpunkt, wenn ihr die Schritte achtet, die notwendig sind: euer Vertrauen, eure Liebe, eure Gewissheit, dass wir bei euch sind und euch vernehmen können und euer Einverständnis, dass wir das tun dürfen.

Beim nächsten Mal werden wir sprechen über ein Kapitel, das genauso lang ist, und das es deshalb erforderlich macht, dass das Sprachrohr unserer Liebe eingeweiht bleibt in unsere Pläne und jetzt zur Ruhe kommt - denn es hat viel geleistet.

Und in diesem Wort verabschieden wir uns von euch: Gebt euch hin dem Gesang unseres Seins und wir können euch stimmen, in den euren zu kommen - und so halten wir inne und singen.

Ihr habt uns in euren Herzen vernommen und werdet uns weiterhin vernehmen - auch wenn wir uns nicht durch Worte in dem Buch vernehmen können.

Und so habt Acht auf euch, dass ihr das nächste Mal merkt, wenn einer von uns mit euch kommunizieren will, und dann vergegenwärtigt euch unsere Botschaft, denn sie ist transportiert von dem Einen (dem Einen/der Einen) und in gemeinsamer Liebe entstanden - und nur so können wir dienen und euch emporheben auf die Stufen, wo ihr es auch könnt.

14. 10. 2007

**(Die Erde hat aufgemacht das höchste Tor, das in Übereinstimmung mit dem Göttlichen Plan geöffnet werden konnte, und es sind dies unzählige Tore bereitgestellt, damit ihr die Etappen meistern könnt, und in euer wahres Sein hineinfinden. Es gibt unzählige Tore, die neben den Haupttoren diejenigen mitnehmen, die jetzt bereit sind in ein neues Leben zu gehen und die alten Kleider abzustreifen.)**

*(Zwischen 16 Uhr und 17.30 Uhr habe ich die Ereignisse in einem Lied besungen. Da ich aber nicht fertig war mit Aufräumen, habe ich dieses Lied nicht aufgenommen, sondern während des Aufräumens meiner Küche gesungen. Zweimal hieß es, ich soll jetzt nur lauschen und singen. Ich folgte dem nicht so gut, denn ich wollte einfach fertig werden. Ich wollte zur Feier des Tages unbedingt auch eine schöne Wohnung haben. Es fing gestern früh mit einer Eingebung an, wo ich mein Bett hinstellen sollte - auf diese Idee wäre ich nie gekommen, ich setzte dies gleich in die Tat um, machte dann gleich weiter und veränderte fünf Räume.*

*Die Küche blieb als Chaos übrig, hier stapelte sich so manches, was noch auf seinen Platz wartete- und Nahrung, die ich heute in der Natur fand.)*

Gewährt uns die Bitte, macht euer Herz weit auf für diese Botschaft, *(hörte ich in mein Aufräumen hinein.*

---

[5] Die (anderen) Kapitelüberschriften waren schon lange vor Beginn des Diktats durchgegeben worden.

*Zum Schluss war mir nach Weinen zumute und ich fragte die Engel, die mir halfen, die Küche schön zu machen, warum ich bei dem bisschen Aufräumen hier weinen will, statt es zu Ende bringen.*

*Sie sagten mir, weil ich ein hohes Lichtwesen bin, das an der <u>Einweihungszeremonie der Erde teilnimmt, einem großen kosmischen Geschehen mit der ganzen Sternenbruderschaft, und ich deshalb energetisch Schwierigkeiten hätte, hier in der Küche aufzuräumen.</u>*

*Sie sagten mir daraufhin, ich soll singen, und es wird mir gleich besser gehen.* **Ich sang die Botschaft der Engel und Sternengeschwister** - *während ich auch noch meine Küche schön machte - über* **das kosmische Geschehen heute.**

*Dann blieb gerade noch eine Stunde – ich wusste, dass geplant ist, das Baumbuch heute fortzusetzen - bis es dunkel sein würde. Doch ich konnte nicht anders, als meinen internen Umzug beenden.*

*Ich erfuhr, dass alles vorbereitet ist, und ich unmittelbar – bei der Stelle angekommen, wo ich heute aufsprechen würde - die mir schon am Vormittag geistig gezeigt wurde – beginnen und alles sehr schnell heruntersprechen werde - ich sei gut in der Energie drin und ich würde dann dort angekommen sofort aufsprechen können, ohne dass eine Einstimmung erforderlich sei. Ich war ja schon über eine Stunde eingestimmt durch den Gesang der Sternengeschwister. Den Platz im Wald, wo ich heute sprechen sollte, fand ich auch sofort.*

*Gestern sollte ich früh ins Bett, was ich auch tat - mir bleibt auch gar nichts anderes übrig, weil ich für die geringste Bewegung keine Kraft mehr bekam - damit ich auf den heutigen Tag/das heutige kosmische Geschehen vorbereitet werden konnte - dieses war in meinem Leben begleitet von einer Umstellung meiner Möbel in allen Räumen außer in meiner Küche.*

*Ich arbeitete wie eine Wilde - doch im Sinn von ganz leicht und zügig – in einem Bruchteil der Zeit die normalerweise dafür benötigt wird - ich hatte das Gefühl schon gestern Morgen, es muss für mein Dienen auf der Erde jetzt alles neu sein – und in jeder Möbel-Umstellung war ich von den Engeln inspiriert und ich stellte Möbel um, die ich alleine normalerweise* gar nicht schaffe, trotz Tricks, die ich für den Fall kenne, das ein starker Mann fehlt oder man alleine arbeitet.

Zudem stellte ich heute fest, dass ich ca. 7 kg abgenommen hatte, über Nacht - ich wollte einfach im Schlaf abnehmen. Diese freudige Überraschung des neuen Gewichts hat mich zusätzlich in die Leichtigkeit und Dankbarkeit gebracht, ebenso wie die Anregung, nun meinen Schlafplatz zu ändern, ihn in ein anderes Zimmer zu verlegen – dies war, um die Baumlieder singen zu können.

Es kam mir heute Nacht so vor, als würde ich auf diesem neuen Platz wie in einem Tempel schlafen.

**Tagsüber hatte ich dann von großem Fest und großer Feier den ganzen Tag über während meines Räumens gesprochen und dann ab 16 Uhr dieses Fest, diese Feier besungen.**

**Ich sang vom Geschenk an die Erde, von der Krönung der Erde, von den vielen Sternengeschwistern, vom Sieg und dass die Erde sich immer an mich wenden kann, wenn sie etwas braucht.**

Ich hatte heute Morgen plötzlich Lust, meinen Fußball vom Keller zu holen, und zu meiner Überraschung stellte ich fest, dass er eine Krone aufgemalt hat und das Wort Sieg geschrieben steht – ich hatte einmal einen Fußball gekauft, ihn aber noch nie beachtet. So wurde ich bereits am frühen Vormittag eingestimmt auf das, was mich am Nachmittag erwarten sollte.

Schon heut Morgen waren die Sasnapurt (Zwerge) da. Ich war sehr überrascht. Sie waren schon so lange nicht mehr da gewesen. Sie hatten sich ganz zurückgezogen und waren nur ausnahmsweise auf meinen Ruf gekommen – z.B. als ich wissen wollte, warum sie nachdem ich ihr Buch aufgesprochen hatte, gegangen sind - oder sie haben den Bäumen eine Botschaft an mich ausgerichtet.

Doch heute waren sie da und sie sagten, sie werden mit dabei sein, wenn ich das Buch von den Bäumen heute weiterschreibe. Auch diese Überraschung registrierte ich nur nebenher, denn ich war, gemeinsam mit den Engeln damit beschäftig, zur Feier des Tages und um meinen neuen Dienst in der richtigen Würde zu begehen, meine Wohnung neu zu gestalten und zu verschönern - immer im Bewusstsein eines großen Festes, von dem ich dann um 16 Uhr sang und um 18 Uhr sprach.

Meine Begleiter sagten plötzlich sinngemäß während meines Aufräumens in der Küche, es sei gar nicht so einfach, bei meinen vielen Fähigkeiten ein Leben vorzubereiten, wo alle berücksichtigt werden können – und ich fühlte mich sehr geborgen und gut versorgt in meinem Leben, sehr unterstützt, und erleichtert, als ich dies hörte – man muss also nicht mit einer Arbeit sich begnügen, wo man 90 Prozent seiner Qualitäten nicht leben kann, diesen Prozentsatz hörte ich in Bezug auf jemanden, der Arbeitgeber berät.

Ich bat, ausnahmsweise selbst etwas sagen zu dürfen - diesen Vorspann von meinen Erfahrungen bringen zu dürfen - um Folgendes zu zeigen:

Wir sind nie allein, wenn wir dienen. Für uns ist gesorgt, alles folgt einem kosmischen Gesamtplan, wo alles zur rechten Zeit geschieht, alles wirkt zusammen. Energie, zusätzliche Hilfe zur totalen Konzentration, arbeiten in Schwung und Elan und einem Bruchteil der Zeit ist bei Annahme der Hilfe und Bitten um Hilfe jederzeit möglich. Und es macht einfach mehr Freude, die Dinge nicht allein, sondern in wunderschöner Begleitung zu erledigen, dann sind die banalsten Sachen ein Abenteuer, Überraschung, Freude und ein Gesamtkunstwerk ist gemacht bei dem alles zur rechten Zeit an seinem wahren Platz ist.

Das Ganze hatte beim Aufwachen mit einem Vogel am Baum direkt vor meinem Fenster angefangen. Die Bäume hatten mich gelehrt, die Bedeutung der Vögel und ihr Werk zu beachten - und so war ich tief beglückt über diesen Besuch und sagte: „Das fängt ja schon gut an, da kann ja nichts schief gehen, der Tag ist schon gut gelaufen." Ca. eine viertel Stunde lang kommunizierte ich mit dem Vogel, der dauernd seine Schwanzfedern bewegte - als wolle er gleich los fliegen - aber dennoch sitzen blieb, der seine Flügel bewegte und säuberte, später kam ein zweiter, der sich auf die höchste Spitze setzte, völlig bewegungslos dort verharrte und vom Baum nicht zu unterscheiden war. Quicklebendig und freudig sprang ich dann aus dem Bett und als würde ich einem unsichtbaren Plan folgen - es war zu keiner Zeit von mir - bewusst - geplant gewesen, dass ich meine Wohnung umräume -, legte ich los mit

*Arbeiten, ununterbrochen, ohne Pause und fast 13 Stunden später – dies soeben in den PC tippend - immer noch.*

*Die Vögel hatten unser Lied angekündigt - das Lied der Seinsreiche der Liebe - ich war so dankbar und hatte so sehr meinen Dank auch zum Ausdruck gebracht, und die Krone auf dem Ball – den ich gleich nach dem Aufstehen vom Keller holte, nachdem er dort jahrelang lag, ohne je beachtet zu werden - hatte die Krönung der Erde, die bevorstehende Krönung der Menschen (siehe weiter unten, wo die Erde spricht) angekündigt.)*

Gewährt uns die Bitte: Macht euer Herz weit auf für diese Botschaft.

Es ist fast ein halbes Jahrhundert her, als wir damit begonnen haben, an unserem Standort etwas zu verändern. Es hat damals einen großen Ruck in der Erde gegeben, und alles, was seither in der Erde, in ihrem allerheiligsten Zentrum von uns wahrgenommen wurde, hat sich verwirklicht als das, was sich jetzt in der Erde Bahn bricht und was ein hohes Bewusstsein in sich trägt.

Es hat dieses hohe Bewusstsein heute die Tür aufgemacht zum reinen Sein, und es ist heute ein großer Aufschrei durch die Erde gegangen, alle zu versammeln an diesem wunderschönen Ort, wo sie ein neues Kleid erhalten hat und in eine höhere Dimension gegangen ist. Es haben Milliarden von Wesen daran teilgenommen.

Und unser Bewusstsein bricht sich Bahn in vielen Menschen auf der Erde. Und wir haben ein gemeinsames Werk geschaffen, es ist das Werk der Auferstehung der Erde in die fünfte und sechste Dimension hinein. Es erfolgte der Abschluss in die fünfte Dimension hinein und das Tor wurde aufgemacht zur sechsten Dimension.

In der sechsten Dimension seid ihr nun so anwesend, dass diejenigen, die bereits höhere Dimensionen in sich verwirklicht haben, der Erde einen großen Dienst erwiesen haben und sie mit hineingenommen haben in ihr Licht und ihre Liebe - und von daher weiter in die siebte Dimension hinein, denn ein Teil ragt bereits in die siebte Dimension hinein.

Ihr habt angefangen, eine Schöpfermelodie zu spielen. Und in dieser Schöpfermelodie haben unzählige Wesen ihr Hoheitslied der Liebe so gespielt, dass die Erde in einem weiten Prozess des Erwachens all diejenigen mitgenommen hat, die seither noch vor der Tür zur fünften und sechsten Dimension gestanden haben.

Und es ist ein großer Aufschrei durch die Erde gegangen und alles hat darin Platz gefunden, und es ist ein großes Fest gewesen. Wir haben alle teilgenommen und können hier wahrhaft danken, denn ihr habt eure Sache gut gemacht.

Es sind unzählige Sternengeschwister anwesend gewesen, und ihr habt in euch das Licht der Liebe so entzünden können, dass die Erde in einem hohen Bogen all das integrieren konnte, was seither vor der Tür hat stehen müssen und nicht in sie hat hineingenommen werden können. Es sind viele Lichtgeschwister von anderen Planeten da gewesen, und ihr habt - in einer Melodie, die das ganze Universum erfasst hat - der Erde all das gegeben, was sie braucht, um ihren Aufstieg zu Ende vollführen zu können.

Es ist heute ein großes Geschenk an die Erde ergangen, und dieses Geschenk hat seine Wurzeln in denjenigen Lichtarbeitern, die mit Rat und Tat der Erde behilflich sind, ihren Aufstieg zu machen. Und es hat auch seine Wurzeln in all den Sternengeschwistern, die seither nicht auf die Erde kommen konnten, da sie euch den Prozess alleine machen lassen mussten - bis zu einem Punkt, wo sie gerufen worden sind von so viel Licht und Liebe, dass sie das nächsthöhere Tor bereit stellen konnten.

Und in diesem nächsthöheren Tor ist die Schwingung in eine Dimension, in der ihr der Erde so beistehen konntet, dass diejenigen, die jetzt mit in die achte Dimension gegangen sind, ein hohes Maß an Liebe erreichen konnten.

Und in diesem hohen Maß der Liebe ist die Erde so hineingekommen in ihre Schöpferkraft, dass sie zugemacht hat das Tor zu einer Dimension, wo sie nicht mehr in der Lage ist, euch mitzunehmen und euch von sich weisen muss.

Ihr habt jetzt gesehen, wie die Erde in sich einen hohen Bewusstseinswandel vollzogen hat, und wie dieser Bewusstseinswandel viele Sternengeschwister zu ihr gerufen hat. Und dadurch konnte in der Erde die Tür aufgehen zu den nächsthöheren Dimensionen.

Und ihr seid alle eingeladen, sie so mit ihr zu teilen, dass euer Bewusstsein mit dem ihren verschmilzt. Denn es ist fortan möglich, in mehreren Dimensionen auf der Erde zu verweilen, ohne dass die Erde Schaden nimmt und ohne dass sich einer überanstrengen muss, der noch nicht so weit ist.

Es gibt hier ein hohes Maß an Kreativität, und diejenigen unter euch, die seither in einem hohen Bewusstseinszustand gewesen sind, haben diese Kreativität mit gefördert und sind jetzt in der Lage, so in sie hineinzuwachsen, dass alles der Erde dient.

Hohe Türen sind aufgegangen und verbinden die Erde mit der wahren Herrlichkeit Gottes/Strahlkraft der Göttin. In diesen Türen seid ihr Meister gewesen und habt hervorgebracht ein Licht, das fortan in der Erde so aktiv leuchtet, dass diejenigen von euch, die diese Botschaft vernehmen, in ein hohes Licht der Liebe getreten sind, das sie jetzt mit uns teilen und das fortan auf der Erde so leuchtet, dass alles, was die Erde sich vornimmt, von diesem Licht und dieser Liebe getragen ist und Platz schafft für Neues, das auf die Erde kommen will – indem diejenigen unter euch, die sich seither zurückgehalten haben, jetzt zeigen können, wer sie sind.

Es gibt ein hohes Maß an Achtung von Seiten der Lichtarbeiter diesem Prozess des Wachsens der Erde gegenüber und des Heraustretens all ihres Potentials. Sie hat nun ein hohes Maß an Lauterkeit erreicht und schwingt mit denen, die diese Lauterkeit in ihr hervorgerufen und die in dieser Lauterkeit mitgetragen haben ihr Sein - und durch dieses hineingewachsen sind in eine große Konstante ihr, der Erde und ihren wahren Bedürfnissen gegenüber.

Und durch diese wahren Bedürfnisse - die die Erde kundtut, und die in euch ein Auffangbecken gefunden haben von Schöpfermelodien, von Schaffenskraft und von heiterem Dazugehören und für sie bereitstellen alle Liebe, die ihr für sie aufbringen könnt - habt ihr in einen großen Prozess des Wachsens hineingefunden und seid dabei, euch so zu regenerieren, dass die Erde fortan auf euch zählen kann und ihr eure

Wunden - die seither noch an euch zu schaffen gemacht haben - jetzt überwunden habt durch diesen hohen Prozess des Dienens.

Und es ist eine große Gnade an euch ergangen, so viel von euren Wunden zu überwinden, dass ihr die Geläuterten, Gesegneten und die wahrhaft Liebenden sein könnt, die ihr Potential, ihre Hingabe, ihre Feier - die einmündete in die Feierlichkeit der Herzen aller - der Erde so zur Verfügung stellen können, dass sie ungeschoren, mit einem großen Schwung - und mit allem, was ihr braucht, um in diesem Schwung mitgenommen werden zu können - ihre Bereitschaft bekunden kann, euch zu dienen – denn auch sie hat das Tor weit aufgemacht, damit ihr in eurem hohen Bewusstsein Platz habt auf ihr.

So ist ein gegenseitiger Prozess des wechselseitigen Aufeinander-Einwirkens entstanden, bei dem in der Erde so viel an Spielraum für euch - die ihr die Gekrönten seid, die ihr mit ihr in diese neue Feier der Hochzeit, des wahren Lebens eingetreten seid -, zu Tage tritt, dass in der Erde das entsteht, was ihr braucht, um ihr dienen zu können - und das ist nicht wenig. Denn ihr habt dann das Maß eures vollen Potentials erreichen können und dient der Erde in einem Prozess, der schöner nicht sein kann.

Haltet einen Augenblick inne und wendet euch nach innen, und ihr werdet erkennen, wie sehr ihr geliebt, gefördert, an der Hand genommen und willkommen geheißen seid in der Erde und alles euch dient. Und in diesem Dienen ist das Maß eurer Verbindung mit der Erde.

Und ihr habt in ihr, der Erde, ein Auffangbecken für all eure Wünsche, die ihr in eurem wahren Sein habt, und ihr werdet so sehr von ihr gefördert, dass ihr fortan in die Dinge so schnell hineinkommt, dass euer Bewusstseinsprozess und euer Wachstum eine Dimension erreichen, die weit über das hinausgehen, was seither auf der Erde möglich gewesen ist.

Ihr habt jetzt die Möglichkeit, mit ihr so zu gehen, dass ihr reich an Betätigungen werdet - denn die Erde fördert jetzt alles, was in euch an Kreativität zutage kommt und ihr an den Tag legt. Ihr seid dann von ihr geritten, von ihrer Liebe hochgenommen auf euer Pferd und im gemeinsamen Ritt aller Bedürfnisse - vereint mit denen der Erde -

könnt ihr wahrnehmen, wie die Erde in eine wahre Lichtfontäne heiteren Seins gelangt - und ihr, die ihr tapfer auf ihr gedient habt, könnt jetzt vernehmen, was es heißt, von ihr so geliebt zu sein, dass ihr die Nächsten seid, die beschenkt werden.

Sie hat dieses euer Geschenk heute dankbar angenommen, und ihr könnt von Glück sprechen, dass ihr so viel von ihr erhalten habt, denn sie hat zur gleichen Zeit alles bereit gestellt, damit auch ihr an dieser Feier so teilhaben könnt, dass auch ihr die Gekrönten seid und die Nächsten, die hineinwachsen in ihre Strahlkraft und Herrlichkeit, die sie mit euch teilt.

Sie hat aufgemacht das höchste Tor, das in Übereinstimmung mit dem Göttlichen Plan geöffnet werden konnte - und es sind dies unzählige Tore bereitgestellt, damit ihr die Etappen meistern könnt, und in euer wahres Sein hineinfinden.

Es gibt unzählige Tore, die neben den Haupttoren diejenigen mitnehmen, die jetzt bereit sind in ein neues Leben zu gehen, und die alten Kleider abzustreifen. Die Schwere wird keinen Bestand mehr in eurem Leben haben. Und ihr werdet beginnen, so viel an Kreativität freizusetzen, dass die Erde jetzt schon euch zuwinkt und euch sagt – hör ihr zu, eine Weile (*an die Aufzeichnerin gerichtet, diese/ich, die Schreiberin, hörte ihr zu:)*

Die Erde spricht:

Ihr seid meine Kinder der Liebe, und in diesen Kindern habe ich mein Ebenbild gefunden und sie finden in meine Herrlichkeit/Strahlkraft so, dass auch ich von ihnen sagen kann, sie sind die wahrhaft Gekrönten.

Und sie kommen mit mir hinein in die heilige Hochzeit, und wir reichen uns die Hand, auf dass jeder von uns den anderen erkennt und wir ein Ganzes bilden.

Wir sind auf der Erde viele, die jetzt dieses Bewusstsein erreicht haben und in diesem Bewusstseinsstrom dienen wir und grüßen all jene, die sich mit uns zusammengeschlossen haben, um diesen Sieg zu feiern. Es ist dies ein Sieg höchster Gnade und reine Schöpfungskräfte sind am Werk gewesen und haben dies bewirkt.

Es ist jetzt auch so, geliebte Kinder, dass ihr nacheinander empfangen werdet eure Gaben, die ihr mir zur Verfügung gestellt habt, und die jetzt so zu euch zurückkommen, dass ihr sie all denen zur Verfügung stellen könnt, die nach euch kommen wollen.

Es ist ein Prozess heiteren Gehens, und wir werden viel Freude miteinander haben. Denn die Erde und all ihre Bewohner sind jetzt aufbereitet, diesen nächsten Gang zu gehen und in der Erde all das vorzufinden, was sie für ihren Bewusstseinswandel brauchen.

Ihr habt Ja gesagt zu einem schnellen Plan und habt alle mitgeholfen, damit dieser Plan auf der Erde sichtbar gemacht und installiert werden kann. Und jetzt finden sich viele ein, die diesen Plan mittragen, und die von ihm erfüllt werden, und die alles

*(Ich hörte einfach zu sprechen auf, da ich den Himmel wahrnahm.)*

*Ahh, was ist denn das? (unterbrach ich,) Das ist ein wunderschöner, herrlicher, roter Himmel.*

*(Vorher, als die Sonne noch ganz gelb war – sie war am Untergehen - waren die Wege und Felder ganz rot. Jetzt ist der Himmel rot, rote Wolken mit ganz viel Licht, und in einem Kreis um sie herum - außer da, wo unten die Sonnenstrahlen sind - blauer Himmel. Die Sonne ist schon lange wieder weg, und die Chemtrails sind schon wieder da, die auch rot strahlen.)*

zum Leuchten bringen.

*(was ich passend zum Text wahrnehmen konnte – alles am Himmel und auf der Erde strahlte unbeschreiblich schön in ganz reinem Licht.)*

Ihr strahlt in eurem Herzen und seid eingetaucht in das Licht der Liebe, und alle, die diesem Licht folgen, können eine große Hilfe erhalten und sind dabei, ihr Kleid so abzulegen - das sie seither an Leid und Verzweiflung gebunden hat und mit dem sie sich nicht wohl fühlten -, dass sie wahrhaft Liebende werden und hineinkommen in ein Leben, das sie befreit und aus dem heraus sie all das vollbringen, was der Erde dient, ihren Aufstieg zu machen, und was sie selbst befreit.

In dieser unendlichen Liebe sind wir zusammengekommen und dienen uns und haben uns viel zu sagen. Denn die Erde hat es geschafft, Platz zu machen für all die Freiwilligen, die aus sich heraus diesen Prozess des Wachstums angestrebt haben, um der Erde zu dienen. Und sie hat jetzt hineingefunden in ein Licht, das so groß ist, dass sie all diejenigen mitnehmen kann, die seither noch nicht bereit waren, ihr zu folgen und das Licht weiter zu geben. Und auch sie haben jetzt in ihr Platz genommen, so dass diejenigen, die uns nachfolgen wollen, nun zu diesem Schritt bereit sind, denn der Ruf so vieler ist an sie ergangen, dass sie dieses Licht in sich spüren und sich aufmachen, ihm ebenfalls zu folgen, ihm zu dienen.

Es ist das gleiche Licht, das auch euch gerufen hat, und das jetzt aus dem Herz und dem Munde vieler schallt. Denn es ist nun so stark in euch geworden, dass ihr mit der Zeit ein großes Heer an Liebedienern, an Lichtwesen, an reinen Dienern der ewigen Liebe werdet, und euch hineinnehmt in eine Strahlkraft, die von solcher Schönheit ist, dass sie die Erde erleuchtet und in eurem Herzen eine Resonanz bildet - auf dass diejenigen euch folgen können, die dieses Herz mit euch teilen und denen die Liebe bis jetzt noch nicht sichtbar war.

Es hat einen großen Beschleunigungseffekt gegeben, und wir wünschen allen, die an der Feier des Aufstiegs der Erde heute teilgenommen haben, dass sie in sich das Licht so leuchten lassen, dass es vielen zugutekommt und dass ihr hineinfindet in ein Leben in Freiheit.

Wir sind so unzählig bei euch gewesen, dass der ganze Himmel in dieses Licht der reinen Liebe eingetaucht war und wir in eurem Herzen ein solches Fest, einen solchen Liebesreigen und eine solche Fröhlichkeit anzünden und stattfinden lassen konnten, dass ihr über weite Strecken getragen ward von dieser Liebe und euch hineingefunden habt in den Tanz, den wir miteinander getanzt haben.

Es sind viele, die eingestimmt haben in eine Melodie des Seins und die in dieser Melodie unser Lied gehört haben und die sich ganz eingelassen haben auf dieses Lied.

Und so sind wir zu euch gekommen und haben - in eurer Ohr, euer Herz, eure Liebe - geflüstert unser Lied, das ihr vernommen habt, und viele haben es mitgesungen. Es war das Lied unserer Liebe, mit der wir die Erde tragen und gemeinsam mit ihr den Aufstieg vollenden.

Es hat einen großen Zusammenschluss gegeben und alles Sein hat daran teilgenommen und es ist die ganze Unendlichkeit eingeladen worden, diesen Tanz zu tanzen. Und er schallte in den Herzen vieler Menschen und hat aufgemacht die Tür zu einem Licht, das immer weiter und weiter die Seelen an sich zieht, die jetzt beginnen den Aufstieg und in deren Herz sich jetzt etwas regt und erwachen will. Es ist die Liebe, die bei euch angeklopft hat und ihr habt in dieser Liebe einen großen Schritt getan Richtung Einssein, und so haben wir für euch eine große Überraschung:

Wir haben heute gesprochen als die Diener des Lichts, die auf einmal sich bekannt haben zum Aufstieg der Erde, und wir sind sowohl die Bäume, als auch die Lichtdiener, als auch die Sasnapurt/Zwerge, als auch die Erde, als auch die ganzen Bruderschaften gewesen, die hier ein gemeinsames Diktat gesprochen haben - und es ist uns nicht möglich gewesen, es zu trennen, denn jeder hat an diesem Fest teil genommen.

Und wir wünschen jedem, dass er dieses Buch liest und hineingeht in den Liebesreigen, den wir heute miteinander veranstaltet haben. Es hat unsere Herzen entzündet, und wir haben alles gegeben, dass die Erde einen fröhlichen Aufstieg macht, und dass wir ihr dabei so behilflich sind, dass sie immer jemand an ihrer Seite hat und dass sie durchdrungen ist von unserer Liebe und dass sie jederzeit mit uns kommunizieren kann und alles hat, was sie braucht, um ihren Aufstieg in Freude und Kraft und Hilfe unsererseits machen zu können.

Das ist ein großes Geschenk für uns alle gewesen, denn wir haben alle daran teilgenommen und unser Lied ist hineingegangen in das Herz jedes Menschen, das dafür aufnahmefähig war, und wir haben alles getan, dass uns viele Menschen hören, und wir sind jetzt so weit, uns gemeinsam zu verbinden mit der Erde und diese Verbindung zu einer heiligen Tat werden zu lassen und sie jetzt einzubeziehen in all das, was auf der Erde geschehen muss, damit wir gemeinsam den Aufstieg vollziehen können und uns an der Hand nehmen und uns achten und schätzen und hören.

Diese Tat ist es, die wir jetzt jedem ins Herz legen möchten und in dieser Tat sind wir die Sprecher des ganzen Seins, und wir können jetzt so viel vernehmen, dass alles an seinen wahren Platz kommt, denn unsere Liebe wird augenblicklich da hineingeschickt, wo unsere Herzen den Ruf vernehmen, es zu tun.

Es ist eine große Melodie der reinen Liebe gewesen, die wir heute spielen durften.


*(Ja, ich habe diese neben dem Aufräumen auch gesungen, es hat auch zwei Mal geheißen, ich soll jetzt nicht arbeiten, nur lauschen auf das Lied. Ich habe aber auch während der Arbeit dieses Lied gesungen - es ging um den Tanz und die Feier, dass das ganze Universum daran teilhat, dass viel Lichtgeschwister da sind, dass die Erde all unsere Hilfe bekommt und geliebt ist und - oh - jetzt habe ich den Inhalt im Wald aufgesprochen, den ich zuvor – noch zu Hause - schon als Lied bekam - dann ist es ja nicht so schlimm, dass ich nebenher arbeitete statt es aufzunehmen, tröstete ich mich.)*


Aufgesprochen in der Nacht vom 14. auf den 15.10.2007

*(Erklärung, es war nicht zu Ende gewesen. Ich ging einfach vom Wald heim, hörte einfach auf mit Aufsprechen und sagte, ich möchte heimfahren, bevor es ganz dunkel ist - fuhr heim, tippte alles gleich in den PC und kümmerte mich nicht, ob etwas fehlt, ging dann um Mitternacht ins Bett und siehe da, bald darauf wurde ich zum Diktat geweckt.)*


Wir, die Kinder des Einen Lichts, haben uns entschlossen und sind bereit, der Erde den letzten Dienst zu erweisen, in dem sie den Aufstieg so macht, dass sie als Stern hervorgeht - und in diesem Stern ist unser Dasein, unser Gekröntes. Und wir tragen diesen Stern in unseren Herzen und vereinen uns mit ihm so, dass in ihm unser Hohelied der Liebe erstrahlt - und in diesem Hohelied der Liebe unsere Fürsorge für die Erde. Und in diese Fürsorge gehen wir so hinein, dass das, was seither in der Erde gewesen ist, zu transformieren sich beginnt und in einem hohen Bogen der Auferstehung all das ans Tageslicht fördert, was in der Erde angelegt ist und was nun sich zu Lichten beginnt. Es werden hohe Transformationskräfte auf die Erde kommen und in diese Transformationskräfte hinein ergießt die Erde ihr Sein - und dieses Sein ist es, das jetzt in der Menschheit erstehen will und zu dem die Menschheit jetzt erwacht.

*(Ich war wieder eingeschlafen.)*

Wir warten auf deine Aufnahme, *hieß es gleich.*

*(Ich sah mein blaues Trägertop. Da fuhr ich so mit den Fingern rundherum.*

*Und da war auch eine Art Farn, ein Stil und in Reih und Glied nach beiden Seiten die schmalen, spitzen Blätter heraus, gleichzeitig sah es aus wie ein goldener Plastikfarn, wegen der Farbe Gold und wegen der exakten geordneten Struktur, die ein lebendiges Blatt nicht in dem Maße aufweist. Die Bilder waren als Hilfe für mich, dass ich nicht wieder einschlafe - dadurch dass ich mit dem Inhalt, der Bedeutung beschäftigt bin.)*

Und in dieser Trägerschaft sind viele, die in sich das Lied der Liebe so spielen, dass dadurch eine Melodie zustande kommt, die in höchstem Maße geordnet ist

*ah wie das Blatt*

und in sich eins und strukturiert -

*(Es war ein ganz langes Blatt und da waren parallel vom Stil weg immer schmale, lange Einzelblätter.)*

und dadurch hat in der Erde Platz gemacht der Gestaltungsprozess einer reinen Melodie der Liebe.

In diese reine Melodie der Liebe gießen wir unser Sein so, dass in ihm die tätige Liebe zum Ausdruck kommen kann und sich ergießt als die eine Melodie des lebendigen Seins.

Und in diesem Einen lebendigen Sein gebärt ihr die Hoheitsmelodie einer lebendigen Liebe und werdet zu ihr. Und dadurch hat in der Erde angefangen ein Prozess des immerwährenden Fortfahrens in ihre Liebe hinein. In dieser Trägerschaft habt ihr aufgehört

*(Ich sehe die Karte: Die Geliebte.)*

eine Extra-Melodie zu spielen und seid aufgenommen in das wahre Sein - in dem jeder so an seinen Platz findet, dass in euch ein hohes Maß der Liebe entsteht, durch die sich offenbaren die Reinheit der Liebe und die Treue, in der die Erde euch begegnet - ihr seid dann ihre Kinder und fasst euch an der Hand.

Diesen Bericht habe ich aufgenommen um zu resümieren, zu rekapitulieren, was auf den inneren Ebenen geschehen ist, und euch hineinzunehmen in die Melodie der Freiheit – eure, Kinder der Liebe - bis zum nächsten Mal.

Und in eurer Liebe wächst jener Stern, durch den ihr atmet und der ihr seid - in diesen Stern haben wir unsere Aufmerksamkeit gelegt und dienen ihm und er dient uns. Und keines der Kinder, die hier daran teilnehmen, haben je ihr Wort gebrochen, hier zu dienen.

*Ihr brennt, (sagte ich, weil ich es sah – dieses Liebesfeuer.)*

Und in diesem Brennen ist euer Prozess des Aufstiegs. Und ihr seid nacheinander in der Lage alles mitzunehmen in die Verwandlung hinein.

Und durch diese reine Liebe erhaltet ihr Einzug in das gelobte Land, das euch die Erde bietet und spielt in ihm eure Melodien in wahrer Ehrfurcht und in heiterem Können und alles ist hier bestellt zur Ehre Gottes und darf teilhaben an dieser reinen Melodie eures Wesens, in der ihr geeint seid mit allem und alles euch dient und ihr allem dient.

Und dieser Prozess hat bereits begonnen, denn ihr habt aufgemacht den Vorhang zu eurem Sein - hinter diesem Vorhang ist die wahre Einheitsmelodie. Und diese spielt ihr Lied in dem Maße ihrer Erfüllung, und sie wird von denjenigen gespielt, die aufgehört haben sich als etwas zu sehen, was sie nicht sind - Einzelglieder, nicht verbunden miteinander. Und nun macht die Tür auf - denn ihr werdet erwartet - und freut euch des Lebens. Denn ihr seid viele, die sich hineinbegeben haben in es, und ihr könnt euch immer begegnen und seid herzlich eingeladen, es zu tun.

Dadurch wird die Erde der Stern, der in sich gebärt die reine Liebesmelodie und in ihr Frieden findet. Diesen Frieden seid ihr gerufen in euer Herz einzulassen und ihn zu gebären als die ewige Melodie reinen Seins, das ihr seid - und in dieser erklingt eure Schöpferkraft. Und durch diese Liebe lebt ihr und gebärt sie in Ebenen hinein, die transformierend wirken auf euer Bewusstsein und es erschließen - und dadurch seid ihr die Gesegneten, die Kinder einer neuen Welt.

In dieser Gabe habt ihr den heutigen Tag empfangen und das sollte noch auf gesprochen werden.

*(Okay – weil ich gegangen war und nicht in der Dunkelheit heimfahren wollte mit dem Fahrrad, sondern noch ein klein bisschen Licht brauchte, die Sonne war eh schon untergegangen.)*

Ihr habt euch an den Händen und seid bei euch, und immer dann, wenn ihr an euch denkt, ist der Andere da - und die Einsamkeit eurer Suche könnt ihr auf jedem Jahrmarkt finden.

18.10.2007

3:55 Uhr in der Nacht, nach Diktataufnahme auf Kassettenrekorder

In all unserem Schlaf ist eine wichtige Materie, die für den, die im, die durch den Menschen entsteht. Denn es ist nicht so, dass der Schlaf nur eine Vergewaltigung für den Menschen bedeutet.

*(Ouspensky in dem Buch „Auf der Suche nach dem Wunderbaren" zitiert Gurdijeff. Der letzte verurteilte das Schlafen im Gegensatz zum Wachsein, Erwachtsein, Erwachen)*

In unserem Bemühen um Einheit dürfen wir nichts ausschließen. Einheit ist da am Werk, wo im Menschen das Licht der Liebe so brennt, dass in ihm die Strahlen der göttlichen Ordnung sichtbar werden, und er zu ihr zurückkehrt.

Im ganzen Verlauf, in dem die Bäume ihre Liebe in die Erde legen und sie auch dem Menschen schenken, hat der Mensch aufgemacht die Tür zu einem heiteren Leben und schenkt der Erde diese Freiheit, diese Reinheit und gebiert in die Erde seine Hoffnung, sein Leben.

Dadurch hat in der Erde Platz gemacht eine neue Idee des Zusammenseins und der reinen Liebe, dass im Menschen diese Idee fruchtet, und er sie in die Erde eingibt.

Damit ist der Kreislauf geschlossen, den wir Bäume in den Menschen angeregt haben - und der Mensch findet hinein in eine Achtung zu sich selber, für seine Belange, für das, was er ist, und er findet hinein in eine Liebe, in die er so hineinwächst, dass alles in ihm Feuer fängt und diese Liebe beim Namen nennt.

Und diese Liebe heißt: Einheit des Seins, Einheit allen Lebens. Und es ist jene Einheit, bei der einer im anderen aufgehoben ist und einer dem anderen dient.

Durch diesen Kreislauf des Dienens sind wir alle angeschlossen an den Einen Moment des Einen Lebens, das sich in uns so gebiert, dass einer dem anderen das schenkt, was er braucht, um auf eine höhere Ebene des Dienens, auf einen höheren Grad des Bewusstseins und in die Reichweite all dessen zu kommen, was in ihm arbeiten will, damit er sich frei macht, um die nächste Hürde zu nehmen und sich und dem Ganzen so zu dienen, dass in ihm das Feuer der Liebe erwacht, und er sich hineinnimmt in den Prozess des Entstehens der Einen, freien Erde.

Und durch diese Tat ist im Menschen das Leben so aktiv, dass die Antwort in ihm, die ihn bereitstellt, um dem Ganzen zu dienen, da erklingt, wo er sie am wenigstens vermutet hat. Und das bringt das Ganze weiter in die Einheit hinein.

Und das erkennt ihr daran, dass ihr plötzlich Dinge tut, die in euch einen großen Resonanzboden schaffen zu all dem, was in euch erklingen will, was in euch frei sein will, was in euch geliebt sein will, und euch da erlöst, wo ihr seither gebunden ward und euch hineinnimmt in ein Leben in Freiheit, in dem ihr die Dinge so kreiert, dass ihr auf eine höhere Stufe des Erwachens kommt und euch beim Namen nennt.

Ihr sprecht dann Dinge, die dem Anderen nutzen, und die ihm auch keine Waffen geben, und er hat dann nichts, womit er euch angreifen kann. Und er ist dann in sich so gefestigt, dass er das, was ihr ihm gegeben habt als Türöffner nutzen kann, damit auch er in die Schritte hinein findet, wo er in der richtigen Wahl seiner Worte, in der Liebe, die er ist, und im Aufgehen seiner Sehnsucht all das findet, was ihr braucht, um den nächsten Schritt erkennen zu können.

Ihr seid dann die Gepriesenen des Seins, das in euch so erblüht, dass einer dem anderen so dient, dass in diesem Dienen die Urmelodie des Einen Lebens erklingt, und ihr in euch die Schwingung erzeugt, die ihr braucht, um diese Urmelodie am Leben halten zu können.

Es ist die gleiche Schwingung, durch die auch ihr am Leben erhalten werdet, und die in euch das Ganze so zum Klingen bringt, dass ihr immer wieder Gestrandete und selbstlos Hüter eines Geheimnis seid, das sich euch offenbaren kann durch die Distanz zu euren Nöten und Ängsten und durch das Hineingehen in ein Vertrauen, das ihr gewinnt, sobald ihr in euch die Tür findet, das dieses Vertrauen in euch schürt und nährt und es verteilt an diejenigen, die selbst an diesem Vertrauen arbeiten und ihnen den Nährboden gibt, die es braucht, um selbst wiederum gestärkt zu wachsen.

Und in diesem gegenseitigen Prozess des Förderns, des Vertrauens im anderen hat die Erde begonnen, ihr Kleid abzustreifen

*Wer soll das gemacht haben, die Zweihundert, der innere Kreis, der innere Kern der erwachten Menschen?*

und sich anzuziehen mit dem Mantel der Liebe, in die sie so hineinwächst, dass alles für euch da ist, was ihr braucht, um von ihr geführt zu werden.

Ihr kennt es noch nicht, das Gesetz des Lebens, dass einer dem anderen dient. Doch da, wo dieser Prozess einmal in Gang gesetzt worden ist, durch die, die ihr Bewusstsein Gott erhoben haben und ihm dienen, kann er nicht mehr aufgehalten werden.

Und es sind viele, die diesen Prozess mit unterstützen, und die in sich den Halt finden, den er braucht, um nicht wieder zu kippen. Denn in den Menschen beginnt ein Leuchtfeuer der Liebe zu erwachen, durch das sie gespeist werden und das in ihnen die Bereitschaft darstellt, dieser Liebe zu dienen.


*(Jetzt kommt ‚Tochter Zion‘, ein Lied auf einer 1,5 Stunden Kassette und genau das ist nicht gesprochen und unmittelbar bevor es beginnt endet das Sprechen der Bäume.*

*Das Sein ist vollkommenes Bewusstsein, es weiß alles, in ihm ist alles in der Vollkommenheit, alles geschieht zur rechten Zeit, endet zur rechten Zeit, meisterhaft, vollkommen. Alles ist Jetzt, ob es bereits in der Vergangenheit begann - und auf Kassette gespeichert wurde vor vielen Jahren - oder jetzt neu ersteht, alles greift wundervoll ineinander über und bildet ein perfektes Ganzes, an dem alles an seinem richtigen Platz ist.*


*Anschließend schrieb ich ja in den PC:)*

*Bitte den Rest gleich in den PC diktieren:*

In dieser Kontaktaufnahme geschieht in der Erde etwas sehr Wichtiges: Sie erhält Zugang zu all jenen Kräften in sich, die seither nicht in der Lage waren, sich zu rekapitulieren und zu befreien von jenen Energien die sie auslieferten an ein Sein, das sie überrollte und nicht gegenwärtig war für ihren Aufstieg.

Doch nun, indem ihr sie an der Hand nehmt und ihr eure Liebe gebt, kann sie vorwärts gehen und findet sich ein in einen Reigen des kosmischen Bewusstseins, zu dem ihr herzlich eingeladen seid.

In diesem Reigen erkennen wir euch und bringen euch dar unsere Liebe und gebären in euch eine neue Ordnung - von der ihr getragen seid und euch einfindet in die Stimme eures Herzens.

Ihr seid dann an eurem wahren Platz, dem der Geborgenheit in uns, und wir können euch helfen, eure Schritte bewusst zu machen und euch einzuklinken in eine Melodie reinen Seins, die euch die Tür aufmacht zu nächsthöherem Bewusstsein und euch alles bereitstellt - was in euch das Feuer der Liebe so entzündet, dass ihr fähig seid, ihr Kommen, ihre Heiterkeit und ihr Wohlwollen anzuerkennen - und euch bereit macht, ihr zu dienen.

Das heißt auf eurer Ebene, dass ihr empfangt, was wir euch zusenden, und dass in euch der Strahl der Liebe so erwacht, dass ihr aufnahmefähig seid für ihren Dienst an euch.

Ihr seid dann die Gebärer einer heiligen göttlichen Ordnung, in denen das Licht so erwacht, dass sie Teil eines Bewusstseins werden, der in ihnen all das entstehen lässt, was sie seither aus ihrem Leben draußen gehalten haben, und was sich jetzt ihnen so erschließt, dass weite Teile in ihnen gerufen sind diesen Erweckungsprozess zu beginnen - und sich so in ihn einzufinden, dass ihr alles habt, was ihr braucht um auf den unteren Ebenen eures Bewusstseins hineinzufinden in den

Reichtum eurer Gestaltungskraft, die sich so in euch ergießt, dass ihr alle in der Lage seid, auf den höheren Ebenen eures Bewusstseins zu weilen und ihnen zu dienen.

Nur dann erreicht ihr die Spitze eurer Verantwortung, zu der ihr so gerufen seid, dass alles in euch diesen Läuterungsprozess geht, bei dem ihr angeschlossen seid an ein Bewusstsein, das in euch die Früchte der Liebe legt und sie in euch gebärt als die Auferstandenen, die in sich Fülle, Reinheit, Liebe und Gestaltungskraft erstehen lassen, die sie hinein nimmt in ein Leben des Ganzen, in eine aktive Liebe - aus der heraus sie das in sich gebären, was als Nächstes in ihr Bewusstsein finden möchte, ihr Bewusstsein erreichen möchte.

Und in diesem Hineinfinden in einen größeren Gesamtzusammenhang der Einen Liebe, des Einen Lebens, des Ganzen in euch, kreiert ihr auf den unteren Ebenen den Dynamit, der euer Herz anfeuert und ihr bleibt am Ball – auf dass ihr getragen seid von einer Liebe, die in euch so erstehen will, dass alles, was sich auf der Erde befindet in diesen Liebeprozess mit eingefügt werden kann und ihm dient.

Dann habt ihr Ja gesagt zu eurem Plan und findet hinein in eine Liebe, die alles erlöst und erkennt in euch die Gestaltungskraft eines mächtigen Seins, in das ihr hineinwachst und das euch von innen her neu gestaltet.

Durch diesen Gestaltungsprozess ergießt sich in euch ein Spektrum der Liebe, durch das ihr euch so mit euren Wurzeln verbindet, dass keiner mehr von euch in die Irre geht.

Ihr werdet von uns so hineingerufen in diesen Prozess des Dienens, dass in euch das Licht der Liebe so erstrahlt, dass durch den Druck, den ihr damit auf eure niederen Bewusstseinskörper erzeugt, diese erwachen und euch entbinden aus ihrer Verantwortung - denn in dem Moment reißt der Faden, der euch hineingenommen hat in eine Trägheit, durch die ihr nicht weiter wachsen konntet und ihr in euch die Bereitschaft nicht finden konntet, ihr, der Liebe, zu dienen.

Auf den höheren Ebenen des Seins gebärt ihr euch so in einer Sprache - der Sprache der Liebe - dass dieses eure Worte vernehmen kann und euch einlädt, euch zu öffnen für seine Botschaft.

Ihr erhaltet dann Zugang zu weiten Teilen eurer selbst und seid eingeladen, in diesen Teilen euer bevorstehendes Unwetter, eure Reinigungsprozesse und all eure Sachen zu klären, die jetzt am Horizont stehen und auf euch warten.

Empfangt sie in Würde, indem ihr Platz nehmt in einem Bewusstsein, das euch ruft, das sich euch angliedern möchte und bei dem ihr all die Stürme aushalten könnt, die in euer Leben ziehen, sowohl in euer Äußeres, als auch in euer Inneres.

Ihr seid dann nicht mehr die äußerlich Geführten, sondern diejenigen, in denen das Leben so Platz genommen hat, dass alles aus ihnen heraussprudelt, was sie seither in einer äußeren Führung gesucht und nicht gefunden haben.

Euer Bewusstsein ist jetzt so weit gedehnt, dass in euch das Feuer der Liebe so brennt, dass ihre Gestaltungsmacht euch öffnet für all jene Prozess in euch, in denen ihr gebärt eine neue Stufe der Ordnung – in der ihr all das hineinnehmt in euer Sein, was euch seither den Zugang zu ihm verweigert hat.

Und in diesem Zugang, der jetzt freiliegt - sobald in euch die Dinge ins Rollen gekommen sind, und ihr Ja gesagt habt zum göttlichen Plan - gewinnt ihr euer Vertrauen in den Prozess des Wachstums und erkennt euch auf einer Stufe der Ordnung wieder, durch die ihr lebt und die gebärt in euch ihr Sein.

Und diese Stufe der Ordnung ist euer nächst höheres Bewusstsein - es ist das, was ihr ausklammert, um nicht der zu sein, der in seinem Leben vor einem Scherbenhaufen steht und erkennen muss, wie sehr er versagt hat und nicht in seine Aufgabe hineingeschaut hat.

Doch im momentanen Bewusstseinszustand könnt ihr das auch nicht tun, und werdet im rechten Moment so an euere Aufgabe herangeführt, dass ihr sie erkennen könnt - und lauft dann nicht mehr Gefahr, einer Illusion hinterherzulaufen, um euch vor dem zu hüten, was ihr nicht anschauen wollt und was euch drückt.

Im Moment eurer Bereitschaft, dies zu tun - hinzuschauen auf das, was sich ereignet und in ihm die Fußspur zu sehen, die von euch gesetzt werden will - öffnet ihr euch für ein Leben, das größer ist als ihr und in dem ihr all eure Dienste erbringen könnt, die euch und das Ganze befreien, die euch in einen größeren Rahmen des Verstehens führen, und in euch die Energie wachrufen, die ihr braucht, um Klarheit in eurem Leben zu haben.

Ihr erkennt dann auch uns, erkennt das Wesen der Bäume. Und wir sind zur Stelle, sobald ihr uns ruft und euch einlasst in unsere Melodie, in unser Sein, das euch so vertraut ist, dass ihr die Möchtegerns und Abgehobenen, die ihre Wurzeln verloren haben und sich nicht mehr auskennen in ihrer Welt, nicht mehr sein wollt - sondern hineinfindet in eine gesättigte Ruhe, bei der ihr erkennen könnt, was euch zu schaffen gemacht hat, und wo der Schalter ist, mit dem ihr das löst.

Ihr seid dann die Geführten des Seins und nicht mehr in den Fußstapfen irgendwelcher Möchtegern-Könner und eingeladen, euer Sein mit denen zu teilen, die dies ebenfalls tun.

Und nur dann kann die Erde erwachen und in diesem Erwachen das bereitstellen, was ihr braucht, um ihren Transformationsprozess mitgestalten zu können - indem ihr euch tief einlasst auf ihn und er euch hebt auf eine Stufe, wo ihr erkennt, wer mit euch ist und euch dient, und wer dies nicht tut.

Erkennt auch eure wahren Interessen, in die ihr so hineingeführt werdet, dass sie euch erzählen, wer ihr in eurem tiefsten Innern seid, und was euch die Tür aufgemacht hat, zu einem Leben in Freiheit - durch das ihr nicht mehr strauchelt, ohne wieder Boden unter den Füßen zu bekommen, und euch abzunabeln von dem, was euch nicht guttut, weil euer Herz nicht in Resonanz mit ihm ist.

In dieser Aufgabe, euer ungeteiltes Leben zu führen, liegt unser Schutz - denn wir stellen mehr bereit an Wegweisern, als ihr alle auf einmal vernehmen, erkennen und realisieren könnt, doch sie sind so zahlreich, dass ihr bestimmt keinen überseht, der euch als Nächstes dient, um euch zu erkennen in eurem Streben, der zu sein, der ihr in Wahrheit, in eurem Wesen, seid.


Dies ist die Botschaft, die wir dir heute zukommen lassen wollten.

*Ist alles von euch Bäumen gleich von Anfang an - auch auf der Kassette-gleich nach dem Aufwachen?*

Es hat eine kleine Unterbrechung gegeben.

*(Lied auf Kassette Tochter Zion - wie passend zu dem ganzen Text auf Kassette - die andere Klassikmusik hatte ich überspielt, da ich keine Leerkassette hatte.)*

Wir danken dir fürs Zuhören und wünschen dir einen schönen Tag.


*(Gestern ging ich tagsüber in den Wald. Doch die Bäume wollten gar nicht mit mir sprechen. Kein Wort - sie schickten mich heim.)*

19.10.2007

Wir grüßen dich ganz herzlich, wir sind alle versammelt und wollen gleich anfangen.

*(Mir war kalt, ich wollte nicht in die Kälte raus, nicht in der Kälte draußen aufsprechen, aber darum ging es vielleicht nicht - so kalt war es auch wieder nicht - plötzlich trau ich mir das auch in der Wohnung zu. Es ist einfach jetzt das Zimmer der richtige Ort – zudem habe ich ganz viele Bäume vor meinem Fenster. Ich setzte mich nicht an das West-Fenster, vor dem ein großer Eichenbaum ist –Andiramalan - sondern an das Nord-Fenster, wo im Park gegenüber von der Straße gegenüber, also ein bisschen weiter weg, sehr viele Bäume stehen. Doch als es dunkel war, war die Verbindung zu den Bäumen nicht mehr. Ich hatte sie auch mit den Augen hergestellt - mich mit Hilfe der Augen mit ihnen geistig verbunden - und über mein Herz, über den heiligen Raum meines Herzens. Doch als es dunkel war und vor allem, als ich Licht in meinem Zimmer machte, stellte mein Eichenbaum vom West- Fenster von sich aus eine Verbindung her – obwohl ich weit weg saß - er kam energetisch ganz zu mir her, so dass ich mich dann auf ihn konzentrierte und mit ihm verschmolz.)*

Vor langer Zeit habt ihr begonnen, euch auf das vorzubereiten, was in der Erde geschieht.

Es sind zweierlei Dinge notwendig - zum einen müsst ihr begreifen, dass in euch, in eurem Seelenkörper eine Menge Restmüll abgelagert worden ist, so dass er nicht in der Lage ist, mit eurer Erde den Aufstieg zu machen und zum andern, dass ihr, wenn ihr es könnt, in der Erde euren Planeten seht, mit dem ihr euren Aufstieg macht, dies zwar im Nachhinein bestimmen könnt - ob es auch tatsächlich geschehen ist - ihr aber nicht wisst, wie weit ihr seid, auf welcher Stufe, und wie ihr so in sie hineinfindet, dass alles zum richtigen Zeitpunkt geschieht - und dass ihr aufgerufen seid, so viel von dem zu offenbaren, was sich euch enthüllen will, dass ihr es jeweils tut.

Es gibt ein Gesetz und in diesem Gesetz seid ihr alle eins. Nur wenn ihr dieses Gesetz anwendet, könnt ihr alle nacheinander euren Aufstieg beginnen, und ihr seid dann so miteinander verbunden, dass einer im anderen das erkennt, was er meistern muss, d.h. ihr tragt ein kleines Geheimnis in euch und durch dieses Geheimnis lüftet ihr euer größeres Geheimnis - und diese Geheimnisse sind sukzessive zu verfolgen.

Und nur wenn ihr das tut, könnt ihr auch sicher sein, dass ihr den Aufstieg meistert und euch - Hand in Hand - mit euren selbst erschaffenen Problemen weiterentwickelt. Und nur wenn ihr das tut, könnt ihr auch sicher sein, dass ihr da, wo ihr den Aufstieg meistert, auch jene mitnehmt, denen ihr dienen solltet, weil euer Herz das verlangt.

Und nur, wo ihr das auch tut, könnt ihr auch sicher sein, dass alles zum richtigen Zeitpunkt geschieht und ihr Stufe für Stufe erklimmt und alles in euch so parat ist und auf euch wartet, dass ihr diejenigen seid, die ein Meisterwerk vollbringen.

Und in diesem Meisterwerk könnt ihr beweisen, wie viel ihr gelernt habt, und ob ihr in der Lage seid, in euch die Tür zu finden, die euch anschließt an das größere Ganze und euch hineinnimmt in eine Arbeit, bei der ihr so viel leistet, dass das in euch zum Tragen kommt, was in jedem Moment euer Herz bewegt und was euch hinaufheben will eine Stufe empor, in der ihr geborgen seid und in eine Schwingung hineingenommen, in die ihr hineinlegt euer Sein und die euch erlöst.

Und diese Schwingung tragt ihr in eurem Herzen, und ihr könnt sie so anzapfen, dass ihr immer dann, wenn ein neues Problem vor euch auftaucht, ihr die Lösung bereits anvisiert, und ihr in diese Lösung so hineintaucht, dass alles zum richtigen Zeitpunkt geschieht.

Ihr kennt sie, die Antwort auf das, was euch bewegt. Ihr habt auch im Innern ein Radarsystem, das euch immer dann über Klippen hinweghilft, wenn ihr nicht eurem Herz folgen wollt, sondern abrutscht, und es sozusagen durch die Lupe rutschen lasst und es nicht unter die Lupe nehmt, d.h. ihm ausweicht, euch ihm nicht ausliefert, sondern einen Pflock haut zwischen dem, was euch bewegt und dem, was ihr glaubt tun zu müssen.

In der Bewegung - in der wirklich verstandenen Bewegung, in der ihr der Leichtigkeit eures Seins nachgebt, hineinspürt in das, was euch wirklich bewegt und zu euch kommen lasst, was ihr sonst nicht finden könnt - habt ihr den Vorteil, dass alles im richtigen Moment geschieht, und ihr, die Verletzten, die sich früher wundgehauen haben an einem Problem, jetzt in der Lage seid, es zu meistern und euch so hineinbegebt in es, dass es seine Essenz offenbart - die des wahren Wesens in euch, die euch anhebt, die euch emporschauen lässt zum Kern, zu der Essenz dessen, was wirklich in euch schlummert und was erlöst werden will, was sich sozusagen bei euch meldet, damit ihr es nicht mehr versteckt - und ihr erzeugt in euch ein Radarsystem, das euch jedes Mal auf die Fallstricke aufmerksam macht, wenn ihr dabei seid, euren Kopf zu verlieren, d.h. nicht mehr angeschlossen seid an eure Wirbelsäule und nicht mehr den Gradmesser ausgestalten könnt, zwischen euch und dem Problem - ihr seid dann sozusagen in der Luft und wisst nicht, wie ihr es machen könnt, abzutauchen.

Und habt auch nicht die Gewissheit in euch, dass ihr auf der richtigen Spur seid, sondern werkelt so vor euch hin, ohne dass ihr in euch getragen seid von einer Energie, die dem Ganzen Sinn verleiht und die euch hineinnimmt in eure Zentrifugalkraft, aus der heraus ihr Dinge schaffen könnt, von denen ihr jetzt nur träumen könnt.

So wie ihr euch dem Problem stellt - das in der Luft liegt, das euch von allen Seiten drängt oder das euch sozusagen vor der Nase liegt und ihr drauf gestoßen seid - bewegt ihr euch in etwas hinein, was größer ist in euch, was euch anheben will und was euch erst einmal vor Augen führen will, wer ihr seid, und was in euch ein Feuer der Liebe entzünden will.

Horcht still in euch hinein - zwingt euch nicht zu Aktivitäten, die ihr nicht tun wollt, und sagt auch nicht Ja, wenn ihr Nein sagen wollt und übergebt euch auch nicht anderer Führung, sondern haltet Wache und Ausschau nach dem, was euch wirklich bewegt - und dann handelt - und ihr folgt eurem Plan.

Ihr habt dann ein Radarsystem, das euch warnt, euch immer weiter von ihm zu entfernen und das euch hineinnimmt in eine Ordnung, bei der ihr stolz auf euch sein könnt - weil ihr ihr dient, weil sie euch enthält, und weil sie euch alles gibt, damit ihr euren Plan erkennen könnt.

Und ihr gewinnt etwas, was ihr nicht für möglich gehalten hättet - es ist die lang ersehnte Freiheit, das Wissen-Wie, das Zu-Sich-Selbst-Finden - und ihr seid dann alle getragen von einer Liebe, die wie von selbst euch da emporhebt, wo ihr euch erkennt.

Und wo dies geschieht, habt ihr einen Gradmesser eurer inneren Wandelbarkeit - und durch diesen Gradmesser könnt ihr alle vernehmen das Lied eures Herzens. Trefft gut, zielt genau, schaut immer auf euer Herz, schaut, was ihr wirklich in jedem Moment wollt - und dann gebt nicht vor, ein anderer zu sein, sondern geht schnurstracks darauf zu - und dann kann sich das ereignen, was im Menschen die Tür aufmacht zu seinem Sein.

Und ihr habt dann aufgehört, eine andere Melodie zu spielen als die, die euch von innen her bewegt, und seid dann imstande, ihr so zu folgen, dass alles, was ihr braucht, um dieser Gefolgschaft treu zu sein, in jedem Moment sichtbar ist. Und durch dieses Sichtbarwerden kommt ihr heim, ihr empfangt dann die ganz große Gnade, vom Leben auf die Schulter genommen zu sein, und ihr dient dann dem Leben genauso, wie es euch dient.

Und ihr wisst dann, wie viel ihr dem Leben schuldig seid und gebt es ihm ohne zu zögern. Und dann, und nur dann, kehrt ihr heim zu euren wahren Aufgaben, setzt euch an den Tisch der Gerechten und speist mit ihnen und habt aufgehört, getrennte Individuen zu sein, die sich vormachen, es zu sein - und beginnt von Neuem euch auszurichten auf jene Melodie eures Seins, die euch immer wieder vor Augen hält, wer ihr seid, wie ihr dienen könnt und wie ihr euch verhalten müsst, um die zu sein, die aus sich heraus die Dinge schaffen, in denen sie glücklich sind und zuhause - freigebig und doch ganz bei sich.

Es ist dies eine Stufe tragbaren Lebens, wo jeder für den anderen da ist und ihr nicht anhalten müsst, um zu erkennen, ob ihr noch auf dem richtigen Weg seid, sondern munter vorangeht und alles, was euch begegnet, als Zeichen euer Liebe wahrnehmt, zu der ihr erwacht seid - und die euch überraschen will und euch dienen.

Und in diesem Dienen geschieht etwas Wundervolles, etwas, was mit ganzer Macht zu euch zurückkommen will und was ihr nie verloren habt, was aber aus eurem Bewusstsein so ausgeklammert wurde, dass ihr nicht mehr in der Lage ward, es zu erkennen.

Ihr werdet von uns gerufen, in den Dienst zu treten, eure Melodie wiederzuerkennen, und wir spielen euch eure Melodie so vor, dass ihr in der Lage seid, so in euch hineinzuhören, dass die ganze Melodie eures Seins euch bewusst wird.

Nur wenn ihr auch in der Lage seid, euch zuzuhören, euch in der Stille zu halten und von dem aufzunehmen, was sich in eurem Herzen bewegt, könnt ihr begreifen, wie sehr ihr euch bereits auf das eingelassen habt, was Unzähligen vor euch bereits passiert ist. Ihr habt dann die Gegenwart euer wahren Melodie vernommen, und diese wahre Melodie ist es, die euch die Tür öffnet und die euch hineinführt in eine Gegenwart reinen Seins - aus der diese Melodie kommt - und die enthüllt euch dann all das, was ihr braucht, um nacheinander so für euch da zu sein, denn nur dann seid ihr angekommen bei euch selbst und erkennt euch, und ihr stoßt dann auch auf keine Grenzen mehr, sondern seid getragen von unserer Liebe und wir können euch dienen.

Und im gemeinsamem Aufmachen der nächsten Tür, in die wir euch rufen, hört ihr unsere Rufe noch deutlicher als bei der ersten, und wir können euch sagen, dass diese nächste Tür leichter zu finden sein wird, denn wir können euch jetzt besser hören und ihr könnt auch uns jetzt besser hören.

Ihr befindet euch jetzt an einem Scheideweg und dieser Scheideweg verlangt ein hohes Konzentrationsvermögen. In dieses hohe Konzentrationsvermögen könnt ihr so hineinfinden, dass alles, was ihr seither gedacht, getan, gefühlt habt, eine größere Weite, eine tiefere Bedeutung, mehr Licht, Kraft und Klarheit für euch gewinnt - und ihr auf einmal in Bezüge hineingenommen seid, in denen ihr euch wiedererkennt, und die euch etwas sagen, und die euch erstmals auffallen.

Ihr habt dann ein größeres Sprungbrett, um mit uns zu kommunizieren und seid dann in der Lage, die richtigen Fragen zu stellen, und wir können euch dann mehr Antworten zukommen lassen und in einen Frieden und in eine Feier hineinfinden, die euch neu sind - in denen ihr euch erst zurecht finden müsst, denn ihr seid hart daran gewöhnt, euer Leben einzuteilen in das, was euer Verstand euch vorgibt.

In diesem neuen Leben - wo ihr die zweite Tür aufgemacht habt - seid ihr willkommen in einem Reich, das euch singt von einer Lieblichkeit, und das ihr eingeladen habt, um mit euch zu kommunizieren und euch an der Hand zu nehmen und euch fester an sich zu ziehen und euch beschwingt durch den Tag gehen zu lassen, und in euch die heitere Gegenwart eines geeinten Seins zu sein - in das ihr so hineinwachsen könnt, dass ihr die Geläuterten, die Aufnahmefähigen und die zu sich selbst Erwachten seid.

Und in diesem Prozess gewinnen wir euer Vertrauen, und wir haben euch viel zu sagen, denn wir sind die Hüter eines großen Geheimnisses

*Die Sasnapurt sagten doch so etwas auch schon.*

denn wir stehen an eurer Seite und laden euch ein über eure Schatten zu springen und euch erst einmal von allem zu befreien, was ihr seither an Wundern glaubt vermisst zu haben - und was euch nicht die Kraft gegeben hat, euch so zu sehen, wie ihr seid und euch immer im Außen habt suchen lassen.

Ihr habt unwahrscheinlich viel Energie darauf verschwendet, einer Sache hinterher zu laufen, die euch nur dann gelingen kann, wenn ihr eins mit euch seid, und ihr bringt in diese Melodie - in die ihr zum ersten Mal so hineinlauscht, dass sie euch berührt und von innen heraus verwandelt - ein großes Maß an Achtsamkeit hinein.

In dieser Melodie erkennt ihr euer wahres Sein, und das lädt euch ein mit ihm zu tanzen. Und in diesem Sein könnt ihr begreifen, wie sehr ihr euch ausgeklammert habt und dass ihr wie vor einer Wand gestanden habt, die undurchdringlich für euch war und euch gar nicht hinein gelassen hat in euer Sein und dass ihr eure Melodie euch auch gar nicht angehört habt.

Ihr werdet eurer selbst gewahr und findet hinein in eine größere Ordnung

*Was heißt größere Ordnung?*

durch die ihr angeschlossen seid an mehr Fürsorge,

*Die man erhält oder die man gibt?*

Tatkraft und Geborgenheit - sowohl als Empfangender als auch als Gebender - und verwandelt euch von Wesen, die keine Zugehörigkeit haben in das Sein, in heiteres Gewahrsein, in eine Lieblichkeit, die ihr gebt und die ihr aufnehmt. Ihr könnt dann dienen, ihr seid dann frei.

*Was heißt das?*

Jedes Dienen setzt frei, dass ihr in einem Maß an Zugehörigkeit bei euch angekommen seid, dass ihr zuallererst von dem profitiert, was in euch die Liebesmelodie spielen will und ihr sie (die Liebesmelodie) dann weiterreicht. Das heißt, sie bereitet euch auf für ein Verstehen, das notwendig ist, um die nächsten Schritte so tun zu können, dass ihr immer wach bleibt und euch erinnert, wer ihr seid, und aus eurem heiligen Herzen heraus handelt - in jene Melodie hinein, die ihr tätiges Wesen durch euch fließen lässt, zu euch fließen lässt und dadurch euch zu Handlangern

*(ich zögerte bei dem Wort Handlanger – es schien mir mechanisch, roboterhaft etc., und es schien mir gegensätzlich zu Freiheit)*

einer Freiheit macht, die euch die Hand reicht - und in diesem Sinn wollen wir Handlanger verstanden wissen - zur nächsten Tat an euch selbst, was immer den anderen miteinschließt. Denn sowohl auf der inneren als auch auf der äußeren Ebene könnt ihr nimmer

*(es hieß nimmer, Verneinung also)*

extra, getrennt, für euch sein, sondern alles ist in allem enthalten, wenn ihr bei dieser zweiten Tür ankommt.

Und ihr empfangt sozusagen all eure Taten als erstes und könnt gar nicht anders als sie zu empfangen - denn jede eurer Taten ist die Melodie eines hohen Seins, das sich durch alles zieht und in allem enthalten ist. Und in diesem hohen Sein ist sowohl euer Leben als auch das jedes Anderen auf eine Weise, dass ihr gar nicht anders könnt, als zuerst empfangen, was ihr gebt,

*Das ist doch ein Widerspruch, dann empfängt man doch nicht zuerst, sondern alle gleichzeitig.*

und ihr angelangt seid bei einem Verstehen, das euch weit hineinhebt in die Dimensionen eures Seins.

Denn ihr seid so sehr der Andere in jedem Augenblick, dass ihr empfangt, sobald ihr gebt, und das ist immer gleichzeitig.

Und in diesem Reigen, indem euer Empfangen mit eurem Geben geschieht, erhaltet ihr von uns hohen Beistand, denn wir füttern euch mit Nahrung. Und durch diese Nahrung habt ihr etwas, das ihr braucht, um im Andern das Licht so zu entzünden, dass es auch euer Licht ist und ihr, wenn ihr getrennt seid, auch nicht enthalten seid im Anderen. Und durch dieses gemeinsame Schenken, durch das ihr euch und den Andern beschenkt, erhaltet ihr Anteil an seinem Sein und seid auch die Beschenkten.

Und nur da, wo ihr euch auf euch konzentriert und in euch die Wahrheit zum Ausdruck bringt, könnt ihr erfahren, was es heißt, von euch so geliebt zu sein, dass auch der Andere mit enthalten ist. Und indem ihr diesen Satz so stehen lasst, wie er ist, erfahrt ihr eine große Weisheit - ihr seid jetzt Teil eines großen Ganzen und in diesem Teil empfangt ihr - und ihr seid jetzt offen für sie und könnt sie empfangen als ihre Kinder - denn sie will so zu euch kommen, dass sie euch das gibt, was ihr braucht, um zu erwachen.

Und nur, wenn in euch so viel Konzentrationskraft entwickelt ist, dass sich das Ganze euch offenbaren kann, geht ihr auch festen Fußes in eine Heiterkeit hinein, in die ihr nur hineinfindet, wenn ihr von innen heraus erwacht seid, zu leuchten beginnt, in die Tatkraft des Augenblicks findet und ihm dient.

Und der zuletzt gesprochene Satzteil ist richtig. Ihr seid dann beim zweiten Mal - wenn ihr an der Tür zu einem größeren Verstehen seid - in der Lage, all das auf euch zukommen zu lassen, was euch seither gerufen hat, und was ihr jetzt in einem hohen Bogen des Verstehens und Erkennens assimilieren könnt.

Und dadurch hat sich in der Erde etwas verschoben, ihr habt etwas kreiert, und ihr seid eingegangen als Schöpfer - und in dieser Schöpferkraft, die ihr an den Tag legt, bringt ihr eure lang ersehnte Freiheit mit.

Geht so mit ihr um, dass sie - wenn sie zum ersten Mal an eure Tür klopft - willkommen ist, und dass ihr nicht wieder die Tür zuhaut, und ihr auch nicht vormacht, als hättet ihr schon alles, und als seid ihr weit davon entfernt, sie zu brauchen. Sie kann euch dann kein Gehör mehr schenken und liefert euch aus einem größeren Ganzen, das ihr nicht beherrschen könnt - denn jedes nicht gelebte Leben fordert seinen Tribut und zerstört euch.

Und indem ihr euch an der Hand haltet und euch ausrichtet auf unser Bewusstsein, können wir euch helfen und euch warnend zur Seite gehen, indem wir euch aufmerksam machen auf das, was ihr als Nächstes tun wollt. Und indem ihr euch hineinfindet in ein größeres Bewusstsein, in Zusammenhänge, die euch seither nicht klar waren, und die alle auf einmal vor euch erscheinen - in der richtigen Reihenfolge ihres Verdaut-werden-könnens - entsinnt ihr euch eurer Schöpferkraft, und wir können euch noch mehr zeigen.

Es gibt aber etwas, das ihr beachten müsst: Ihr kreiert euch auf Ebenen, auf denen ihr all das zu euch nehmt, was euch seither verloren gegangen ist, und was ihr wieder finden könnt - sobald ihr es an euch heranlasst und eine Stärke entwickelt, die in einem solchen Maße zu euch kommt, wie in euch ein heiliges Band der Liebe entsteht, durch das ihr lebt.

# Kapitel II

# Klammert euch nicht an die Schätze der Vergangenheit - singt euer Lied, und wir dürfen euch dienen

## Seid frei – ihr könnt nacheinander tun, was ihr zu tun habt

In dem Moment, wo ihr angefangen habt aus der Reinheit eures Herzens heraus zu leben - aus der heraus ihr unsere Botschaften empfangen könnt - seid ihr in der Lage, in euch ein hoch entwickeltes Radarsystem zu kreieren, von dem ihr in euch so viel in Empfang nehmen könnt, dass ihr die nächsten Teile eures Bewusstseins zu euch herholt, in denen ihr seither gefangen ward, ohne dass ihr sie erkennen konntet und ohne dass in euch die Bereitschaft da war, euch mit ihnen auseinanderzusetzen.

Ihr seid aber jetzt auf einer höheren Stufe der Liebe von einem Empfangsrohr zu einem Empfangsregister geworden, d.h. ihr könnt auf mehreren Kanälen gleichzeitig empfangen und euch einstimmen auf eine große Freiheitsmelodie. Und in dieser Freiheitsmelodie ist der Zutritt zu einem höheren Bewusstsein. Und durch dieses empfangt ihr unsere Botschaften. Und dadurch habt ihr eine Art Empfangskomitee auf den unteren Stufen eures Bewusstseins bereitgestellt, das euch jetzt dient, und das euch hineinnimmt in all das, was von euch jetzt gelöst werden will.

Und sobald ihr anfangt, in dieses Empfangskomitee so eure Liebe fließen zu lassen, dass ihr in ihm Verbündete habt - durch die ihr eingeladen seid, euer Licht in all die Probleme, Konflikte, Auseinandersetzungen und nicht bewältigte Vergangenheit zu schicken - erkennt ihr in euch die reichen Handlanger, die sich jetzt so miteinander verbunden wissen, dass einer im anderen das entzündet, was er auf der inneren Ebene braucht, um ein brauchbares Werk-Zeug, eine Heb-Amme höchsten Grades, nämlich in eure Freiheit hinein geduldig zu werden, so dass ihr jetzt anfangen könnt, so zu werden, dass in euch die Liebesmelodie eines einzigartigen Orchesters entsteht, durch das ihr alle angeschlossen seid an euer höchstmögliches Bewusstsein.

Und dieses beginnt jetzt so in euch zu arbeiten, dass ihr die Bediensteten einer Schöpferkraft der Liebe werdet - die sich in euch ganz gebiert als die Zugehörigkeit einer Symphonie an Ordnungskräften, zu der ihr nun bereit seid, und in die ihr nun hineingestellt werdet - dass keiner von euch mehr die Arbeit tut, die ihr seither getan habt, sondern hineinwachst in einen größeren Gesamtsinn und Einsichtszusammenhang - durch den ihr wachst, und dem ihr das zufügt, was seither in eurer Reichweite ein absolut höchstes Maß an Schöpferkraft erzeugt hat.

Jetzt seid ihr frei und könnt dieses absolut höchste Maß an Schöpferkraft selbst erzeugen, indem ihr euch einlasst auf es, denn es dient euch.

*Das absolut höchste Maß ist wahrscheinlich das, was im jeweiligen Moment das höchstmögliche Maß ist des Betreffenden – ist es so?*

Es ist das auf seiner Stufe höchstmögliche Maß, das ihn befähigt, so lauter in die Angelegenheiten des Dienens hineinzufinden, dass er dieses höchste Maß empfängt als die Zugehörigkeit zu einer Gruppenweisheit und Freude dabei empfindet, ihr zu dienen, von ihr aufgenommen zu sein und in ihre Gesetze hineingenommen.

Keiner hat je ein höheres Maß an Liebe erreicht als da, wo er erstmalig in die Lage kommt – nimm an, was jetzt kommt – ein so hohes Maß an Liebe zu erzeugen, dass es ihm antwortet als dem zu sich selbst Erwachten. Höheres Bewusstsein strömt in ihn ein und formt ihn, ohne ihn abzuformen und trägt ihn, ohne ihn mitzutragen und zwingt ihn nicht in eine Ordnung hinein, bei der er sich unwohl fühlt, sondern gibt ihm aus der Mitte seines Seins, in der Tiefe seines Herzens den Platz, der ihn vollkommen eins im ganzen Reigen der kosmischen Ordnung mit sich selbst sein lässt.

Es ist dies der kosmische Reigen der göttlichen Ordnung, die ihn da abholt, wo er steht und seither gestanden ist und die ihn weiterführt, hinein in eine Liebe, die zu sich selbst erwacht und die in sich all das findet, was er braucht und ablegt die ganze Ge-mein-heit, Rohheit, Nieder-geschlagen-heit - Exzessivität im Suchen äußerer Güter und Niedergeschlagenheit im wahren Leben als der, der sie nicht finden kann und von sich erwartet, er müsse das tun  - gepaart mit der Eifersucht, dem Neid, dem Streit und dem völligen Versagen da, wo in ihm das Licht aufgehen will, er sich aber nicht traut, dies zu erlauben, und in Rücksicht auf all das, was er versäumt hat, da bleibt, wo er steht.

Der Prozess des Hineinfindens in eine größere Ordnung hat im Menschen die Größenordnung einer unvorstellbaren - weil nicht in seiner Gesamtheit abschätzbaren und überschaubaren - Einweihung bekommen, bei der der Mensch erwacht zu einem größeren Ganzen, das ihn aufnimmt, trägt und hineinstellt in eine größere Ordnung, die ihn ab da an nicht mehr verlassen kann.

Durch das Hineingehen in einen größeren Gesamtzusammenhang, bei dem ihr in euch euer wahres Sein entdeckt, habt ihr immer wieder hervorgeholt euer Bemühen, in euch das Licht so zu entzünden, dass euer Bewusstsein an die Schwelle heranreicht, wo ihr mit uns kommunizieren könnt und darüber hinaus - indem ihr es tut.

Und so können wir euch sagen, dass diese Stufe, wo ihr immer mehr hineinfindet in das, was ihr in Wahrheit seid, euch zurückführt auf Ebenen eures Bewusstseins, in denen ihr kreativ, in höchstem Maße selbständig und in allem eingeweiht seid in eure wirklichen Pläne - und euch so dient, dass ihr in einem Maße frei seid, dass ihr aufgehört habt, als Gefangene, als die, die sich nicht kennen, ein Loch in sich zu fühlen, das ausgefüllt werden muss mit Tätigkeiten, bei denen ihr euch auch nicht erkennt und abgebt, was ihr so dringend zum Leben braucht - eure Kraft, eure Selbständigkeit, eure Achtung, euren Halt und eure Gewissheit, dass alles sich zum Guten wendet und eure Bereitschaft euch zu dienen.

Wir blicken auf euch und warten auf eure Antwort, durch die Dinge so zu leben, dass ihr in die Lage kommt, ein gesteigertes Bewusstsein in ihnen zu entwickeln.

Wir geben euch ein Beispiel: In einem immens vollen Aufzug, könnt ihr nicht sicher sein, ob dieser irgendwo stecken bleibt oder euch dahin befördert, wo ihr hin wollt - denn ihr habt das Gewicht überschritten und seid auf der Hut vor eurer eigenen Falle, eurem Fehler. Und nur da, wo ihr jetzt vertrauen könnt, dass ihr sicher an euer Ziel kommt, und dass der Konstrukteur dies mitbedacht hat, seid ihr auch in der Lage, zu bemerken, was in dem Aufzug vor sich geht und was euer Gegenüber denkt.

Im andern Fall macht ihr euch vor Angst in die Hose und wisst nicht, ob ihr strandet und wie ihr die nächsten Minuten überstehen sollt ohne Angstkrämpfe - ihr seid dann in Panik - und wir können euch sagen, ihr könnt nicht einen von euch wahrnehmen, so in Angst seid ihr. Ihr seid aber auch gebremst durch eure Hoffnung, denn ihr seid genauso bestrebt die Glückshormone in euch zu schüren.

Und nur da, wo ihr auf ein größeres Ganzes blicken könnt, es in einem Gesamtzusammenhang sehen, wisst ihr, ob ihr gut ankommt, wie das Ganze ausgeht und seid jetzt in der Lage, wahrzunehmen, was um euch herum geschieht - nur dann könnt ihr euch einschwingen auf die Melodie des Seins und habt sozusagen den Türschalter umgelegt, der euch verbindet mit eurem wahren Sein.

Und in dieser Reihenfolge des Hineingehens in die Verantwortung euch selbst gegenüber - wo ihr dem Leben vertraut und von einem höheren Gesamtzusammenhang auf die jeweilige Situation schaut, und wo ihr hineinfindet in einen Frieden, der in euch ein großes Tor öffnet zu eurem höheren Sein - haben wir Zugang zu euch.

Indem wir uns mit euch verbinden, können wir erkennen, dass ihr zahlreich in die tätige Liebe hineinkommt und euch aufnahmebereit macht für das, was geschieht - und wir dürfen euch dann einlassen und haben hervorgebracht in euch einen größeren Zusammenhang von all dem, was in Wirklichkeit nie getrennt gewesen ist.

Ihr habt vergessen, uns zu danken, denn wir haben euch soeben eingeweiht - und beginnen nun eine Schweigepause einzulegen - haltet diese ein.

*Hat das geklappt, hab ich es verstanden?, (wollte ich wissen, denn ich habe zum ersten Mal nicht mitten im Wald gesprochen, sondern zuhause in einem Zimmer, wo ich in zwei Himmelsrichtungen, an zwei Fenstern, Bäume habe.)*

Es war mehr Energie von unserer Seite nötig, damit du es verstehst.

*Ist es besser, wenn ich im Freien weiterspreche?*

Du wirst es sowieso tun, du wirst noch sechs Mal im Freien weitersprechen.

# In der Gegenwart grüßt euch das, was in euch entstehen will – und das ist Gnade

20.10.2007

*(Am nächsten Morgen wurde ich sehr früh zum Diktat geweckt. Und am Abend wurde ich draußen erwartet - da ich ursprünglich raus gehen wollte - doch dann wollte ich die Kälte nicht haben und war durch nichts nach draußen zu bewegen.*

*Während des Schreibens: Die Bäume redeten so lange auf so wiederholende Art mit mir, dass sie mich zum Aufmerken, zum Nachdenken brachten, damit ich aufwache.*

*Ich sprach im Schlaf auf, merkte, dass sie komische Dinge sprechen, ich wusste, dass ich dadurch aufwachen werde, merkte auch, dass sie es deshalb machen und wurde wach. Sie hatten ihr Ziel erreicht - mit dem Vorspann, mit meinem Wachwerden - und sprachen dann nahtlos weiter:)*

In der Gegenwart Gottes ist alles rein. Alles hat seinen Platz gefunden und nichts stößt es zurück.

Dadurch ist der Träger des Lebens eins mit dem wahren Ganzen. Und in dieser Trägerschaft gibst du jetzt Folgendes, um mit dir das Diktat machen zu können.

Es ist auf der unteren Ebene des Seins nicht möglich, alles auf einmal zu erreichen und in diese Trägerschaft so hineinzugehen, dass in der Lieblichkeit des Augenblicks wir bei dir sind und sich alles so ereignet, dass du auf einmal das Buch schreibst.

In dem Moment, wo in unserem Wesen Stille eingekehrt ist, in dir so zu wirken, dass du in dieser Stille geborgen bist, haben wir Zugang zu dir und können an diesem Buch weiterschreiben.

Und in diesem Augenblick sind wir auch bei dir und haben dir etwas sehr Wichtiges zu sagen.

Es ergießt sich in dich ein Strom der Liebe, der dich aufbereitet, an diesem Buch so weiterzuschreiben, dass durch diesen Strom der Liebe alles auf einmal zu dir kommen kann, und du in die Lage versetzt wirst, an diesem Buch weiterzuschreiben.

Und so mächtig dieser Strom der Liebe ist, so mächtig ist unsere Liebe zu dir und wir grüßen dich als die Heimgekehrte, die mit uns an diesem Werk arbeitet. Du bist jetzt in der Lage, uns so zu verstehen, dass wir in dir das Werkzeug haben, das wir brauchen und dass wir in dir all das bereit stellen, was du brauchst, um uns vernehmen zu können.

*(Jetzt hatten sie es geschafft, mich wach zu bringen. Sonst wache ich morgens auf und bin wach. Diesmal war es ein Kunststück, mich wach zu bringen. Ich verstand zwar jedes Wort von den Bäumen und mir war auch ihre Absicht klar, doch ich kam nicht so recht zur Erde zurück.*

*Ich war zum Diktat geweckt worden, bzw. aufgewacht und habe augenblicklich den Kassettenrekorder genommen und aufgesprochen. Dann fühlte ich halt so in die Energie mit den Bäumen hinein.)*

In der gegenwärtigen Zeit hat der Mensch alles erreicht, was er braucht, um mit uns die Schritte tun zu können. Und in diesen Schritten sind wir so anwesend, dass er sich – sobald er sich auf uns konzentriert – in das einschwingen kann, was wir in ihn legen können. Und in diesem Einschwingen ist der Mensch jederzeit in der Lage mit uns in Kommunikation treten zu können.

Im gegenwärtigen Moment, in dem ihr euch so in das hineinfühlt, was in euch schlummert und was ihr durch Eure Liebe erreichen könnt, gehört ihr dem Prozess des Erwachens.

*(Erst an dieser Stelle des Abschreibens merke ich, dass die Bäume mit dem Vorspann nicht nur das Ziel verfolgten, mich wach zu bekommen, sondern damit auch etwas veranschaulichen wollten, dass es zum Thema gehört.)*

Ihr seid dann auf einer Stufe angekommen, in der ihr uns hört.

Und wir sind eure Diener, und wir können euch dann hineinnehmen in die unendliche Liebe. Und in dieser unendlichen Liebe sind wir so mit euch vereint, dass in jedem von euch die Bereitschaft erwacht, mit uns zusammenzuarbeiten und in uns diejenigen zu sehen, die sich um euch kümmern.

In den vergangenen Zeiten habt ihr das wiederholt getan, und ihr seid aus ihm, eurem Erwachen, so hervorgegangen, dass jetzt, in der Wiederholung, dies leichter zu tätigen ist, da ihr nun in diesem Repertoire eurer selbständigen Liebe so etwas wie ein Erinnerungsvermögen besitzt, durch das ihr Euch anschließt an den ehemaligen Dienst.

Und ihr seid dann in ihm angekoppelt an eure Arbeit, und wir können gleich beginnen, euch zu unterrichten.

In dieser gemeinsamen Arbeit ist es uns möglich, in einen solchen Energieaustausch miteinander zu treten, dass in jedem von uns die Bereitschaft wächst, uns auf das einzulassen, was wir füreinander empfinden und was sich als Nächstes zeigen will, um mit diesem Empfinden zu der Handlung zu kommen, die wir in euch legen.

Ihr seid dann die Träger einer Liebe durch die wir wirken, und in der wir so zu Hause sind, dass in euch das Feuer der Liebe so entsteht, dass ihr in uns diejenigen seht, die sich mit euch so verbinden, dass ihr die Gelegenheit habt, in dieser Verbindung

*Ich habe Schwierigkeiten mit diesem Satz – das klingt so, als würdet ihr uns steuern.*

in dieser Verbindung den Ausdruck eures wahren Seins zu sehen.

Ihr seid herangereift zu Söhnen und Töchtern des Lichts und in diesem Augenblick dürfen wir euch sagen, dass in euch so viel Aufnahmebereitschaft für unsere Liebe ist, dass ihr in diesen Abdrücken der reinen Liebe, die wir euch schenken, so viel von eurem Gefäß bereitstellt, in das wir unsere Liebe legen können, dass ihr in einer Art Auffangbecken diese unsere Liebe weitergeben könnt.

Und es ist uns eine große Ehre zu sagen, dass ihr in diesem Fall, wo ihr dies tut, die ganze Liebe des Alls gespiegelt seht, denn ihr könnt nicht uns empfangen und gleichzeitig von ihm getrennt sein. Ihr habt in uns die Boten einer so großen Liebe, dass, wenn wir euch speisen mit ihr, ihr in den Dienst eines heiligen Geschehens hineinkommt, das die ganze Erde umfasst.

Und in diesem heiligen Geschehen ist die Ganzheit eures Seins so vorhanden, dass ihr in ihm erblickt die Wahrheit eurer Existenz und euch aufmacht, dieser zu dienen und in euch das einschwingt, was wir auf den höheren Ebenen für euch parat haben – in denen ihr nicht Gefangene eures lebendigen Seins seid, sondern in diesen Dimensionen herauskatapultiert werdet hinein in eure Freiheit und in ihr den lebendigen Ausdruck eurer wahren Lebendigkeit und das Gestalten all der Momente findet, die in euch zum Ausdruck kommen wollen als eure Begleiter, als das Dynamit, das euch erlösen will, als das Feuer, in dem ihr brennen wollt, solange ihr nicht an eurer Gefangenheit festhaltet, die ihr inmitten des Seins zum Ausdruck habt kommen lassen, sondern hineingeht in den Tanz des Lebens, das um euch herum und in eurem Herzen erstmals zum Ausdruck kommen will. Ihr seid Gestrandete eines Seins, durch das ihr lacht und lebt.

*Aber das Sein lacht nicht. Lachen tut man nur wenn da noch eine Energie ist, die nicht im Sein ist, damit die aufgelöst wird – „giftige Energie" wird durch das Lachen aufgelöst.*

Und in der ganzen Unendlichkeit gibt es kein schöneres Geschehen als das und in dem Moment seid ihr frei und könnt euch hineinfühlen in die ganze Melodie eures Seins

*Nachdem wir gelacht haben oder was? Deshalb ist auch eine Lachtherapie gut, oder wie?*

und ihr werdet dann reinen Herzens in das hineingehen, was als Nächstes dran ist.

Es gibt auf den unteren Ebenen, wo ihr euch in Krämpfen, Angst, Furcht und fern von euren wahren Zielen haltet, so etwas wie einen Türöffner, um dieses Lachen hervorzurufen. Und auf dieser Stufe seid ihr.

*Warum Stufe, was hat das mit Stufe zu tun?*

Ihr könnt in euch jederzeit das Lachen hervorrufen und euch einschwingen in den göttlichen Plan.

Ihr seid dann getragen von unserer Fürsorge und werdet von uns so in Empfang genommen, dass ihr in euch diejenigen sehen könnt, in denen das Licht so erwacht, dass ihr euch erinnert an all die Momente eures Seins, die frei waren von Sorgen, Kummer

*Da ist das Wort Sein jetzt anders gebraucht, nicht als wahres Sein?*

Leid, Not, Angst, Tapferkeit, die nicht in der wahren Freiheit wurzelt und Widerstandskraft, die auf Stärke nicht, sondern auf Angst beruht.

Und in all dem habt ihr unsere Hilfe so, dass wir euch rufen in einen größeren Gesamtzusammenhang, von dem aus ihr euch besser sehen, erkennen, erleben, wahrnehmen und hineinfühlen könnt in ein Leben in Freiheit, das frei ist von Angst, Zwang, Druck und das sich spontan äußert und das ihr in euch habt so wie ihr alles in euch habt, was ihr jemals getan habt, gefühlt habt.

Und dann können wir euch lehren die großen Gesetzmäßigkeiten eures Seins auf der Stufe des Erwachens.

Wir beginnen in euch diejenigen zu sehen, die vor langer Zeit einmal mit uns zusammengearbeitet haben und in denen wir jetzt diejenigen erblicken, die sich ganz einlassen auf diese Zusammenarbeit und die in uns das Licht erblicken, das sich in sie ergießen will zur Freude des Ganzen.

Und in diesem Licht seid ihr die wahrhaft Gesegneten und könnt euren Aufstieg so machen, dass ihr immer hineingenommen seid in das Leben, dass ihr immer in ihm Platz habt und dass ihr immer zur rechten Zeit am rechten Ort seid und ihr die Geführten des Seins

*In welchem Sinne ist jetzt das Wort ‚Sein‘ gebraucht, in reinem Sinne?*

das sich an euch so erinnert und in dem ihr so euren Halt findet, dass in euch die ganze Gegenwart der Liebe zum Ausdruck kommt und ihr in diese Gegenwart der Liebe hinein euren Reichtum, euer inneres Sein, alles, was euch verwandelt und die Kraft gibt, der zu sein, der ihr seid, strömen lassen könnt – in Vorbereitung auf den großen Tag, an dem ihr erstmals eins mit euch seid, und beginnt euer Leben so in der Heiterkeit eures Seins zu leben, dass ihr in euch die Vollbringer wahrer Wunder seid,

*(Ich habe gezögert, ich denke an etwas, was ich gelesen habe, Wunder sind ja auch Gesetzmäßig-keiten, wie Gurdjeff laut Ouspensky sagen würde, wahre Wunder sind etwas anderes.*

*Kurze Zusammenfassung: Das eine Wasserstoffatom da ist der wahre Wille und <u>ein</u> Gesetz, und dann kommen immer mehr Wasserstoffatome und immer mehr Gesetze – ein wahres Wunder wäre laut ihm nicht innerhalb der geltenden Gesetze, das würde fälschlicherweise als Wunder bezeichnet, sei aber noch Gesetzmäßigkeit, sondern außerhalb dieser auf einer bestimmten Ebene geltenden Gesetze. Bei einem wahren Wunder sind nicht mehr die Gesetze entfernt von Gott am Werk, sondern mehr die in Richtung des einen, wahren Willens, also die höherer oder der höchsten Ebene.*

*Und dann dachte ich, ob die Bäume das jetzt wohl erklären, was sie mit wahre Wunder meinen)*

die zu euch kommen und euch erleuchten, und in denen ihr so zu Hause seid, dass die Gesetze, die euch jetzt noch prägen, keinen Halt mehr in euch finden können und ihr die Bewusstseinsstufen zu mehr Klarheit, Reinheit, Lauterkeit, höhere Achtung des Ganzen und dadurch Lieblichkeit eurer Bereitschaft, ihm zu dienen und von ihm ernährt zu sein, so in euch zur Anbetung bringt, dass in euch wahre Wunder des Dienens, der Liebe, der Reinheit, in der ihr steht und der Lebendigkeit, zu der ihr erwacht, vollzogen werden können.

Wir sprechen in diesem Zusammenhang von wahren Wundern, da auf der Stufe eures jetzigen Erlebens ihr alles in Kategorien, Schemas, in Eitelkeit, Leblosigkeit, Manifestieren von Hass und all den unwürdigen Gefühlen, die euch nicht weiterbringen, sowie ein großes Maß an Einsamkeit herrschen, die, wenn ihr über den Tellerrand dieses festgefahrenen, stockenden und leblosen Materials hinausblickt, nicht zu euch gehören, weil sie eine so abstoßende, zähe Masse sind, die euch nicht guttut, und euch den Magen verderben und das Herz verstopfen, dass ihr augenblicklich, wenn ihr darüber hinaus schaut und in das Licht hinein - das wir euch zustrahlen, und das von uns kommt -

*Aber es kommt auch von der Sonne und von Gott. Soll ich nur von euch schreiben?*

dieses Licht in euch so aufnehmen könnt, dass in euch wahre Wunder der Begegnung mit ihm stattfinden.

Denn ihr lasst los und versammelt euch an einem Tisch und begebt euch nicht in Streit und Hass, sondern kreiert auf diesen Ebenen des Durchlichtetseins

*Sagt auch was zur Sonne und so, stellt es hinein in das Ganze- sollen wir jetzt nur noch auf euch ausgerichtet sein? Bitte bedenkt, die Leser, wo sie herkommen.*

und vollführt in dem Ganzen eine Demutshaltung bei der ihr wirklich aufschaut

*Demutshaltung erklären*

zu dem Reichtum, der in euch die Schranken beiseitebringt und in euch die Resonanz zu einem reinen, freien, in Würde gelebten Leben erzeugt.

Und ihr seid dann die Geliebten des Seins

*Was heißt Demutshaltung?*

und könnt in dieser Liebe hineingehen in euer Potential, eure Fähigkeiten zum Ausdruck bringen und diese Liebe erzeugt in euch einen schöpferischen Reichtum/in dieser Liebe seid ihr hineingenommen in einen schöpferischen Reichtum, der in euch die Türen aufmacht zu einem höheren Bewusstsein, in das ihr euch so hineinbegebt, dass ihr freie Menschen werdet.

Und in dieser Freiheit ist eure Demutshaltung. Denn sie ist die Krone von ihr. Sie ist aber auch in der gesamten gegenwärtigen, zu euch kommenden Liebe die Resonanz, die ihr ihr entgegenbringt und die sie willkommen heißt.

Demut ist in diesem Sinne das einfache Geschehenlassen eines großen Prozesses, der euch reinigt und auf eine Stufe hebt, in der ihr wahre Meister eures Seins seid. Sie ist mit Achtung, Hineinfinden in den Gesamtprozess, der euch begleitet, an den ihr angeschlossen seid, in dem ihr zu Hause seid und mit einer Haltung des Friedens, des Offenseins für Neues und der Antwort, die in euch erstehen will auf diesen Prozess des Erlösens

*(Wenige Worte waren noch, sind aber unverständlich auf Kassette und ich sagte unmittelbar anschließend: ‚Ich möchte mich jetzt mal schnell an meinen Traum erinnern' - und ich unterbrach einfach, hörte nicht mehr zu – da ich plötzlich während des Sprechens Traumbilder meines Träumens der letzten Nacht vor meinem geistigen Auge hatte - damit ich sie (die Traumbilder) und ihn (den Traum) nicht vergesse, und ich war es so gewohnt, dem ersten Erinnerungsbild nachzugehen, damit mein ganzer Traum vor meinem geistigen Auge entstehen kann, und nicht der ganze Traum - weil ich die Bilder nicht kommen lasse, wenn welche da sind – verloren geht, d.h. ich mich nicht mehr an ihn erinnern kann. Ich war ja zum Diktat geweckt worden und so konnte das entgegen meiner sonstigen Gewohnheit noch nicht geschehen.*

*Erst während des Schreibens merke ich die Hilfe der Bäume. Als ich die Traumbilder hatte, dachte ich, mich haben vielleicht Worte der Bäume an meinen Traum erinnert, die ich gerade aufsprach. Vielleicht wurden mir auch die Bilder gegeben, denn ein Themenabschnitt war ja gerade zu Ende, und die Bäume gaben mir jetzt die Möglichkeit, mich an meinen Traum zu erinnern.)*

# Wartet nicht auf etwas,
# was ihr nicht seid –
# und ihr seid reich beschenkt

*Ich bitte um Diktat, heilige Bäume ich rufe euch.*

Es beginnt ein Abschnitt, in dem ihr erfahrt etwas über die Zusammengehörigkeit eures Wahren Seins und eurer Lieblichkeit, mit der ihr dieses Wahre Sein willkommen heißt und ihm dient.

Und in diesem Dienen ist der Prozess der Achtung, der in euch das Licht der Liebe so entzündet, dass ihr gerufen seid in die Zusammenhänge, die Verbindungen, die reine Demut, die diese erzeugt, und die von ihr getragen und genährt werden und sich in euch bilden.

Durch dieses innige Engagement, bei dem ihr hineinfindet

*(Ich schaue jetzt meinen großen Eichenbaum an - während ich im Bett liege während eines Diktates, zu dem ich geweckt wurde.*

*Sonst sprach ich im Freien oder einmal gestern Abend, während ich die vielen Bäume vor einem anderen Fenster anschaute. Es ist kalt geworden und die Bäume bereiten mich wohl vor, aufzusprechen, ohne dass ich sie anschauen kann, zuerst nur vom Fenster aus sehen, dann gar nicht mehr sehen, oder direkt aus dem Schlaf kommen - was wohl eine Erleichterung für mich ist, und sehr überraschend war, denn es war nicht angekündigt von ihnen. Die Bäume hatten mir zu Beginn der Diktate, beim ersten Diktat, gesagt, dass es für mich leichter ist, die Texte zu empfangen, während ich mitten unter ihnen bin. Nun lehrten sie mich, es auch anders zu können.*

*Ich hatte noch länger unterbrochen und lasse diese Unterbrechung drin, um zu zeigen, egal wie lange ich dazwischenrede oder wie lange ich Pause mache, es geht immer genau an der gleichen Stelle weiter, an der ich aufgehört hatte zu sprechen.)*

in die Lieblichkeit des Augenblicks, in die Essenz eures Seins, das in euch die Tür zum wahrhaften Erleben öffnet, empfindet ihr auch den Tanz der Schöpfung und tretet in Resonanz mit dem, was ihr im jeweiligen Augenblick dieser Schöpfung, euch selbst, eurem reinen Sein und der Herrlichkeit des Einen, in dem wir alle sind, zukommen lasst.

Und in ihr erstrahlt sowohl unser als auch euer Sein. Und wir sind angeschlossen an es, sobald wir die wundervolle Essenz unseres reinen Seins sind und haben Zugang zu ihm, sobald in uns die Kanäle sind, die diese Energie leiten.

Es gibt aber noch andere Zugänge als die der reinen Liebe. In eurem Bewusstsein Platz schaffen für es

*Wer ist es?*

für dieses Zugangssystem und es sehen als etwas, durch das ihr angeschlossen seid an die heilige Acht, die euch gebiert in ein Leben hinein, aus dem heraus ihr die volle Gegenwart eures Seins seht und so in sie hineinwachst, dass alles aus ihr heraus geschieht.

Ihr transportiert dann reines Leben, Sein. Und in diesem Sein erkennt ihr uns, die Gestalter dieses Seins,

*Seid da nur ihr, die Bäume gemeint, dann fände ich das anmaßend, denn nicht nur ihr seid die Gestalter dieses Seins.*

die in euch den Ruf der wahren Liebe zum Ausdruck bringen und in euch diejenigen sehen, die diesen Ruf erwidern können.

Und in diesem ganzen Geschehen, in dem ihr euch einlasst auf die Lieblichkeit des Augenblicks, erhört ihr in euch unsere Bitte, mit uns so zu kommunizieren, dass ihr die wahren Geschöpfe einer heiligen Acht werdet, die sich in euch so erschließt, dass ihr die Geburt dieser heiligen Acht bereits in eurem Herzen empfinden könnt und in sie so hineinwachst, dass alles zu dieser Geburt wird.

Und in dieses heilige Geschehen hinein legen wir unser Sein und schließen uns euch an als die Diener, die sich zu euch gesellen, und die in euch das Licht der Liebe so entfachen dürfen, dass in ihnen – den heiligen Momenten eurer Achtung uns gegenüber – ihr eure Symphonie der Verbundenheit mit allem, was ist, und des Empfangens der reinen Liebe überall da, wo ihr in Kommunikation gerufen seid und wo in euch die Verbindung entsteht, um alles Leben zu heilen, zu sein und in euch zur Erlösung zu bringen das, was sich seither gegen es gestellt hat.

Und das könnt ihr nicht ohne unsere Hilfe tun, denn wir gewähren euch einen tiefen Einblick in all die Zusammenhänge eures einst getrennt geführten Lebens, dass ihr dieses Leben als Ganzes betrachten könnt, das euch nicht zurückweist, und das euch einschließt in das Herz des Einen, das es ist, und das auch wir sind.

Und dieses Herz des Einen kennt sich, erlebt sich, empfindet sich und stößt niemanden zurück, sondern kommuniziert auf der Ebene des Seins, mit allem, was im jeweiligen Moment an sein Bewusstsein kommt.

Und dadurch seid ihr frei und könnt euch erschließen die Melodie eures wahren Seins und seid dann in der Lage, sie so zu sein, dass alles in euch dem Gesamtorchester des Ganzen angegliedert, von ihm aufgenommen und in es hineinbezogen ist.

Und ihr habt dann den Schlüssel in euch gefunden, den ihr braucht, um dieses Sein so zu sein, dass der Ausdruck, den ihr im jeweiligen Moment in eurem Sein als dieses, geboren hinein in die Tat, in das Empfinden, in die Reinheit eurer Liebe, eurer Achtung, eures Wohlwollens und eurer Meisterschaft, in der ihr die Dinge so tut, dass ein gemeinsames Ganzes aus dem Augenblick der Liebe heraus geboren wird.

Und in dieses gemeinsame Ganze legen wir unsern Segen und erkennen euch als die Diener des Einen Gottes, in Dem auch wir unsere Herrlichkeit entfalten, und in Dem auch wir euch zuhören, und in Den auch wir unsere Gedanken legen, denn er ist auch unser Eine Gott.

*Das verstehe ich nicht, euer Gott ist doch ein Baum, das habt ihr doch ganz am Anfang erwähnt, den Einen Baum und da dachte ich, das ist euer Gott. Und unser Gott ist ja, der christliche jetzt...*

*(Während des Schreibens:*

*...wie ein großer Gesamtmensch oder was, ich weiß auch nicht, da fehlt ja dann alles andere Sein, in dem er auch ist, er ist ja in all seinen Geschöpfen, das sehe, weiß ich ja inzwischen.)*

Ihr seid nie getrennt von ihm. Und auch wir können es nicht sein.

Und doch enthaltet ihr etwas, das ihn erst da sichtbar, fühlbar und in euch wirksam sein lässt, wenn ihr auch in diese Aufgabe hineingeht und euch nicht mehr abschneidet von euren Wurzeln und euer Herz dem Dienen hinlegt und das Ganze bejaht, das ihr seid, in dem ihr geborgen seid und das so zu euch sprechen will, dass ihr diesem Ganzen eure Achtung und eure Bereitschaft, für euch da zu sein- in einem Sinne eure Achtung gegenüber dem in Liebe Seienden, aus der Liebe sich heraus offenbarenden und in Liebe stehenden Erinnerung an das, was ihr in Wahrheit seid - gebt, auf dass ihr all die Hürden nehmt, die in euch alle auftauchen werden, sobald ihr in uns eure Weggefährten seht, in denen das Licht der Liebe so brennt, dass in euch die Tür aufgeht zu dieser Liebe, sobald ihr in ihnen die Instrumente Seines, eures Gottes, reiner Liebe seht, die euch dienen dürfen, und die in euch den Resonanzboden schaffen, damit auch ihr dem Ganzen dient.

Und dann seid ihr auf einer Stufe mit uns und könnt uns vernehmen.

Und wir können die Antworten in euch legen, die ihr braucht, um die nächsten Schritte tun zu können. Und in diesen Schritten ist das Ganze so enthalten, dass alles ein mächtiges Symphonieorchester inniger Schönheit ist und in diesem zum Ausdruck kommt die ganze Herrlichkeit eines Seins, in dem ihr euer Zuhause habt, und das sich in euch gebären will als die Urmelodie eures wahren Seins und eure Schöpferkraft auf den Plan rufen will.

*Heilige Bäume, was soll ich machen, ich habe das Gefühl, ich kann gar nicht mehr – im Wald konnte ich mehr als doppelt so viel aufsprechen. Bitte helft mir, das noch zu Ende zu sprechen.*

Und in der Demut dieser Haltung erfährst du jetzt etwas, das dich befreit.

*Okay.*

Du schaffst heute Raum für zwei Kassetten. Und wir dürfen dir sagen, dass dir meisterlich gelungen ist, was wir dich haben wissen lassen.

*(Ich wollte noch 2 Mal eine Kassette aufsprechen, fast eine habe ich schon, jeweils je eineinhalb Stunden. Da fehlt doch noch was.)*

Und in diesen anderthalb Stunden werden wir davon sprechen, dass die Erde in euch eure Kinder sieht, die sie ruft, und wie ihr diesen Ruf beantworten könnt. Wir werden beginnen, ein neues Kapitel über die Entstehung der Erde und ihr werdet von uns in diesem Zusammenhang Dinge erfahren, die ihr braucht, um festen Schrittes auf der Erde eure Reise fortsetzen können. Und wenn ihr uns zuhört erhaltet ihr diese Einweihung, und wir fahren fort, wenn wir den Ort gewechselt haben.

*Aber ich hab das Gefühl, da war noch was, kommt noch ein Satz oder das ist noch nicht ganz zu Ende. Erst das andere beenden, falls da noch ein Satz fehlt.*

*(Während des Schreibens: Auch merkwürdig, diese Kommunikation, ich spürte, es fehlt noch etwas, ahnte etwas in Zusammenhang mit den Worten „Ort wechseln" und sagte im Zusammenhang mit meinem Spüren: Es ist noch nicht zu Ende „falls da noch ein Satz fehlt".)*

Wir danken dir fürs Zuhören, in uns ist bereits alles gesagt.

*(Während des Schreibens: Auch diese Diktion der Bäume war mir aufgefallen und jetzt denke ich, in mir war noch nicht alles gesagt, ich hatte den Gedanken, in den Wald gehen und dann gab ich ihn plötzlich auf.*

*Mir fiel das Wort ‚Ort wechseln' auf. Die Bäume sagten nicht, in den Wald gehen, wie ich das dachte, dass ich tun werde, sondern ‚Ort wechseln'. Ich dachte, kann das auch heißen, Zimmer wechseln, also nicht mehr im Bett aufsprechen, sondern in einem anderen Zimmer, während ich viele Bäume sehe?*

*Und dann geschah was, wo ich großen Widerstand hatte.*

*Es war ausgemacht, dass ich in den Wald gehe, doch dann war es schon bald Abend, denn ich wollte unbedingt, entgegen meines Vorhabens erst tippen, denn ich hatte mir einen neuen ‚Schreibtisch' gemacht, bei dem meine Beine mehr Platz haben. Ich schreib seither an einem kleinen Schreibtisch für Jugendliche und ich genoss die Früchte meiner Arbeit so, ich hatte wieder einmal in 2 Zimmern viele Möbel umgestellt, um hier in meinem Schreibraum leichtere Arbeitsbedingungen zu haben und vor meinem Fenster die Bäume während des Tippens sehen zu können und unverkrampft sitzen zu können.*

*Dann wickelte sich das Kassettenband fünfmal hintereinander ab. Ich hatte um Hilfe gebeten, doch ich merkte schon, ich soll in den Wald, nicht tippen, sonst ist es zu spät. Ich wollte ja in den Wald, doch plötzlich im Moment wollte ich nicht. Drin dachte ich, ist es gemütlicher, draußen kalt, v.a. wollte ich seltsamerweise noch tippen.*

*Ich geriet in Panik, mir war vor vielen Jahren schon einmal ein Kassettenband gerissen, das sich dauernd abwickelte. Ich weinte, klagte meine Not mit den Kassetten, und dass ich keine neue habe, sondern bespielte. Ich fühlte mich verantwortlich für den schönen Text, bat um Hilfe und erklärte, dass ich schon verstanden habe, dass ich jetzt aber doch nicht mehr in den Wald gehen wollte, und dass ich doch jetzt erst schreiben möchte und dann in der Wohnung weitersprechen - von der Kassette war noch kein Drittel abgespielt und schon so oft das Band runter – hatte ich Hilfe, meine Panik verschwand, ich beruhigte mich und es passiert nichts mehr.*

*Passt auch zum Text, dachte ich, das mit der Panik und Achtung, Sich Verlassen-Können auf die Abmachungen. Ich war unzuverlässig, hatte einfach plötzlich umdisponiert ohne darüber zu kommunizieren, schon drohte selbst die Arbeit, die ich schon erledigt hatte, zerstört zu sein – letzteres kann ja jetzt nicht sein.*

Wir grüßen euch. Es ist unsere Schöpferkraft, die wir euch heute vorstellen.

*(Ich war ein paar Minuten im Sitzen eingeschlafen. Ich wachte auf und sprach. Das war bis jetzt immer – drei Mal so, wenn ich nicht im Wald war. Anscheinend hilft mir das vorher Schlafen, den Text zu empfangen.)*

Und in dieser Schöpferkraft seid ihr zu Hause, wo ihr in euch das Tor aufmacht und sie hereinbittet.

Es kann aber nicht auf dem Weg geschehen, auf dem ihr seither einen Gast hereingebeten habt, sondern es sind Voraussetzungen zu erfüllen. Und in diesen Voraussetzungen, ist alles, was ihr braucht, um so mit ihr zusammenzuarbeiten, dass sie euch das nächste Mal gehört.

Und so sind wir jetzt zusammen und werden über ein Thema sprechen, das uns schon lange auf dem Herzen liegt.

**Und in diesem Thema ist die Einstimmung auf eure Aufgabe, die ihr im göttlichen Plan zu vollziehen habt, wenn ihr der Erde beim Aufstieg helfen wollt. Ihr erkennt sie daran, dass sie euch bekannt ist.**

Es ist die Aufgabe des Dienens der Erde. Und in diesem Dienen seid ihr so, dass das, was jetzt zu euch kommen will, euch die Tür öffnet und euch hineinnimmt in ein Leben in Freiheit - wobei ihr dieses Wort nicht falsch verstehen dürft. Es ist ein Leben, bei dem ihr Ja gesagt habt, zu dienen.

Und dieses Dienen schenkt euch Freiheit, wodurch ihr alles tun könnt, was ihr gerufen seid, zu tun, und was in euch angelegt ist, in was ihr so hineinwachst, dass ihr die Beschenkten seid und gleichzeitig ein großes Geschenk der Erde macht.

In dieser Aufgabe ist eine doppelte. Es ist die Aufgabe, wo ihr hineinhört in euer Herz, und ihr seid dann aufgewacht, denn ihr könnt sie nicht tun, ohne zu erwachen.

Und indem ihr sie tut, habt ihr ein Stück Liebesmelodie gesungen, die die Erde begleitet, die sie hineinnimmt in euren Gesang, der von solcher Schönheit ist, dass ihr auf ihr, der Erde, eure Heimat findet und in euch heilige Tugenden, die ihr seither nicht erkannt habt, und die sich euch jetzt so bemerkbar machen, dass ihr in diesen Tugenden eine hohe Melodie eurer Liebe spielt.

In dieser Liebe habt Ihr Ja gesagt zum göttlichen Plan und erkennt ihn. Es ist der gleiche Plan, den auch ihr in euch tragt. Denn keiner von euch ist auf die Erde gekommen, ohne diesen Plan erfüllen zu wollen. Und wir sind hier versammelt als die, die ihn erfüllen wollen.

Und wir kennen euch. Wir tragen schon lange unseren Namen in uns und wir dürfen euch dienen. Und wir hüten ein großes Geheimnis für euch.

Es ist das Geheimnis eurer Liebe, die wir so mit euch teilen, dass ihr in dieser Liebe anfangen könnt, euch zu gebären. Und wir dürfen euch etwas sagen:

Ihr habt von Stund an, wo ihr diese Worte hört, ein neues Leben begonnen, das euch einreiht in den Dienst, und in dem ihr so zuhause seid, dass ihr all das meistert, was in euch zum Leben kommen will.

Ihr seid auf einer hohen Stufe der göttlichen Ordnung angelangt, sobald ihr in euch den Ruf vernommen habt, der Erde zu dienen. Und ihr könnt dann nicht mehr zurück. Ihr seid dann so eingebettet in den Gesamtplan, den die Erde für euch bereitstellt, dass Ihr in ihr die Dienerin einer großen göttlichen Ordnung seht und von ihr, der Dienerin, lernen könnt.

Und in euch werden die Fäden gezogen, die euch seither daran gehindert haben, ein Leben in Freiheit zu führen.

*Machen das die Engel, die Fäden ziehen? Bitte erklären, bitte etwas dazu sagen, nicht einfach so in den Raum stellen, ohne dass man es versteht, das ist nicht gut.*

*(Als ich das Wort Fäden hörte, musste ich an Bindungen denken im Gegensatz zu Verbindungen in der Liebe.)*

Ihr wacht auf. Ihr beginnt, euch zu orientieren. Und in dieser Orientierung sind nicht nur wir, sondern auch andere Diener des großen Ganzen.

**<u>Und so seid ihr gerufen, alle diese Diener beim Namen zu nennen und ihnen zuzuhören, dass ihr immer wisst, wer mit euch zu tun hat und welchen Dienst ihr erfahren dürft.</u>**

**Und so haben wir euch in schlichten Worten einen großen Überblick gegeben über das Wesen der göttlichen Ordnung, wie alles zusammenhängt und dass ihr auf gar keinen Fall allein gelassen seid, während ihr diese Zeilen lest, sondern immer mit uns zusammen - und auch in Berührung mit jenen, die unsere Tätigkeit fördern, und die euch Schützenhilfe geben und in euch das Feuer der Liebe so entzünden helfen, dass ihr ein größeres Maß an reinen Speisen zu euch nehmen könnt, für die ihr so aufbereitet werdet, dass in euch die Liebe so brennt, dass ihr all das hervorbringt, was euch weiterführen will, und was in euch geboren werden will, und was eurem höchsten Wohl dient.**

**<u>Wir sind die Diener einer heiligen Ordnung. Und in dieser heiligen Ordnung sind auch sie Zwerge. Sie sind es genauso, wie die Erde. Und durch ihren Ruf habt ihr uns vernommen und wir können euch dienen.</u>**

Ihr spürt auch die Gegenwart derjenigen Wesen, die ihr Engel nennen dürft.

*Wann, aber nicht jetzt gleichzeitig - während des Buchlesens - oder?*

Und in euch ist eine hohe Bereitschaft, allem Leben zu dienen. Solange ihr dieses Buch lesen wollt, könnt ihr nicht in die Irre gehen, und ihr werdet geführt.

Ihr seid dann angeschlossen an alle Diener des Lichts und seid nicht mehr getrennt. Ihr kämpft dann nicht mehr untereinander, sondern lasst euch führen und euch den Weg zeigen.

Ihr erinnert euch dann, wer ihr seid, und ihr werdet die Kinder des Lichts genannt, zu denen wir so Vertrauen haben, dass wir in ihnen diejenigen erblicken, die sich uns anschließen.

Ihr könnt gar nicht fehl gehen. Denn da, wo ihr euch findet und euch erinnert an eure Namen, an das, was euch gegeben wird, um euch weiter zu entwickeln, haben auch wir die Hand im Spiel und reichen sie euch so, dass ihr uns erkennt und euch hineinholt in ein mächtiges Meer an Liebe - durch diese Liebe offenbaren wir uns und in dieser Liebe sind wir die Wächter des ewigen reinen Seins und ihr Diener.

**Auf dieser Ebene, in der ihr angeschlossen seid an euer reines Bewusstscin, crinnert ihr cuch an das, was ihr vor langer Zeit –** nimm es an, was jetzt kommt -

*(Ich schreckte ein bisschen zurück, das nächste zu empfangen und die Worte, dass ich es annehmen soll, signalisierten mir, dass ich es richtig verstehe, d.h. richtig aus ihrer Lichtsprache in die unsere übersetze (ist diese Erklärung von mir so richtig?)*

**dem Schöpfer versprochen habt, als ihr auf die Erde kamt, um Ihm zu dienen.**

**Ihr werdet jetzt alle nacheinander gerufen.**

*Was heißt denn nacheinander, nicht zur gleichen Zeit, oder wie?*

**Und dieser Ruf ergeht an jeden einzelnen, so dass euer Herz in Ihm leuchtet.**

Ihr wisst, was es heißt, von uns so geliebt zu werden, dass wir euch erreichen können, und ihr ein wenig von eurer Scheu verliert, mit der ihr auf uns antwortet, auf unsere Anfrage. Zwingt euch nicht, sie zu hören, denn jeder Augenblick ist heilig, auch der, wo ihr uns nicht vernehmt.

Ohne dass ihr es wisst, können wir dann so an euch arbeiten, dass die ganze Tragweite eures Bewusstseins in euren Leben einzieht. Es ist dieselbe Tragweite, mit der ihr uns vernehmen könnt. Und in diesem Prozess seid ihr die Gesegneten und könnt nicht mehr davonlaufen, sondern stellt euch eurer Aufgabe.

Und dadurch können wir euch abholen und mit euch gehen und euch hineinnehmen in die Augenblicke der Liebe, zu denen ihr erwacht als die Geläuterten, in die wir unseren Ton der Liebe, also laut, so legen, dass diese laut in euch hallt, und ihr in unseren Lauten ein lauteres Leben beginnt, das ihr euch so zuführt, dass ihr auf jeder Stufe die hört, die jetzt eurem Bewusstsein entsprechen.

Und in diesem Hören ist eine Kommunikation, die auf so feinen Ebenen und durch so feine Kanäle stattfindet, dass ihr nicht den geringsten Laut in euch vernehmt, denn ihr seid dann angeschlossen an ein feines System von miteinander kommunizierenden Sein-heiten, Entitäten, die in sich das Lied der Liebe so spielen, dass ihr in ihnen die Töne vernehmt, die eure Sprache in Worte umzusetzen gelernt hat.

Es ist eine Kunst, und ihr beherrscht sie bereits. Ihr habt sie viele Male angewandt, und ihr seid die Lichtträger, die diese Laute in sich so tragen, dass sie von ihnen vibrieren und in diesen Lauten ihren Dienst empfangen.

Ihr seid Träger einer hohen Ordnung, sobald in euch das Lied der Liebe erklingt. Ihr empfangt es in eurem Herzen. Und ihr erkennt den Weg, den es nehmen will. Ihr seid dann angeschlossen an eine Einheitsmelodie. Und durch diese Einheitsmelodie können wir euch erreichen. Denn wir sind ebenso angeschlossen an sie und nur unter dieser Voraussetzung habt ihr die Chance, uns zu vernehmen.

*Warum nur Chance, ich denke dann ist das halt so?*

Und doch tragen wir euch in eure Aufgabe hinein, und erwachen in ihr so, dass ihr uns in euch vernehmen könnt und wir euch dienen dürfen. Und in diesem Dienen ist der Gesamtzusammenhang eures Lebens, in den ihr so hineinwachst, dass alles zur richtigen Zeit in eure Reichweite gelangt und ihr eure Schöpferkraft so entfaltet, dass sie in euch die Früchte trägt, durch die ihr lebt und mit denen ihr alles speist, was euch umgibt.

Und in diesem Erwachen können wir euch eine wichtige Botschaft zukommen lassen, es ist die Botschaft, so in euer Herz hineinzuhören, dass ihr unsere Worte als die vernehmt, die eins mit sich sind.

Und in diesem Einssein ist auch unser Einssein mit euch. Und dies will transportiert werden auf den Weg der Hingabe an euren göttlichen Plan, durch den jetzt alles so zu euch kommt, dass ihr ihm dient.

Und in diesem Dienen ist auch unser Dienen, denn keiner kann getrennt vom Anderen dies tun, und hat aufgemacht das Tor zur Freiheit in dem Moment, wo einer dem Anderen die Hand reicht und in diesem gemeinsamen Dienen der Erde das schönste Geschenk macht, das sie seither empfangen hat.

Es ist das Geschenk des Einen Seins, und dieses Eine Sein hat die Tat vollbracht, der Erde so zu dienen, dass in ihr das leuchtet, was sie gebären will und was sie hineinruft in eine Schöpferkraft, die vereint ist mit der unseren.

Ihr werdet von uns so geführt,

*Was heißt das?*

in unser Wissen so eingeweiht, dass ihr beginnt, euch zu erkennen als die Geliebten des Seins.

Und durch dieses Sein transportiert ihr eure Größe. Ihr werdet leichter, habt weniger Gewicht, und ihr unterliegt nicht mehr der Schwerkraft einer an euch ziehenden Materie, die so viel Dichte aufweist, dass ihr in euren Gefühlen der Minderwertigkeit, des Abstoßens, der gegenseitigen Bezichtigung, der Lieblosigkeit, der Intoleranz und der Untugenden bleiben könnt, die ihr euch zur Genüge zugelegt habt in einem langen Leben des Kampfes, wo ihr nicht an der Seite des Göttlichen ward, und euch getrennt habt von euch selber.

Und nun, da ihr dieses Buch zur Hand nehmt, könnt ihr sicher sein, dass ihr diese Zeit ein für alle Mal hinter euch lassen werdet. Und in euch beginnt ein Schöpfungsrad sich zu drehen, dass in euch all die Facetten eures wahren Wesens ans Tageslicht bringt und ihm dient.

Doch dieses Dienen erfahrt ihr als etwas, das an euch geschieht, das euch aufbereitet, so viel von eurem wahren Sein zu verwirklichen und in es hineinzuwachsen, dass ihr die Geläuterten jener reinen Melodie seid, in die ihr gerufen seid und durch die ihr lebt.

In dieser Melodie ist eure Schöpferkraft mit enthalten, und diese transportiert auf allen Ebenen  eures Seins das Zustandekommen des göttlichen Plans in ihnen

> *(Ich schaute noch einmal nach, ob ich alles richtig gemacht habe – „perfekt" haben die Bäume gesagt)*

und dadurch habt ihr Zugang zu jenen Ebenen des Seins, die in euch das Feuer der Liebe so entzünden, dass ihr gewahr werdet, wer ihr seid.

Und nun kommen wir noch zu einem Punkt, den wir heute ansprechen möchten – es ist die Lauterkeit eures Wesens.

*Davon haben wir doch schon gesprochen, mit den Lauten. (Ich dachte an den Postboten. Ich habe geschaut, warum ich an ihn denke, und da waren die Worte:)*

Er dient dir ebenfalls.

*Und was will mir das sagen?*

Es gibt noch etwas Wichtiges, wir möchten deine Aufmerksamkeit.

*Okay*

Du wirst in nächster Zeit ruhen, du hast eine Menge Wissen transportiert. Hör uns einfach zu, denn dadurch sind wir in der Lage, die weiteren Türen bei dir aufzumachen.

> *(Indem ich das lese, weiß ich, jetzt bin ich an der Stelle, wegen der ich zwei, drei[6], jedoch weiß ich das dritte im Moment nicht, hatte. Ich war heute an einem Wald, wusste aber – das ist das dritte – ich muss erst heim und werde in ca. drei Stunden hierher kommen, hier ist ein ganz besonderer Ort, der Wald ist so leicht, bin von der Ferne so beglückt, dass mir die Tränen kommen.*
>
> *Dann hatte ich ein tiefes Erlebnis mit der Sonne und sprach meinen Dank aus, dass es sie gibt und konnte es nicht fassen,*

---

[6] Sic!

*wie achtlos ich war, wie selbstverständlich ich sie seit meines Lebens hingenommen hatte, ohne ihr zu danken. Das holte ich jetzt nach und betete – doch dann sollte ich heim, ich wusste, ich soll tippen.*

*Heute Morgen hatte ich versucht, das, was ich heute aufgesprochen habe, zu tippen, doch das ging nicht, die Kassette war nicht zurückzuspulen, sie spulte einfach nicht zurück, nichts. Meine Forschungen ergaben, dass alles bei allen anderen Kassetten, die ich einlegte funktioniert, nur bei dieser nicht. Da spürte ich schon, welche Kassette ich zuerst tippen muss.)*

Und in dem Moment, wo wir es tun, laden wir dich ein in unser Sein, und du wirst höhere Ebenen unseres Bewusstseins erschließen. Und in diesen höheren Ebenen werden wir so miteinander kommunizieren, dass in jedem von uns das Licht der Liebe so erwacht, dass auch wir einen höheren Zustrom empfangen dürfen, der uns reinigt

*Von was, von den Schatten, die die Menschheit euch zugefügt hat?*

und hineinnimmt in ein größeres Ganzes. Es ist dies in Vorbereitung, und wir werden deshalb nicht jeden Tag 10 Seiten sprechen.

*(Das hatte ich mir gewünscht. Und auch noch am andern Tag so geplant)*

Und auf der anderen Seite können wir alles vernehmen, was im Anderen abläuft.

*Heißt das, auch ich kann vernehmen, was in euch abläuft? Und bedeutet das 'vernehmen können' nur vernehmen auf das Buch bezogen?*

Insgesamt.

*Das wäre ja dann eine Überforderung.*

Es ist das Hineingehen in ein Sein, bei dem wir weite Teile von uns offenbaren, und dies geschieht in absehbarer Zeit, ohne dass du nochmals von uns darauf aufmerksam gemacht wirst.

*Ist das jetzt auch für die Leser? Geschieht mit denen dann das Gleiche, zu dem Zeitpunkt, wo sie es lesen, wie das, was bei mir jetzt dann geschieht?*

Auch sie sind angeschlossen an diesen Bewusstseinsstrom und empfangen dieselben Einweihungen, die wir auch dir zukommen lassen. Es gibt hier keine Trennung, und wir dürfen noch etwas Wichtiges sagen.

So, wie du uns zugehört hast, beginnt in dir das Licht der Liebe so zu leuchten, dass du in diesem Licht eine hohe Geborgenheit erfährst, und die Dinge schneller an dich herankommen,

*Welche Dinge?*

die wir dich wissen lassen möchten. Es ist ein fließender Zustand und in dir erwacht

*Ist das für alle Leser, oder nur für mich? Ist das nur für mich?*

- nein, du wirst es mit hineinnehmen in das Buch - und in dir erwacht die ganze Bandbreite einer Liebe, die wir dir zukommen lassen, und in die wir dich hineinnehmen - ja richtig - und das, was wir daraufhin an Boden in dir bereitet haben, erzeugt auf der Erde eine so hohe Schwingung, dass in ihr die gleichen Prozesse ablaufen und sie beginnt, auf einer höheren Stufe des Seins ihr Lied zu spielen.

Und ihr seid mitten in ihr, denn ihr könnt nicht mehr zurück, und wir warten auf euren Dienst so, dass in der Erde das Wunder geschehen kann,

*Bitte Wunder erklären.*

euch zu dienen - und in diesem Dienen denselben Dienst von euch zu erfahren. Und ihr werdet hineingenommen in eine Schwingungserhöhung, durch die ihr euch so an dasjenige Moment eures Wesens erinnert, durch das ihr im jeweiligen Augenblick gerufen seid zu sein.

Es ist das Sein, aus dem heraus ihr lebt und zu dem ihr werdet. Und alles, was ihr hier mitbringt, ist bereits so durch dieses Sein berührt, dass ihr nicht mehr anders könnt, als ihm zu öffnen und eure Herzenstür weit für es aufzumachen.

Und dadurch sind wir jetzt am Ende unseres Aufsprechens angelangt und dürfen euch eine gute Nacht wünschen, wo ihr noch nicht ganz zu eurem Sein erwacht seid und euch hineinnehmen in den Reigen des Erwachens, durch den ihr jetzt erfahrt, wo, wer ihr seid,

*Was stimmt denn jetzt, wer ihr seid oder wo ihr seid?*

denn da, wo ihr seid, erkennt ihr euch, und deshalb stimmt beides.

Und durch die Tür des Erwachens erblicken wir uns und können uns dienen. Wir sind dann nicht mehr getrennt voneinander. Und wir haben Zugang zum Anderen so, dass dieser von uns ernährt werden kann.

*Aber könnt ihr mir sagen, womit wir euch ernähren? Ihr mit eurem Wissen, aber wir?*

Es ist das gleiche Wissen, das auch ihr in euch tragt,

*Aber dann brauchen wir uns ja nicht oder euch nicht, wenn wir das gleiche Wissen haben, das ihr in euch tragt, also euer Wissen?*

und das sich gegenseitig so befruchtet, dass im gegenseitigen Austausch all die Liebesmelodie entstehen kann, die ihr mit erweitertem Bewusstsein in der Lage seid zu spielen und die ihr braucht, um hineinzufinden in die Weisheit eures Herzens – und damit diese Tür aufgehen kann, habt ihr unsere Hilfe und wir vertrauen darauf, dass ihr in uns diejenigen seht, die euch willkommen heißen, wenn ihr euer Bewusstsein erschlossen habt, und die sich dann auch noch über euch freuen.

Ihr habt dann einen hohen Bogen des Liebesreigens vollbracht, an dessen Ende wir genauso stehen, wie an seinem Anfang. Denn wir sind die Wächter der Liebe und schenken euch Geborgenheit, sobald ihr uns ruft und sie annehmt.

Und in diesem Sinn verabschieden wir uns heute von euch, und wünschen euch eine Gute Nacht, denn ihr seid auf vielen Ebenen angeschlossen an diesen Text und werdet jetzt von uns in der Nacht so aufbereitet, dass ihr ihn in eurem Herzen bewahrt, und dass er euch bekannt vorkommt, wenn ihr ihn das erste Mal lest.

Und unter dieser Voraussetzung können wir euch jetzt alleine lassen und euch sagen, dass alles so in eurem Herzen aufbewahrt sein wird, dass alles euch dient, was ihr vernommen habt - bis zur vollkommenen Rekapitulation im vorhandenen Buch.

Und nun schweigt eine Weile und schaut euch an, ihr, die ihr dieses
Buch kennt. Denn wir haben es vielen in ihr Herz gelegt, und viele sind
damit eingeschlafen.

# Verlangsamt euere Schritte -
## und ihr werdet erwachen

Aufgesprochen am 21.10.2007, getippt am 22.10.2007

*(Nachdem ich Baumbuch-Kassette 7 getippt habe, ließ sich Baumbuch-Kassette 8 - mühelos wie immer - zurückspulen. Davor habe ich es wieder und wieder probiert, das Band bewegte sich weder rückwärts noch vorwärts.*

*Da es Einweihungen zur richtigen Zeit in der richtigen Menge und richtigen Reihenfolge sind, konnte ich nicht etwas überspringen, um auf Kassette 8 schneller an einen für mich bestimmten Text am Anschluss des Buchtextes ranzukommen. Ich war so neugierig, doch war für mich das Wissen von Baumbuch-Kassette 7 Voraussetzung, um weiterkommen zu können.)*

Ihr seid jetzt bereit zu empfangen.

*Wer ist ihr? Ich und die, die gleichzeitig das auch haben, bevor sie dieses Buch lesen, jetzt in diesem Augenblick? Oder wenn sie das Buch lesen?*

Ihr möchtet wissen, wer ihr seid, ihr seid all diejenigen, die jetzt bereit sind, das Buch zu empfangen.

*Wie , jetzt'? Jetzt? Oder wenn sie es lesen?*

Es ist ein Mindestmaß an Menschen nötig, damit dieses Buch überhaupt auf der Erde aufgesprochen werden kann. Und in diesem Mindestmaß haben wir heute eine Schar, die sich hingibt dem göttlichen Gesetz

*Welchem göttlichen Gesetz? Also ich höre jetzt auf dazwischen zu sprechen, zu unterbrechen.*

und sich einweihen lässt.

Und diese Einweihungen sind für viele, die ein Mindestmaß an Voraussetzungen für den Prozess der Erde mit sich bringen, ein heiliges Maß an Achtung, Würde, mit der er sie empfängt und heiligen Dienst, durch den wir sie erreichen können.

Ihr empfangt jetzt Folgendes unter der Voraussetzung, dass ihr bereit dafür seid.

Wir knüpfen an an ein vorheriges Kapitel, das die Überschrift trägt

*Wir haben gar keine Überschriften gemacht.*

„Zurück zu den Ursprüngen der Erde"

*Wieso ist das ein vorheriges Kapitel, das haben wir doch noch gar nicht*

und in einem (oder dem?) vorherigen Kapitel ist dies die Überschrift, du wirst es finden, wir haben es bereits im PC

*aufgesprochen vielleicht, denn ich erinnere mich nicht[7]*

Es gibt etwas, das ihr wissen müsst. Ihr tragt ein heiliges Geheimnis in euch.

Und dieses heilige Geheimnis ist der Schluss einer langen Reihe von denjenigen Ereignissen, die euch aufbereiteten, um diesen Dienst begehen zu können. Es sind dies Ereignisse, bei denen ihr jedes Mal so zahlreich in euch geprüft wurdet, dass ihr jetzt fähig seid, diese Prüfungen als etwas zu sehen, was sie sind, nämlich eine große Vorsichtsmaßnahme, die eure Seele angeordnet hat, in der ihr die Dinge so reifen lasst, dass ihr nicht wieder zurückfallen könnt.

Und diese Vorsichtsmaßnahmen müssen alle eingehalten sein, bevor wir weitersprechen können, und ihr seid jetzt dabei, in eurem Kollektivkörper ein so hohes Maß an Achtung, Reinheit, an Lauterkeit, an Gegenwärtigkeit eurer Daseinsinteressen so zum Ausdruck kommen zu lassen, dass ihr die Gekrönten eines heiligen Augenblicks seid, die in sich das Lied der Liebe so spielen, dass sie in jedem Augenblick wissen, was sie tun wollen, und ob sie weiter lesen wollen.

Nehmt diesen Wink, diese innere Stimme sehr ernst.

---

[7] Bemerkung der Herausgeberin: Dieses Kapitel gibt es in dieser Benennung nicht in diesem Buch.

Und nehmt zuerst ein Blatt Papier zur Hand, auf dem ihr euch notiert, wie viel an dem bisher Mitgeteilten euch gedient hat, und was ihr assimilieren konntet, und wie viel ihr noch nicht verstanden habt.

Malt die Zahl auf das Blatt Papier mit roter Farbe.

Und nun schaut, sind es 70 Prozent von dem, was ihr verstanden habt, so könnt ihr fortsetzen mit dem Buch.

Habt ihr 80 Prozent verstanden, so müsst ihr fortsetzen mit dem Buch und solltet nicht warten - denn dann ist eure Seele auf die Wanderschaft gegangen und hat sich aufgemacht im göttlichen Plan zu dienen. Und ihr solltet keine Zeit verschwenden, es auch zu tun.

Ihr habt damit einen Gradmesser, mit dem ihr beurteilen könnt, ob ihr weitermachen sollt. Es liegt an euch, wenn ihr wahrhaft interessiert seid, eure Arbeit zu tun, so geht mit Respekt an diese Dinge heran, und übernehmt euch nicht.

Gönnt euch die Zeit, die ihr braucht, um das zu verarbeiten, was wir euch haben wissen lassen. Andernfalls werdet ihr nicht vorankommen können – denn wir haben Sperren eingebaut, die es euch nicht ermöglichen, in einem andern als eurem Tempo voranzukommen. Und in diesen Sperren könnt ihr unsere Liebe erkennen, die wir euch so zukommen lassen, dass ihr in keiner anderen Reihenfolge als der für euch förderlichen, euer Wachstum begeht.

Und ihr seid auch so in unserer Liebe, dass wir allen, die aufhören, dieses Buch im Moment zu lesen, etwas an die Hand geben, was ihnen hilft, es so zu leben, dass sie damit zum richtigen Zeitpunkt wieder fortfahren können.

Denn wir helfen euch dabei, in euch all die Lichter anzuzünden, die es braucht, um in einer gewissen Weise frei von Neid, im Zustrom der Liebe, in eurem eigenen Tempo zu sein, und nicht zu viel an euch herankommen zu lassen, da ihr sonst den Fluss in eurem Leben nicht mehr gewährleisten könnt.

Ihr werdet dann durcheinandergeworfen und könnt nicht vorwärtskommen.

Und in diesem Anhalten ist ein großes Geschenk. Es ist das Geschenk der Erde an eure Liebe. Denn sie passt auf, dass ihr im richtigen Tempo voran geht und sie schützt euch mit, und ihr könnt sicher sein, dass sie euch dann ruft, wenn es gut für euch ist, und dass sie euch dann warnt, wenn ihr aufhören müsst, uns zu folgen.

Ihr habt dann ein doppeltes Sicherheitssystem, das euch auf jeden Fall auf den Boden eurer wirklichen Wurzeln zurückführt, auf dass ihr diese so tief in die Erde strecken könnt, dass ihr nicht haltlos und wie ein Schiff in der Brandung hin und her torkelt, ohne dass ihr für irgendetwas von Nutzen sein könntet.

Ihr seid auch gerufen, so viel von eurer Freiheit Gebrauch zu machen, dass ihr, indem ihr uns zuhört, immer wieder Fragen stellen könnt

*Dann war ja gut, dass ich so oft Fragen gestellt und immer wieder gebabbelt habe.*

und ihr werdet von uns eine Antwort erhalten, in dem Moment, wo ihr diese Fragen stellt. Hört auf euer Herz, und es wird euch die Antwort sagen.

Ihr seid nämlich so sehr mit euren Wurzeln verbunden, wenn ihr zum ersten Mal dieses Buch zur Hand nehmt, dass ihr auf jeden Fall darauf vertrauen könnt, in ihm eine Quelle der Inspiration zu sehen, die euch nur dann erreicht, wenn ihr in dieser Quelle der Inspiration all eure Hoffnungen sehen könnt, die ihr bis dahin hattet auf einen leichten Aufstieg mit der Erde.

Doch diese Hoffnungen werden sich dann bewahrheiten und in Erfüllung gehen, wenn ihr auch in der Lage seid, uns zuzuhören und uns nicht mit etwas Anderem zu verwechseln. Denn dann seid ihr in Gefahr und könnt abrutschen.

Ihr müsst immer wieder euch vergewissern, dass ihr in dem, was ihr hört, auch wirklich unsere Stimme hört. Und dann bleiben wir bei euch und können euch helfen.

Es ist dies <u>ein</u> Merkmal, uns immer wieder bei unseren Namen *(Bäume)* zu nennen und in uns die Stimme zu hören, die euch dann antwortet.

*Aber ich habe sie immer in meinem Herzen gehört, nicht in euch. Ich habe mein Herz, mich, von euch berühren lassen, von euch ausfüllen lassen. Wie, das ist ja das Gleiche, oder?*

Indem du dich ganz mit uns ausgefüllt hast und ins geeinte Herz mit uns gegangen bist

*Ah, ja, genau, das habe ich immer gemacht.*

hast du unsere Stimme vernehmen können, und wir haben dir antworten können.

Und so ist es auch, indem ihr unser Bewusstsein als das eure annehmt und euch hineinbegebt in unser Bewusstsein. Auch dann können wir euch von innen her antworten und ihr seid dann nicht in Gefahr, eine andere Stimme zu vernehmen, die euch vortäuscht, wir zu sein.

Und so wie ihr dies bewerkstelligen könnt, haben wir die Chance, euch immer wieder an das heranzuführen, was ihr als Nächstes wissen solltet.

*Aber kann man nicht erst – ich soll warten, ja, ich spreche den Satz zu Ende - das ganze Buch lesen, und dann mit euch in Kontakt treten? Soll man gleich während des Buches in Kontakt mit euch treten, gleich Fragen stellen, oder wie? Ihr wolltet eigentlich weitersprechen, und ich habe mich reingedrängt mit meiner Frage. Entschuldigung.*

Es wird nacheinander geschehen, dass ihr von einer Frage zur nächsten geleitet werdet. Und ihr solltet dabei das Buch zu Hilfe nehmen. Denn es ist so aufgebaut, dass auf euch all das wartet, was ihr in angemessenem Rahmen bewältigen könnt, und was ihr gerufen seid, in euch aufzunehmen.

Dadurch erhaltet ihr auch die Kraft, die nächsten Schritte zu meistern, und wir können euch so vernehmen, dass wir in uns all das empfangen, was ihr uns wissen lassen möchtet von euch. Und indem wir es tun, müsst ihr nicht die ganze Arbeit machen und von vorne beginnen

*Was heißt das? Fragezeichen in mir.*

Denn es ist so aufgebaut, dass ihr immer dann, wenn eine neue Frage in euch entsteht, diese auch in dem Buch findet, und darüber hinaus einen Einblick erhaltet in das, was wir euch zukommen lassen, sobald in euch eine größere Bereitschaft entsteht, uns zu hören.

Es ist diese Bereitschaft, die wir brauchen, damit wir euch mehr geben können. Und es ist diese Bereitschaft, in die ihr so hineinwachst, dass alle eure Körper zu leuchten beginnen, und ihr erfahrt, wer ihr seid.

Auf den unteren Ebenen hat dies zur Folge, dass euer ganzer Körper in diesen Bewusstseinsstrom der Liebe, der von uns kommt, eingehüllt ist und mit ihm aufgeladen. Es ist auch euer Körper, der fühlt, dass wir die Wahrheit sagen. Und in ihm könnt ihr auch die Alarmglocken läuten hören, wenn etwas nicht von uns ist.

Und wir können euch da rausholen und mit euch auf dem Weg der Wahrheit, der reinen Liebe, der Vergebung, der Hilfsbereitschaft, des Dienens so weit gehen, dass ihr in die Lage kommt, in diesem so aufzugehen, dass euer ganzer Körper verwandelt wird und ihr die Stimmen unterscheiden könnt, in denen ihr so sehr zuhause seid, dass euer Sein die Tür aufmacht zum höheren Sein.

Und dann werdet ihr auch die Stimmen erkennen, die nicht aus diesem höheren Sein kommen und anfangen, sie so einzuschätzen, dass ihr wisst, was ihr zu tun habt, und sie euch befreien.

*Wieso befreien die uns? Indirekt, oder was, indem wir sie unterscheiden können, indem wir sie identifizieren als Nicht-Licht und Nicht-Liebe, als Täuschung, als Manipulation oder was?*

Es sind jene Stimmen, durch die ihr geprüft werdet, ob ihr ihnen vertraut, und diese Stimmen dürfen keine Macht mehr über euch haben. Denn sie dienen euch nur, wenn ihr so fest in der Liebe verankert seid, dass ihr Erlösung findet da, wo ihr gebunden ward.

Denn es sind eure eigenen Stimmen und die fremder Wesen, in denen ihr all das Leid erblicken könnt, das die Erde seither daran gehindert hat, in Freiheit zu leben und in eurem Leid ersticken musste, da sie nicht in der Lage war, euch abzuschütteln, bevor ihr nicht ein Mindestmaß an Bewusstheit hattet.

Und in diesem Mindestmaß an Bewusstsein hat sie jetzt anknüpfen können und euch in weitem Bogen hineinholen in Ihre Liebe, die ihr jetzt so dient, dass sie euch nicht mehr duldet, wenn ihr sie nicht anerkennt.

Es ist jene Liebe, die einen Grad an Bewusstheit und Vollkommenheit erreicht hat, dass ihr nicht mehr in der Lage seid, sie zu zerstören, und dass ihr in ihr das erblicken könnt, was sie immer gewesen ist: Ein feines Instrument ihres Erwachens, indem sie euch so wach rüttelt, dass ihr jetzt nicht mehr schlafen könnt, denn sie erlaubt es euch nicht mehr.

Ihr könnt ihr nicht dienen und von ihr mitgenommen werden, denn das hieße, dass ihr zuerst an euch denken müsstet, bevor ihr an sie denken könnt, und das ist nicht mehr möglich. Denn ihr habt Ja gesagt zu einem beiderseitigen Aufstieg.

Und indem ihr jetzt ganz in das hinein geht, was eurem beiderseitigen Aufstieg hilft, habt ihr die Freiheit, sie und euch so zu erlösen, dass ihr auf gleichem Wege wie die Erde jetzt zu eurem Erwachen kommt, indem ihr nämlich ganz und gar auf das hört

*Stimmt denn das vorher, ich soll weitersprechen, gel, ich werde das Gefühl nicht los, dass da irgendwo vielleicht ein Wurm drin war, oder ich weiß nicht, das Gefühl stimmt nicht.*

Ihr werdet immer mehr von dieser Tatsache, dass in der Erde ein hohes Maß an Bewusstsein entstanden ist, in dem ihr Anteil habt

*(Ich dachte an K.H.M. Ich war längere Zeit unterbrochen. Ich sprach in Gedanken mit ihm. Ich hatte das Gefühl, er denkt an mich, das hat sich so reingeschoben, dass ich in Gedanken was zu ihm gesagt habe.)*

Auf den unteren Ebenen eures Gewahrseins könnt ihr all das vernehmen, was in euch so zum Schwingen kommt, dass euer Herz in jedem Augenblick weiß, was es tun soll. Und dieses Herz ist es auch, das dir geantwortet hat.

*Mit oder dem Anderen?*

Und es hat dir die Botschaft überbracht, die du weitergeben solltest. Und in jedem von euch ist dies möglich. Ihr könnt immer in die Tiefe eures Herzens so hineinschauen, dass in euch das Licht der Liebe so brennt, dass ihr in jedem Augenblick wisst, was ihr zu tun in einer bestimmten Angelegenheit gerufen seid. Und das ist immer ein Höchstmaß an Freiheit für beide Beteiligten.

Und indem ihr in diese Freiheit so hineingeht, dass euer wahrer Wesenskern auf die jeweilige Situation antwortet und im jeweiligen Menschen antwortet, habt ihr ein Leitmaß, einen Gradmesser unserer Liebe und könnt in euch all die Dinge hervorbringen, die sich euch nähern wollen

*(Jetzt habe ich gesehen, ich habe ihn auch auf eine höhere Stufe gebracht, indem ich ihm aus der Wahrheit das gesagt habe, auch was wichtig war, nicht was er hören wollte, sondern was ihn letztendlich befreit.)*

Ihr habt dann auch einen Gradmesser, aus dem heraus ihr alles vernehmen könnt, was in eurer Reichweite liegt, um euch zu dienen. Und in diesem Dienst ist immer der Dienst für die Erde. Denn auch sie ist ein lebendiges Wesen, das an euch so angeschlossen ist, dass, wenn ihr ihr antwortet oder jedem anderen Geschöpf, ihr in der Lage seid, diese Antwort aus eurem wahren Sein heraus zu geben und überdies so in euch hineinwachst, dass ihr angeschlossen seid an das höchst mögliche Bewusstsein.

Und damit erkennt ihr euch, eure wahre Gestalt, euer wirkliches Wollen und seid herzlich eingeladen, mit uns die wirklichen Türen aufzumachen, die euch einen mit eurem nächsthöheren Bewusstsein. Und diese sind in der Liebe die Türen, von denen ihr wisst, dass sie euch dienen, denn ihr könnt es in eurem Herzen fühlen und jeder von euch hat hier einen Gradmesser seiner eigenen Entwicklung, indem er sich prüft, inwieweit er in der Lage ist, die angebotenen Stimmen von den wirklich reinen, feinen und in der Wahrheit stehenden, durch die er sich so hineinkatapultieren kann in das Reich der Liebe, dass ihr betretet und das ihr nicht wieder verlasst, sobald in euch die Stimme der Wahrheit erwacht ist, und ihr diese Stimme der Wahrheit von anderen unterscheiden könnt.

Ihr habt dann ein verlässliches Register an all den Fähigkeiten, die sich euch künftig so darbieten, dass ihr eine nach der anderen euer eigen nennen dürft, indem ihr sie praktiziert und sie euch dient, dass in euch eine hohe Bereitschaft zum völligen Hineingehen in den göttlichen Plan besteht.

Deshalb können wir euch nicht erlauben, die Dinge in einer anderen Reihenfolge als die, die gut für euch ist, zu tun.

Und indem ihr euch an diesen Plan haltet, werdet ihr wach werden. Und ihr werdet so erwachen, dass in euch alles bereitgestellt wird, was die Liebe in euch vollbringen will und was sie so in euch vollbringen will, dass ihr die Gesegneten des Augenblicks seid und euch aufmacht, all die Liebe

*Ich will Pause dann machen, muss etwas trinken.*

zum Ausdruck zu bringen/bringen zu lassen (?), die ihr seid.


*(Es folgten Botschaften für mich)*

# Kapitel III

# Das Ziel, das wir mit euch haben –
# und das ihr in jedem Augenblick mit uns teilt

## Seid frei –
## ihr könnt nacheinander tun, was ihr zu tun habt

24.10.2007

*(Ich sollte was aufsprechen, war aber eingeschlafen.)*

Es gibt in der Zeit, in der du festen Schrittes auf der Erde wanderst ein hohes Heiligtum in dir, das du erschlossen haben wirst.

Es ist dies das Heiligtum der fünf Mächte, Urmächte reinen Herzens, reinen Seins, Gestaltungskräfte, lieblich, unendlich rein, ewig schön und in ihrer Melodie so erhaben, dass kein Mensch sie hören kann, ohne anzufangen in sich diese Urschöpfungsmelodie zu sein.

Durch diese Urschöpfungsmelodie rufen wir dich hinein in den Tanz des Lebens

*Wer ist ‚wir‘?*

Die Urschöpfungsgestaltungskräfte, die in dir leben.

Es sind dies:

- Gaia - unsere Mutter Erde

- Titania - sie ist die größte Urschöpfungskraft und ist vergleichbar mit der Sonne.

- Regenbogen - es ist die Kraft der Strahlen

- Silhouette - es ist die Urschöpfungskraft, die in allem lebt und die alles Sein von innen heraus regiert

Begegnungen dieser Art werden sich häufen, du wirst in dir das hohe Potential deiner Schaffenskraft erreichen und die Gestaltungskräfte, die jetzt mit mächtiger Klarheit in dein Leben treten, empfangen die Herrlichkeit des Seins, in die du gerufen bist.

Weite Teile deines Seins haben bereits angefangen in diese Urschöpfungsmelodien einzutauchen. Sie reinigen, dein ganzes Sein leuchtet, es bringt Bewegung hinein. Und in diesem Tanz der Gestaltungsmächte findest du Frieden.

Es ist ein lieblicher Tanz, es ist ein schöner Tanz, es ist ein aufrechter Tanz, ein wage-mutiger Tanz, ein im Dickicht der Gefühle freier Tanz, der diese Gefühle auflöst, sie umspielt, ihnen schmeichelt, sie hineinnimmt in die Ganzheit des Seins, sie zusammenbringt und aushält, sie auslädt und vereint und wieder hineinnimmt in die Urschöpfungsmelodie reinen Seins.

Begleiterin reinen Seins, die Lieblichkeit, in die du deine Aufmerksamkeit ergießt, ist bereits aufgestiegen und hat ihre Strahlkraft in alles ergossen, was du berührst.

Die ganze Seinsmelodie hat sich in dir erschlossen durch deine Gebete, deine Rückerinnerung durch das Heil deiner Liebe, durch die Gnade deiner Auferstehung.

Durch die Rück-Erinnerung bist du bewusst in alles Sein eingetaucht und hast mit ihm Frieden geschlossen, und die Antwort des Seins ist die Transformation deiner Liebe in die Gebärerin des heiligen Augenblicks, in dem du schöpfst die ganze Kraft deiner Essenz, die sich in dich so ergießt, dass du mit ihr eins bist.


*Ich bin bereit, heute aufzusprechen, heilige Bäume. Ich bin auch bereit, euer Diktat zu empfangen, wenn ihr jetzt gleich beginnen wollt, sagte ich.*

In dir ist Frieden. Große Gestaltungskräfte sind in dir am Werk, und wir Bäume rufen dich in eine höhere Einheit mit uns. Die ganze Unendlichkeit ist im Entstehen in dir.

Der Weckruf ist an dich ergangen, in deiner Liebe die Schönheit der Heiligkeit deines ganzen göttlichen Seins zum Ausdruck zu bringen.

Und in diesem göttlichen Sein sind auch wir, deine Verbündeten, die in dir das Feuer der Liebe so mit entzünden helfen, dass in der Sprache der Liebe du jetzt die Symphonie reinen Seins bist und ihr gehörst.

Sie läutert dich und alles, was du brauchst, empfangen wir hier, zu dienen dem Ganzen, zu leben im Augenblick und zu regenerieren auf allen Ebenen unseres Seins. Du verstehst die Sprache der Bäume in einem Maße, dass wir dir anvertrauen ein wundervolles Werk.

Du gebärst jetzt nacheinander all die Töne, die wir in dich legen, und deine Schönheit wird ans Tageslicht kommen als die immerwährende Präsenz einer Melodie reinen Seins, in die wir dich rufen als die Gestaltungskraft einer innigen Liebe, die alles in dich vereint.

*Ist das für das Buch bestimmt oder nur für mich?*

Hoheitsmelodien des ganzen reinen Seins erklingen in dir.

Du wirst dieses Buch nicht schreiben, ohne dich hineinzunehmen in diesen Gestaltungskranz und dafür dienen wir dir – zu singen die Melodie deines erwachten Seins, und in dir die Gestaltungsmacht der immer währenden Liebe so zum Vorschein kommen zu lassen, dass ein mächtiges Schauern in den Menschenherzen entsteht, die berührt sind von der Aufnahmefähigkeit deines reinen Seins.

Und diese Aufnahmefähigkeit ist ein großes Kapitel in diesem Buch, denn sie handelt von einem Menschen, der in sich so viel Liebe erschlossen hat, dass er in unserer Gegenwart zum Gefäß der reinen Liebe wird und ihr dient.

Diese Merkmale sind wichtig, sie bringen die Lauterkeit in die Menschenherzen zurück und sie lassen erstehen .......

*Soll ich das am Anfang auch, ganz am Anfang, was ich da für mich auf gesprochen habe, nee, erst da, gel, wo ich euch gerufen habe zum Diktat?*

Die Reinheit der Liebe entzündet in dir den Lichterglanz reinen Seins. Und in ihm empfängst du unsere Botschaft, und tauchst ein in das Empfangene als die Neugeborene, in der alles so zum Ausdruck kommt, wie du es wundervoll auf Kassette aufgesprochen hast. Nimm es mit hinein es dient dem Erwachen.

Und wir danken dir fürs Zuhören und können jetzt mit dem Text weiterfahren, den wir dich wissen lassen wollen.

Die Schöpfungsgeschichte, in die ihr eingeweiht seid, und die euch prägt, hat in euch den Resonanzboden geschaffen für das, was wir euch jetzt zukommen lassen.

Ihr erinnert euch, dass am siebten Tag Gott ruhte – und dass dieses Ruhen kein passives Ausruhen ist, sondern eine gewaltige Explosion der Kräfte, die sich entladen wollen, um das Ganze zu befruchten. Es ist ein Kreislauf ewiger Schönheit, in den ihr hineingenommen seid.

Und in diesem Kreislauf verbindet ihr euch mit der Natur.

Und in diese hinein gebt ihr euren Samen. Es ist der Samen der Liebe, durch die ihr angeschlossen seid an das Bewusstsein allen Seins. In diesen Samen tragt ihr die Früchte des erwachenden Lebens in euch und sie vervielfältigen sich durch eure Liebe. Sie sind bereits so weit gediehen, dass wir euch folgenden Abschnitt vor die Füße legen können.

Wir danken dir fürs Zuhören. Du gehst weit hinein in die Geschehnisse, und so können wir dir sagen, dass heranreift in uns eine neue Urschöpfungsmelodie. Und in dieser Urschöpfungsmelodie empfangen wir ein vereintes Sein.

Es ist die Liebe, die es hervorruft, die in uns wächst, die euch mit hineinnimmt und die alles Leben gestaltet auf dem Boden der Resonanz und in allem Leben das Körnchen der Entstehung reinen Seins hervorbringt und ihm dient.

Du wächst an den Früchten dieser Liebe und empfängst sie in der Heiligkeit deines Herzens und übergibst sie uns

*Wen? Die Heiligkeit meines Herzens?*

in reiner Form als die Gebärerin einer heiligen Ordnung in die wir unsere Gestaltungskraft so legen, dass in dir die Früchte dieser reinen Liebe entstehen. Du wirst in einem späteren Kapitel erfahren, wie sehr du bereits in diese reine Liebe hineingenommen bist.

Und wir danken dir an dieser Stelle für die Tat des reinen Empfangens der schöpferischen Worte reinen Seins, die sich in uns gebären und vollenden in der Tatkraft des Sich-Ergießens in eine Seele, die sich an ihnen erfreut.

Immer dann, wenn im Menschen die Bereitschaft auf Zusammenarbeit mit den höheren Kräften der Natur erwacht, beginnt er in sich die reine Melodie dieser erwachten Liebe zu sein, und beginnt diesen Tanz des Lebens – in dem er sich und das Ganze in den Kanälen seiner Schaffenskraft assimiliert, vervollständigt und heiligt.

## Die Göttliche Quelle spricht

Und in diesem Heiligen erkennst du Mich, den Einen Geber des Einen Lebens und verbindest dich mit Mir zur Einen Tat.

Und in den Bäumen ist das gleiche Licht, das auch in dir ist, sie empfangen den gleichen Segen und sie bringen hinein ihre Liebe.

*Ich bin in meinem heiligen Herzen eins mit der höchstmöglichen göttlichen Quelle, sage ich, um ruhig und zentriert zu bleiben nach dieser Überraschung*

Und diese Liebe fließt in euch. Sie ist das Band, das uns verbindet und in dem ihr angeschlossen seid an Meine Herrlichkeit. Es ist das Band reinen Seins.

Und in diese Liebe ergieße ich Meine Strahlkraft, und durch diese bist du emporgehoben in das Reich der Liebe und empfängst die Klarheit reinen Seins.

Erwache nun in diese hinein und vollende den Tanz, der sich gebärenden Erde, der sich reinigenden Sonne, der in sich erstehenden Welten, durch die ich Meine Schöpferkraft ausdehne und erblicke in dir, in deinem geeinten Sein, die ganze Melodie einer geeinten Erde.

Trete hervor als diese zur mächtigen Verankerung Meines Seins in ihr.

Und durch dieses Sein empfängst du die Herrlichkeit eines zu sich selbst erwachten Ganzen und tanzt mit ihm den Schöpfungstanz der reinen Melodien allen Seins und in ihn hinein gebäre ich Mich als Gestaltungskraft der ewig Einen Liebe und vollführe diesen Tanz in immerwährender Achtung vor Meinem Heiligen Sein.

Und in dieses Heilige Sein hinein rufe ich alle Meine Kinder und nähre sie mit der reinen Liebe des Einen Seins.

Und in dieser ist die Schöpfungsmelodie Meiner Gegenwart. Und in diese hinein ergieße ich die reinen Strahlen der Leuchtkraft in jedes Herz.

Zu gebären Mich in Meine Kinder brauche ich Raum in Ihren Herzen.

Es ist der gleiche Raum, den Ich in allen Herzen einnehme und dadurch vereine Ich Mich in allem Sein und bringe zum Ausdruck die Auferstehungsmelodie einer erwachten Liebe.

*Was heißt das, einer erwachten Liebe?*

Es ist die Liebe, die allem dient, es ist die zu sich Selbst gewordene Schönheit des Einen Ganzen, das sich vereint im liebenden Herzen mit der Gestaltungskraft der Uressenz, die Ich Bin.

Empfange nun den Segen dieser Heiligen Tat in allen Meinen Kindern. Und in dir ersteht ein großer Frieden. Es ist jener Frieden, der dich eint mit allem Sein.

Und in diesen hinein gebäre Ich die Lieblichkeit des Augenblicks und vereine Mich mit allem Sein in der Schöpfungsmelodie der Einen Liebe.

Und zu Mir kommen alle jene, die den Ruf in ihrem Herzen vernommen haben und in sich der Liebe dienen, die sie aufnahmefähig macht für Meine gesprochenen Worte.

Und in dieser Uressenz des Einen Seins empfängt jeder aus der Klarheit des Augenblicks die an ihn gesprochenen Worte.

Erwache nun in das Buch hinein, der du hier an dieser Stelle angekommen bist und schwinge mit den Bäumen in der Essenz der Liebe, die sie verkünden und in ihnen ist jetzt das Wort zur Gestaltungskraft deines Seins.

Und sie erkennen in dir denjenigen, der sein Bewusstsein ihnen geöffnet hat und bringen dir die Botschaft der Einen allgegenwärtigen

Liebe, in die hinein sie dich haben blicken lassen als Resonanz auf die Schöpferkraft dieser reinen Melodie, die in ihnen spielt.

Und in dieser reinen Melodie empfängst Du jetzt die Worte der Bäume in deinem Herzen.

## Worte der Bäume

Geliebte Kinder des Friedens, des Einen Lichts, der Liebe und Wahrheit, Ihr seid hineingegangen in den Tanz der Einen Melodie des Seins, der immerwährenden Schöpferkraft in ihm, und habt erblickt das Licht, das euch alle speist.

Und in ihm seid ihr aufgegangen in eure Melodie hinein und die Schöpferkraft hat euch aufbereitet, in dieses reine Sein hineinzugehen, und eure Melodie mit ihm zu teilen.

Nun verbindet euch mit der Erde und lasst dieses neu entstandene Licht in ihre Chakren fließen und empfangt von ihr die Reinheit des Seins, durch die sie euch ruft, mit ihr in diesen Tanz der Einen Liebe hinein zu gehen.

Und ihr gebärt auf der irdischen Ebene euren Plan, der in euch die Gestaltungskraft des Einen Seins trägt.

In der Erde sind diese Melodien jetzt angekommen, durch die ihr lebt, und sie hat sie angenommen und trägt ihre Früchte in sich.

Ihr habt jetzt einen lauteren Plan empfangen, der euch speist mit allem, was ihr braucht, um euren Dienst zu tun.

Und in diesem Dienst ist die Melodie eurer Urschöpfungskraft, und sie trägt viele hinein in die Lieblichkeit des Augenblicks, zu zeugen von ihr.

Und so seid ihr gerufen, in dieser Urschöpfungskraft die Herzen all jener zu einen, die sich euch angeschlossen haben.

Und in diesem heiligen Geschehen erblickt ihr die reine Tat ewigen Seins, ewiger Liebe. Es ist dies die Tat der heiligen Achtung vor allem, was ist. Und in dieser Tat seid ihr die Gekrönten.

Und ihr erblickt in ihr die Urmelodie reinen Seins, das sich euch offenbaren will, und in das ihr hineingeholt werdet als die Geläuterten und vollbringt in ihr die Auferstehung des Einen Seins in euch.

In diese Auferstehung hinein gebärt sich euer Sein. Und sie zieht in euch ein als die Gebärerin einer heiligen Ordnung, die ihre Gestaltungskräfte im heiligen Dienst zum Ausdruck bringt, und ihn feiert als das zur Gestalt gewordene Leben der reinen Tat reiner Liebe in euren Herzen.

*(Sie hatten gesagt, dass es die letzten Worte waren. Ich könnte auch gar nicht mehr.*

*Und sie sagten mir noch, dass ich von Stund an eine andere sein werde.*

*Ich bin satt und voll von der Energie der empfangenen Worte.)*

Wir sind nie alleine
und können es auch gar nicht sein –
denn ihr wandelt uns,
so stark, wie wir euch

27.10.2009

(Anmerkung der Herausgeberin: Die Kassette startet mit einem Teil, der nur für die Sprecherin war. Ein großer Teil dann war auch nicht aufgenommen, da das Kabel draußen war. Als Renate Maria dies bemerkte, war sie sehr verzweifelt - das ist dann wieder aufgenommen - und bat um Hilfe. Sie erhielt dann ein Zeichen, dass sie jetzt wieder sprechen könne. Heute ist es verständlich, dass dieser überaus private Teil nicht zu hören ist, da <u>ich</u> die Kassette abtippen musste. Renate Maria hatte drei Kassetten noch nicht getippt.)

Wir baden dich in Reinheit, Liebe und Fülle. Du wirst jetzt es etwas aufnehmen, was dir große Freude macht und daran erkennen, dass wir bei dir sind.

Du bist einen weiten Weg gegangen. Und auf diesem Weg haben wir dir viele Botschaften zukommen lassen, die allein für dich bestimmt waren. Und um diese Botschaften irgendwie sicher in deinen Händen zu verwahren, hast du sie so aufgenommen, dass man nichts hörte.

*War diese Sicherheitsmaßnahme notwendig?*

Und dadurch ist in der Erde ein Lied entstanden, das sie braucht, um dir dienen zu können.

Sie hat Ja gesagt zum göttlichen Plan, mit dir zusammenzuarbeiten, und wir bringen dir heute ein schönes Geschenk.

Du hast ein erweitertes Bewusstsein. Und in diesem erweiterten Bewusstsein können wir so sprechen, dass du uns gut hörst.

Es ist dies das Bewusstsein einer Seherin, einer reinen Dienerin. Und diese Dienerin hat jetzt soeben etwas erhalten, das in uns eine große

Freude auslöst. Denn in dem Moment, wo du es erhalten hast, haben auch wir es erhalten.

Das ist das Geschenk der reinen Liebe der Erde an dich. Und in diesem Geschenk bist du so eins mit ihr, dass du ihre Türen, die sie für dich aufgemacht hat, nicht mehr übersiehst, in sie hinein gehst, wie eine Neue, die zwar nicht weiß, was sie da jetzt tut, und doch offenen Herzens mit der Erde kommuniziert.

Und zu diesem Zweck sind wir heute zusammengekommen, dir zu sagen, dass du in dem Buch einen großen Abschnitt von der Erde mit drin haben wirst.

Das ist...

*Ich glaub, das ist jetzt die Erde. Gleich, Heilige Erde, ich muss aufs Klo.*


*Wir können gleich beginnen.*

In den vergangene Zeiten, in denen ihr immer wieder das Wesen eurer geliebten Erde mit Füßen getreten habt und ihr Schaden zufügen wolltet, weil ihr keinen besseren Weg saht, als sie auszubeuten, habt ihr uns, die Zwerge auch mit Füßen getreten, denn wir sind ein Volk, das der Erde dient.

Und in diesem einen Volk

*heilige Zwerge, seid ihr jetzt da? Ich war auf die Erde eingestellt.*

ist die

Das überrascht dich, aber nicht mehr lange. Mach weiter.

ist die ganze Treue der Erde zu euch, denn wir sind ihre Dienerin und haben ihr über die schwere Zeit hinweggeholfen,

*Heilige Zwerge, seid ihr wirklich da?*

wo ihr nichts mit ihr zu tun haben wolltet und wo ihr euch gebärdet habt, wie wilde Tiere, um in eurer Sprache zu sprechen, und alles zerstört, was ihr jetzt wiederaufbauen müsst. Wir helfen euch dabei und ihr wundert euch vielleicht.

*Vorher wollte ich weinen…aber sie sagten, ich soll mir an die Brust fassen und ich wusste, sie sind es.*

Und wir werden euch dabei helfen, wieder so viel an Verantwortung zu übernehmen, dass dieser Planet ein heiliger Planet werden kann. Und in diesem Heiligen ist jetzt unsere Stimme.

Wir dürfen dir sagen, dass du ein hervorragendes Buch geschrieben hast und dass wir zur Stelle sind, wann immer du uns brauchst.

Wir werden dir

*Wem, mir oder dem Leser?*

dir in vereinter Liebeskraft etwas sagen. Die Bäume, die Zwerge und die Erde brauchen deine Hilfe. Und jeder, der dieses Buch liest, ist damit angesprochen.

Ihr werdet in absehbarer Zeit so viel Hilfe von uns erhalten, dass ihr alle, die ihr dieses Buch lest, in eine größere Schwingung kommt und euch mehr zutraut, euch bewusst werdet über eure Entstehung, euch inständig an das erinnert, was wir euch geben dürfen, als einen Teil von euch, den ihr in euch tragt.

Und das gesamte Wissen, das ihr in euch tragt, wird euch so zur Verfügung stehen, dass niemand es mehr euch wegnehmen kann und ihr gewappnet seid gegen Über griffe anderer und die ihr in euch das feste Wissen erhaltet, dass dies die Wahrheit ist und dass wir wirklich in vereinter Kraft jetzt der Erde dienen müssen.

Und sie hat Ja gesagt zu unserem Plan, euch ein Beispiel zu geben, wie sehr sie leidet. Und sie wird sich euch deshalb jetzt selbst mitteilen.

## Die Erde spricht

In den vergangenen Jahren, in denen ihr meine Gegenwart in euch spüren konntet, denn ich habe mich euch mitgeteilt, habt ihr immer wieder daran gezweifelt, ob ihr auch wirklich mit mir in Kontakt seid.

Und ihr habt immer wieder versucht, mich aus euch heraus zu bringen und mich nicht wahrzunehmen. und es ist euch auch gelungen.

Denn ihr seid noch nicht im vollem Besitzt eurer Kraft, in der wir miteinander kommunizieren können. Und ihr seid euch auch nicht bewusst, in welcher Stärke und in welchem Ausmaß ihr in diese Kraft hineinmüsst, dass ihr, wollt ihr die nächste Zeit mitverantworten, euch bewusst seid, wie sehr ich leide und wie sehr ich eure Hilfe brauche.

Ihr begreift euch noch nicht als Kinder eines Ganzen, als ihre Diener, die in die Verantwortung gezogen werden müssen, denn ihr habt in euch eine große Anzahl an Widerstand gegen diese Verantwortung, denn ihr schwingt euch immer wieder ein auf eine niedere Frequenzstufe, auf der ihr nicht in der Lage seid, dieser Verantwortung gerecht zu werden und sie überhaupt wahrzunehmen.

Ihr seid unzählige Male in dem Bewusstsein gewesen, mir dienen zu müssen und habt gleich wieder aufgehört, dieses Bewusstsein in euch zuzulassen. Es bedarf aber eines vereinten und in Liebe angenommenen Strebens, das uns so eint, dass ihr in die Verantwortung mit hineingenommen werden könnt, die wir jetzt, die wir hier versammelt sind, eurem Planeten

*Dann ist die Erde wieder weg?*

eurem Planeten zukommen lassen wollen.

Ihr seid in höchstem Maße aufgefordert, ein bewusstes Leben zu führen und in diesem Leben alles von euch zu weisen, was euch blind, taub, gefühllos, rücksichtslos, schwach und untauglich, für euch selbst die Verantwortung zu übernehmen, hat sein lassen.

Ihr müsst umkehren.

Ihr werdet von uns so lange auf die Reinheit eurer Gefühle und Absichten geprüft, bis wir in der Lage sind, zu erkennen, dass ihr jetzt ein wirkliches Bewusstsein der Einheit für alles Sein empfindet und dass ihr nicht in der Lage seid, gegen diese Einheit zu handeln. Und dann erst dürfen wir euch Verantwortung übergeben.

Und ihr werdet in eurem Herzen ein großes Lied der lebendigen Einheit von Mutter Erde und all ihren Kindern vernehmen, das wir jetzt zum Segen der Erde und um ihr eine Freude zu machen alle gemeinsam singen.

## Lied

Du hast in uns einen Gebärer der Freude
und hast in dir eine Erfüllung heute.
Du bist in uns unser heiliges Herz.
Du bist in uns unser Heiligtum
und hast in dir geöffnet die Tür.

Du hast eingelassen den Schmerz
du bist weit gegangen in dein Herz.
Du hast heut empfangen
die Gnade, ein neues Leben zu sein.

Mit vereinten Kräften wir dir sagen:
Du bist für immer in unserem Herz.
Wir, die deine Diener sind, es wagen,
dir zu sagen: Es ist kein Scherz.

Die Menschheit hat angefangen,
den Traum des ewigen Lebens zu empfangen
und hat in dir heute den Weg bereitet
für ein neues Zuhaus in dir.

Es sind alle Pforten geöffnet.
Es sind alle Herzenstüren weit auf.
Ihr habt in euren Heiligen Herzen
den Raum bestellt für ein großes Fest.

Und ihr habt in diesem Platz genommen
und könnt die Worte
der Heiligen Erde jetzt vernehmen.

So seid gegrüßt,
meine Kinder alle
und habt Geduld.
Es wandelt sich Holde Erde mit allem Sein.

Und in dieses Sein hinein
leuchtet die meine Liebe für euch.
Und in dieser reinen Tat
habt ihr vollbracht

das neue Lied der Erde,
das neue Lied der Erde,
das ist eurem Herzen ist,
das in eurem Herzen ist.

Ihr habt das neue Sein empfangen heut.
Und dieses neue Sein lädt euch ein
zu tanzen und singen mit ihr
und den Tanz der ew'gen Sonn
zu gebären in euren Herzen.

Und zu sein,
in euch zu sein,
und zu seien
ihre Schmerzen,

Und zu sein,
und zu sein,
tief in euch
das Heilige Sein.

Dieses Sein jetzt kreiert
den ew'gen Trost für Mutter Erd'.
Den großen Trost,
den schenken wir ihr jetzt.

Und zu sein,
und zu sein
in eurem Herz dieser große Schmerz,
der jetzt erlöst dies Mutterherz.

Und ihr den Platz jetzt findet,
zu gebär'n die Sonne in uns,
zu gebären diesen reinen Dienst
in uns, dem Ganzen Sein, das auf Mutter Erde weilt.


Und in diesem Sein
ist die Liebe jetzt eingekehrt.
Und dieses Sein hat aufgehört
zu vernehmen diese Störungsmelodie

und zu erschaffen das Liebeslied
mit euch Menschen, mit euch gemeinsam.
Und ihr erkennt die Dringlichkeit
mit der euch ruft das ganze Sein.

Ihr müsst jetzt retten,
dürft nicht mehr wetten,
wer der Größte, Beste, Schönste ist.
Ihr müsst jetzt weinen,

ihr müsst jetzt lachen um die Erde zu befrei'n,
von ihren Wunden, die ihr allein
ihr zugefügt, von ihrem Schmerz,
den ihr ihr nicht mehr länger antun könnt.

Ihr müsst jetzt tanzen,
in die Liebe hinein.
Ihr müsst jetzt lachen,
zu feiern das ganze Sein.

Ihr müsst jetzt lachen
um zu wachen.
Ihr müsst jetzt tanzen,
um zu leben.

Ihr müsst jetzt wachen,
um all das zu geben,
was die Erde jetzt braucht
und ihr in ihr.

Es gibt kein getrenntes Leben auf ihr.
Ihr habt schon gewusst, ihr habt schon gefühlt,
ihr seid alle so eng verbunden mit ihr,
dass all ihr Schmerz euch erschlägt und ihre Wunden in euch eitern.

Ihr habt jetzt Ja gesagt zu öffnen euer Herz
für die Wunden der Erde.
Ihr habt jetzt Ja gesagt, zu tanzen
den Befreiungstanz für sie.

Sie hat jetzt eingestimmt in diese Melodie,
zu reinigen euer Herz in Liebe für sie
und all euer Leid zu transformieren
in die Achtung vor dem Geschehen, das auf der Erde wächst.

Es wächst hinein
in eine große Freude.
Es zieht das Glück nach sich
nach dieser großen Reinigung.

Ihr wisst es schon heute,
ihr habt die Wahl,
euch hineinzustellen in den großen Dienst
der Liebesmelodie, die in euer Herz einzieht.

Es ist die Liebesmelodie
eines geeinten Seins.
Und diese Liebesmelodie
hört ihr in euren Herzen jetzt.

O heil'ge Erde,
verzeih' all unsere Taten an dir,
die dir viel Leid gebracht.
Wir haben aufgehört damit und in uns die Sonne lacht,

denn wir haben in dir erkannt
das fühlende Wesen, das du bist
in deiner Liebe zu uns.
Wir haben aufgehört,
auf dir herumzutrampeln.

Wir wissen jetzt,
wie schwer du es hattest
und wir segnen dich,
geben dir all unsre Liebe.

Es leuchtet hinein in diese Ganze Sein
der Augenblick der reinen heil'gen Tat
zu gebären jetzt die Melodie
eines geeinten Seins.

Und dies Eine Sein
singt in unser Herz hinein
und wir vernehmen es.

Es hat jetzt Platz in uns
und wir gebären jetzt dieser, meinem Sein,
den Einlass in unser Herz hinein
und wir haben in uns eine große Freude.

Wir haben es geboren heute,
das Sein der Tat, die Liebesmelodie.
Das heil'ge Sein,
es leuchtet in unser Herz hinein.

Und dieses Sein ist die Tat.
Der Schlüssel, der liegt in uns.
Wir haben aufgemacht
das heil'ge Tor dieser Tat.

Sie leuchtet jetzt in uns
und unser aller Sein
schwingt in die Liebe hinein
und wir danken dir von ganzem Herzen.

Du heil'ge Mutter von uns,
du hast jetzt Ruhe vor uns.
Wir geben dir jetzt
unsre Liebe in Dankbarkeit.

Und sie erfüllt unser Herz.
Wir kennen jetzt deinen Schmerz
und haben dir jetzt
ein Geschenk gemacht.

Wir treten alle vor dir hin
und singen unser Lied
der Dankbarkeit in dein Herz.
Du leuchtest in uns wie ein Stern.

Du schenkst deine Wärme uns allen
und wir ziehen selbstleuchtend hinein in dein Sein.
Und wir kennen dich
und deine Wunden in uns.

Sie werden jetzt geheilt
durch unser vereintes Sein.
Und unsere Liebesmelodie,
sie zieht in dein Herz hinein.

Sie werden jetzt geheilt,
all deine Wunden in uns.
Und unsere Liebesmelodie
zieht in dein Herz hinein.

Und es gibt so viele, die nach dir fragen
und die in ihrem Innern immerzu nach dir sehn.
Und in diesen brennt das heil'ge Lied der Liebe für dich.
Und wir haben jetzt angefangen, dieses Lied zu sein.

Wir kennen dich.
Wir rufen dich.
Wir brauchen dich,
all deine Liebe.

Sie war so gut für uns.
Sie war so reich für uns.
Sie war so rein in dir.
Wir danken dir dafür.

Wir geben dir unser Wort.
Die Liebe brennt jetzt in uns.
Wir tragen für dich fort
das Leid, die Not und den Tod.

In unser Herz zieht hinein
die Freude, dass es dich gibt.
Und wir erkennen in dir
die Liebe, die wir sind.

Wir tanzen jetzt mit dir
den heil'gen Tanz, reines Sein.
In diesem heil'gen Tanz
ist alles Sein darein.

Wir tanzen jetzt mit dir
den heil'gen Tanz reinen Seins.
In diesem reinen Sein
gebären wir unsere Liebe in dir.

Du bist die Treue,
die Gute, die Reine,
die alles gab für uns
und wir schenken dir dafür unser Herz,

das in Liebe erwacht,
erfüllt dein Sein und wir tanzen in es hinein
als die Achtsamen deiner Liebe,
als die Gebärer der reinen Tat.

In diese stellen wir Kreuz vor dir auf
und verwandeln es jetzt
in reines heil'ges Sein.

Durch der Liebe Tat,
durch die Zugehörigkeit zum göttlichen Plan,
durch die reine Herzenstat
verwandelt sich all unser Leid.

Und wir gebären in dir unsre Feud',
zu gehören dir, der reinen Liebe,
zu schauen auf dich
mit reinem Herzen,

zu lieben dich sehr,
zu achten dich sehr,
zu heil'gen die Tat deiner Liebe
mit unsrer reinen Tat

der Liebesmelodie,
die wir dir bringen dar,
der reinen Tat
unsrer Liebe in dir.

Sie schafft jetzt Platz
für das geeinte Sein.
Und in dir leuchten die Tränen
der Freude hinein.

Du bist unsre geliebte Mutter Erde,
die wir so lange mit Füßen getreten,
deren Liebe wir gar nicht erkannt,
deren Herz wir gar nicht gehört
und die jetzt ihren Schmerz in uns weint.

Wir haben dafür ein offenes Herz.
Wir treten jetzt alle vereint zu dir heran.
Wir haben all deine Wunden bedeckt
mit unsrer Liebe und unsrem Herzenslied.

Wir haben jetzt
all deine Wunden bedeckt
mit unsrem reinen Sein,
das wir in dir sind.

Und die Bäume schenken uns jetzt die reine Melodie ihrer Liebe
und nehmen uns auf in sie.
Die Bäume haben dir dieses Geschenk gemacht,
oh holde Mutter Erde.

*Ich spüre ganz den Schmerz in mir. Ich spüre ganz den Schmerz in mir. Dafür danken wir dir, Mutter Erde, dass du ihn so lange vor uns verborgen halten konntest und all dein Leid und mit dir an uns mit dir selber ausgemacht hast, doch jetzt sind wir bereit, nach und nach, diesen Schmerz mit dir zu teilen.*

*Und wir geben dir unser Wort. Wir werden den Teil der Schmerzen in dir, den wir in uns erlösen müssen, jetzt erlösen.*

*Und wir werden das gemeinsam tun. Singend, lachend, tanzend, zu machen ein Fest aus daraus mit dir.*

*Und dieses Fest liegt mir sehr am Herzen. Ich möchte, dass wir dich, heilige Mutter Erde, bereit machen und so viele Menschen, wie nur irgend möglich anziehen und sie von ihrem Schmerz erlösen und mit ihnen tanzen, den heiligen Tanz des Lebens, auf dass du aufersteht in unsrer Liebe.*

*Und jeder, der diese Zeilen liest, ist herzlich eingeladen, an diesem Transformationsprozess teilzunehmen und im miteinander Singen, Lachen, Tanzen der Erde unsre Ehrerbietung zu erweisen und sie hinein zu nehmen in unsere Liebesfeuer, das ein Dankesfest für sie ist.*

*Und in diesem Sinne lade ich alle ein, zu mir zu kommen und diesen Tanz zu begehen.*

Es ist der Tanz der reinen Herzen für Mutter Erde. Und es ist der Tanz reinen Seins. Es ist der Tanz des geeinten Lebens, das höchsten Gut, was wir hier auf Erden sind.

Es ist der Tanz der Einen Liebe aller für Mutter Erde. Und in diesen Tanz hinein bringen wir all unsere Liebe für dich, heilige Mutter.

Und wir danken dir, dass du solange mit uns gelebt hast, ohne zu klangen, uns immer noch verschont hast mit deinen Bitten, die wir doch hören müssen und die doch an unser Ohr kommen müssen, unsere Herzen zu öffnen für deine Liebe und unsren Schmerz nicht länger zu ignorieren darüber, was wir dir angetan haben.

Und jetzt, da wir dieses Lied haben, können wir es in jedes Menschenherz hineinlegen. Und es ist das Lied der Versöhnung mit dir, der Achtung, der weite Teile des Seins vereint und in dir zusammenbringt als die Eine Mutter allen Lebens auf der Erde und in dir die Liebe singt, die du immer für uns gesungen hast und die das Leben in dir ist.

Und diese Liebe teilen wir mit dir. Diese Liebe sind wir und in dieser Liebe erstehen wir auf zur nächsten Tat, dich zu umarmen, in unsere Liebe hineinzunehmen als der Stern, der ersteht. Und in unsere Liebe hineinzunehmen, als die, die gelitten hat, unsäglich gelitten hat unter unseren Taten, die wir nicht in Liebe waren.

Und jetzt werden die Taten Liebestaten reiner Herzen, und wir schenken sie dir, geliebte Mutter Erde, damit du aufersteht in unsrer Liebe und wir auferstehen in der deinen. Und damit das Fest, das wir mit dir feiern, ein großes Fest der Liebe und des Dankes wird und damit die Reinheit unserer Liebe von dem zeugt, was wir sind: deine Kinder, geboren aus deinem Leben, aus deinem Licht und deiner Liebe.

Denn alles, was wir sind, ist aus deiner Liebe entstanden. Und geboren in diese Liebe hineinbringen wir dir unseren Dank dar. Sei gesegnet. Hab Dank für alles, was du in der ganzen Zeit deines Bestehens für uns getan hast. Und hab Dank auch für alles, was du noch für uns tust. Doch diesmal tust du es nicht mehr alleine. Diesmal sind wir bei dir.

Und wir werden mit dir vereint das Leben feiern und dieses Leben als etwas Heiliges betrachten. In unendlicher Liebe sagen wir dir heute: Wir freuen uns auf ein Wiedersehen in reinem Gewand, mit lichtem Herzen, mit weitem Sinn, in reiner Liebe, zu feiern mir dir die Auferstehung des Lebens in uns.

Und dafür danken wir und ziehen jetzt ein in dein Herz als die Liebe, die wir sind und die alles berührt, mit dem wir in Berührung sind und die alles in die Liebe hineinnimmt und die diese Liebe so ist, dass alles zur Liebe erwacht.

Denn wir sind deine Kinder. Und deine Kinder reichen sich jetzt die Hand und geben dir, erwacht. Wir sind Liebe. Und diese Liebe ist es, die das Tor aufmacht zur nächsten Bewusstseinsstufe und die uns hineinnimmt in all das Wissen, das die Bäume seit langer Zeit in sich aufbewahren für uns, die wir jetzt bereit sind, es anzunehmen.

Und wir haben heute ein großes Geschenk erhalten. Es ist das Geschenk deiner ganzen Liebe und deines ganzen Seins. Und in dieses Geschenk hinein legen wir unsere Liebe, unser ganzes Sein, und treten hervor als die Gebärer einer neuen Ordnung, die vereint mit den Bäumen, mit der Stimme deines Herzen in uns und mit der Stimme allen Seins dir dieses Lied haben zukommen lassen, als Dank für die Geschöpfe, die wir sind und als Dank an den großen Schöpfer/die große Schöpferin, den Einen Gott/die Eine Göttin.

Es ist unser Sein, dass in Ihm ist und das uns in Ihm eint und das uns hineinnimmt in Seine Liebe. Und wir danken Ihm, dem großen Schöpfer/Schöpferin, Gott/Göttin für die Gnade der Umwandlung unsres Seins in die Liebe hinein.

Und diese Liebe bringen wir Ihm/Ihr dar, zu krönen unser Sein mit der Krone der allgegenwärtigen Liebe des reinen Seins in uns. Und dieses Sein ist es, das wir in uns fühlen, zu dem wir erwachen und das uns alle eins sein lässt auf der Ebene der Liebe.

Und für dieses Sein sagen wir: Wir sind Deine Diener, Heiliger Gott/Heilige Göttin, Heilige Quelle in uns, Heilige Urquelle reinen Seins. Wir sind die Diener Deiner reinen heiligen Tat in uns. Und dieses Lied hat uns auf den Weg gebracht. Und wir danken Dir für Deine Güte, uns an der Hand zu nehmen und uns weiterzuführen in ein Leben in Freiheit, in dem wir Dir all unsre Liebe darbieten können.

Und dieses Leben hat in uns begonnen. Es ist auferstandenen in uns. Und dieses Leben will gefeiert sein. Es ist das Leben der Einen Heiligen Tat in uns. Es ist das Leben reinen Sinns. Es ist da Leben des Einen Seins, das wir sind. Es ist das Leben der Einen Liebe, die wir sind. Es ist unser ganzes Sein, das jetzt mit vereinten Kräften zu Dir spricht. In Dir ist Frieden. Du bist unser Sein. Du bist das reine Sein, das wir sind. Du bist die Liebe, die wir sind. Du bist die reine Tat, die wir sind.

Wir öffnen Dir unser Herz zu gebären in uns diese reine Tat deiner Heiligen Liebe in uns. Und wir sind die Schöpfer dieser Heiligen Liebe auf der Ebene des Vertrauens zu Dir. Und wir reichen Dir die Hand und bringen Dir unseren Dank dar, den geeinten Dank allen Seins. Und wir verbinden uns mit Dir in großer Ehrfurcht und wir danken Dir für all deine Liebe, Gnade, Güte.

Und wir bringen Dir unser Wesen dar, jeder einzelne von uns. In diesem Wesen bist Du, bist Du, unser Sein. Und dieses Wesen will jetzt erkannt sein. Und dieses Wesen ist reich an Liebe, an allem, was wir brauchen, um die nächste Zeit gut zu meistern.

Es ist das Wesen, das wir in unsrem Allerheiligsten sind. Es ist das Wesen, das uns ruft. Es ist das Wesen, das wir immer sein werden in der reinen Liebe mit Dir und in diesem Wesen bist Du unser Gott/unsere Göttin, Vater/Mutter, Ur, unsere Quelle, unser reines Heiliges Sein, das wir mit Dir teilen und in dem wir sind. Und das wir so an uns heranlassen, dass die Liebe, die wir sind, zu dir strömt.

Und in dieser Liebe feiern wir die Auferstehung unsres Seins in Dir. Und diese trägt die Früchte Deiner Gegenwart in uns. Es ist die Gegenwart der reinen Liebe des reinen Seins. Es ist die Gegenwart der Auferstehung Deiner Heiligen Tat in uns. Es ist die Gegenwart der lebendigen Liebe und des Wachsens in das neue Zeitalter des Friedens hinein. Es ist die Gegenwart, wo wir uns die Hand reichen und uns erblicken als Söhne und Töchter der Einen Liebe, als Ein Sein, verbunden mit Eins, mit allem was ist.

In dieses Eine Sein ergießt Du Deine Liebe und wir empfangen es als Deine Kinder, die Dir gehören in Deiner Liebe zu ihnen und die Dir gehören in Deiner unendlichen Barmherzigkeit mit ihnen und die Dir gehören in der reinen Tat und der Auferstehung des Lebens in ihnen.

Und so sagen wir: Wir danken den zwei Wesen, dem einen ungeteilten Sein und unserer Mutter Erde. Und wir empfangen diesen Dank, der in uns die Freude auslöst, eure Kinder zu sein, und wir geben das Wort den Bäumen, auf dass sie in uns die Liebe bereiten, die wir sind und die wir so an uns heran lassen, dass dieses Buch ein Buch der Liebe ist, in dem wir aufgehen und unsere Schätze finden, unsere Wurzeln, unsere heilige Tat, unsere Achtsamkeit, unseren Frieden und unsere Liebe, die wir sind.

Es ist dies das Genschenk der Bäume, dies in uns erweckt zu haben und diese Liebe in uns zu spielen. Denn sie sind die Wächter der Liebe, die sich und uns in einem Zustand der Liebe, reinen Seins halten. Und in dieser Liebe sagen sie uns:


Ihr seid aufgefangen von unserer Liebe und ihr seid getragen in ihr. Ihr kennt das Lied unseres Herzens, das wir mit euch gesungen haben. Und in diesem Lied sind wir so verankert, dass ihr unsere Gegenwart spüren könnt, sobald ihr dieses Lied singt. Es ist das Lied unseres Seins. Es ist das Lied, das wir euch geschenkt haben, damit in euch die Tür aufgeht zum vereinten Sein.

Und in diesem Lied ist unsere Herzenskraft. Es ist das Lied unserer ganzen Liebe für euch. Und in diesem Lied werdet ihr so viel Freude habe, wie ihr es zulasst. Und wir empfinden euch, wenn ihr dieses Lied singt. Und wir erkennen euch, wenn ihr es tut. Und wir sind bei euch, sobald ihr es anstimmt. Und wir haben unsere ganze Liebe hinein gelegt in dieses Lied.

*Heilige Bäume, ist das Buch zu Ende oder wollt ihr noch sprechen?*

Vertrau, es ist zu Ende. Wir sind jetzt deine stille Diener.

# Die Diener des Lichts sind diejenigen, die im großen göttlichen Plan arbeiten

*Liebe Bäume, wir können loslegen.*

*(Daraufhin sagten sie:)*

Die Taschen voll Streit.

*Okay, da ist noch etwas in meiner rechten Tasche. Wie so ein alter schwarzer Pfeil, in Zusammenhang mit meiner Mutter und einer anderen Frau.*

*(Es hieß ich soll drei Stunden rausgehen, Ärger auflösen. Dann habe ich gedacht, ich hab doch keinen Ärger, ich kam nicht ran.*

*Und dann durfte ich draußen einem aktuellen Ärger begegnen, einer Frau, die ihren Hund allein herumlaufen lässt – was jeden ärgert - und ihn nicht zurückpfeift, wenn meine Hündin vor Schmerzen laut aufheult, wenn er sie besteigt. Diese Hundehalterin schreit, wenn ich ihren Hund nicht zu meiner Hündin lasse - obwohl diese selbst ihm aus dem Weg geht. Doch wenn meine Hündin angeleint allein sitzt, kann sie diesem streunenden Hund nicht ausweichen – erzählt überall, wie schön die beiden miteinander spielen.*

*Ich begegnete ihr zweimal, lief einmal einen Umweg, um ihrem Geschrei aus dem Weg zu gehen und meine Hündin zu schützen, dann noch mal und dann war ich wütend.*

*Dann haben mir die Bäume Folgendes gezeigt: Wenn ich wütend bin, zieh ich diese Frau an. Die Wut zieht das dann an. Wenn ich auf sie wütend bin, zieh ich sie an, und sonst kommt das gar nicht in mein System herein.*

*Sonst bin ich eben die Liebe, die ich bin, das zieh ich dann im Außen an, und da kommt sie gar nicht an mich heran.)*

*Das war schon mal gut – danke heilige Bäume für diese Lehre, Einsicht.*

*In der Tat reife Früchte gezeugt. ‚Lass dir das gesagt sein.' Diese Spitzen stecken noch in dir.*

*Bitte rausnehmen. Von meiner Mutter.*

*Die Lieblosigkeit einer ganzen Nation steckt auch in mir.*

*Ich wollte hier nicht mehr geboren werden. „Kreuzige ihn", wie ich das hasse. - Hä, wieso hasse ich das!? Darauf herumreiten, auf dem Toten am Kreuz, ihn am Kreuz sehen und ihn nicht abnehmen wollen - ich könnte sie alle in der Luft zerreißen, das macht mich so wütend – jetzt kam ich an meine alte Wut heran, mitten im Wald, ich war erstaunt über meine Wut.*

*Ja, wenn man das anklagt oder nicht haben will, dann zieht man es ins Herz, wie mit der Wut, das zieht man dann in sein Herz rein.*

*Klaro – antwortete ich gleich, bevor ich den nächsten Satz aussprach, aussprechend aufsprach.*

*Auferstehung ist das heutige Thema, bist du bereit –*

*Klaro, sagte ich noch einmal.*

# Auferstehung

In der Auferstehung wandelt sich der Mensch von einem Ungesunden, zu einem Gesunden.

Der ungesunde Mensch tut alles, um sich festzuhalten an Leid, Unterdrückung, Schmerz, Unfreiheit, Unfreiwilligkeit, Unachtsamkeit, Lieblosigkeit, Gedankenlosigkeit, Haltlosigkeit und Blasphemie seiner eigenen Gedanken, Worte und Werke gegenüber, weil er diese verrät.

Der heilige oder auferstandene Mensch produziert dieses Unheil nicht mehr, weil er in sich trägt die sieben Früchte des auferstandenen Lebens, welche da sind

- Reinheit der Gedanken,

- Reinheit des Gefühls,

- Reinheit der Liebe - in die er sich so einlässt, dass sie ihn gebiert und sie ihm dient und er ihr aufmacht die Tür, und sie sich grüßen als die, die sich lieben, sowohl die Liebe ihn als auch er die Liebe,

- Allmacht des Seins - der gesamte Seinsausdruck erwacht in ihm und er wird frei, er gebiert sich neu auf allen Ebenen des Seins.

Und dabei helfen wir Bäume, denn wir dienen auf dieser Stufe. Und wir machen auf die Tür zu einem Firmament, das so groß und weit ist, dass alles in uns vibriert und wir von der Schönheit des Augenblicks so angetan sind, dass alles in uns ihm dient, dem Sein, an das du jetzt so angeschlossen bist, dass wir mit dem Buch fortfahren können.

*Wie gehört das vorher nicht da rein? Da war doch etwas mit sieben Früchten?*

Und in diesen Früchten bist du gerade.

Und die vierte Frucht wird geboren,

- die Lauterkeit des Augenblicks.

Und diese ist es, in die wir dich rufen.

Und wir verbinden dich mit einer Augenblickskette, in die du hineintauchst in das Firmament deiner Glaubwürdigkeit. Denn diese ist es, die heute geboren wird.

Und du machst alle Türen auf, um sie willkommen zu heißen, und zweifelst nicht mehr an dem, was du tust.

*Ich hab eigentlich nie gezweifelt. Bis auf gerade vielleicht, ich weiß nicht. An dem, was wir machen, habe ich sonst noch nie gezweifelt.*

*An dem von den Zwergen, Sasnapurt, ja, hinterher, absurderweise trotz Gefühle, Erleben der Heiligkeit während des Buchdiktats. Aber an dem von uns nicht.*

Und in dieser Zweifellosigkeit, in der du fest verwurzelt bist in unseren Träumen und sie zum Ausdruck bringst, erlaubst du dir,

*Aber wenn ihr Träume sagt, dann denkt man, das ist nicht wirklich*

erlaubst du dir, das ganze Spektrum der Liebe zum Ausdruck zu bringen und ihm zu dienen. Und darin bist du frei. Denn es ist der <u>Augenblick</u>, in dem Du frei bist, und dieser Augenblick ist es, der sich dir so offenbaren will, dass du jetzt verbunden bist mit uns

*Vorher nicht?*

und uns ganz empfängst.

In dieser Lauterkeit des Seins gebären wir dich und heben dich auf eine höhere Stufe deines Bewusstseins. Und in dieser höheren Stufe des Bewusstseins, erlaubst du dir, all das zu dir kommen zu lassen, was dich jetzt in dir so schöpferisch ausgestaltet, dass die Blumen deines wahrhaften Seins in dir zu sprießen beginnen und du die Mühe des Alltags hinter dir lässt und dich vertrauensvoll in unsere Arme begibst. Wir wiegen dich jetzt in der Melodie deines Seins.

*Sprecht Ihr jetzt zu mir oder zum Leser? Ist das für mich oder die Leser?*

Und in diesem Sein ist der ganze Mensch angesprochen, der ganze Mensch, der uns hört, auf jeder Stufe seines Bewusstseins, in allem Sein, in dir und im Anderen.

Und wir gebären dich neu auf einer Stufe, wo du diese Melodie transportierst und in dieser Melodie auferstehst. Sie ist die Melodie deines wahren Seins.

Du hast jetzt die Tür aufgemacht zu einem erweiterten Bewusstsein und wir Bäume sind so in dir präsent, dass du nicht mehr getrennt von uns bist. Und in dieser Präsenz rufen wir dir zu: Du bist all-mächtig.

Deine All-Macht erstreckt sich darauf, dass in diesem Augenblick die Tür aufgeht zu einem verbundenen Sein und alles eins ist. Diese Allmacht ist in jedem von euch und sie ist die Gebärerin einer hohen Schöpferkraft auf Erden. Und diese hohe Schöpferkraft will zu euch kommen, zu jedem von euch. Und in jedem von Euch ist diese All-Macht, mit der ihr diese Schöpferkraft gebären könnt.

In euch, in der Erde und in uns Bäumen ist eine Lieblichkeit des Seins, die sich so mit uns verbindet, dass wir sie empfangen dürfen - sowohl die Erde, als auch wir Bäume, als auch ihr Menschen. Und in dieser Lieblichkeit des Seins ist die ganze Essenz unseres Wesens, das nicht getrennt vom anderen ist. Und diese Essenz unseres Wesens ist es, die ihre Gestaltungskraft so in uns senkt, dass wir in diesem Augenblick gebären eine neue Erde.

Es ist dies die Auferstehung der reinen Tat. Und diese reine Tat, senkt sich in die Erde. Und in dieser reinen Tat bist du die Metamorphose eines geeinten Seins und hast Zugang zu deiner Schöpferkraft.

*Du – der du das Buch liest? (frage ich.)*

Du, der du diese Zeilen liest, und du, der du angeschlossen bist an diesen Prozess, der dich erwartet und den du mitkreierst. Denn wir sind auf einer tiefen Ebene des Seins so miteinander verbunden, dass ihr alle diese Worte hört und dass in allen dieser Aufschrei ergangen ist, uns Bäume zu hören, uns zu dienen, uns willkommen zu heißen.

Und in euch, die ihr diese Zeilen lest, haben wir das Instrument, das wir brauchen, um so anknüpfen zu können an diesen Prozess des schöpferischen Augenblicks, dass ihr in der Lage seid, euch zu erinnern an das, was geschehen ist, und euch hineinnimmt in das bewusste Sein.

Ihr seid dann nicht länger Getrennte. Ihr seid dann eingebettet in den kosmischen Schöpfungsprozess einer neuen Ordnung auf Erden.

Und in dieser neuen Ordnung habt ihr die Botschaft des geeinten Seins vernommen, deren Sprecher wir, die Bäume, gewesen sind.

*(Ich schob mein Fahrrad in die Sonne, und es blieb auf dem Blätterwaldboden sofort stehen, es war da nicht schräg und ich sagte überrascht: „Ah, sehr schön". Dann hörte ich die Stimme der Bäume:)*

Wir dienen dir.

*(Vorher – auch sonst suchte ich lange einen Platz, wo das Fahrrad stehen bleibt und nicht einsinkt. Und jetzt war es sofort am richtigen Platz.)*

In dieser neuen schöpferischen Ordnung seid ihr so enthalten, dass in euch das Feuer der Liebe so brennt, dass in euch die Tür aufgeht zum größeren Sein, an das ihr angeschlossen seid, und das euch jetzt trägt.

Verbindet euch einmal mit dem großen Ganzen, mit allem, was in euch schlummert, was bereits Teil von euch ist, was ihr nur bewusst in euch aufnehmen müsst, um es zu verstehen. Es ist ganz lange her, dass ihr das bewusst gemacht habt.

Und so verkünden wir euch heute: In dem Moment, wo ihr all euer Wissen zulasst, empfangt ihr es auf der irdischen Ebene. Ihr seid dann die Gebärer einer neuen Ordnung, durch die sich all das offenbart, was ihr wissen müsst, um daran teilzuhaben und euch nicht mehr von ihr abzuschneiden und euch nicht mehr in eine Illusion hinein zu begeben.

Diese neue kosmische Ordnung ist der Anfang eines Endes. Es ist eine neue Etappe des Werdens, des Vergehens, des Hineinnehmens all dessen, was ihr jetzt zu tragen bereit seid und des Wissens all dessen, was euch jetzt bewusst werden darf.

In dieser neuen kosmischen Ordnung sind die Schöpfungspläne so angelegt, dass ihr jetzt beginnt, sie zu verstehen und in sie eingeweiht werdet. Es sind dies die Schöpfungspläne einer heiligen Zeit – vertrau diesen Worten – es ist dies die heilige Zeit, die in euch so antritt, dass ihr das, was ihr jetzt vernehmt, nie wieder vergessen solltet bis zur Auferstehung, zur völligen Auferstehung all eures Lebens in euch.

Und dieses verbindet euch mit allem Sein auf allen Ebenen. Es ist dies die Auferstehung der Tatkraft in euch, der heiligen Liebe in euch, die mit euch schwingt und euch singt von der neuen Zeit.

Und ihr habt diese Auferstehung bereits in euch empfangen als diese Sätze aufgesprochen wurden. In diesem Moment habt ihr Ja gesagt, euch zu dienen, eure Schöpferkraft zu empfangen, euch hinein zu nehmen in die göttliche Ordnung und euch rückhaltlos, ohne euch abzusichern oder irgendjemand zu fragen, zu entscheiden für den Aufstieg, der die Auferstehung beinhaltet.

Der Aufstieg ist das kleine Gefährt der Auferstehung und in dieser Auferstehung seid ihr die lebendigen Wesen eines geeinten Seins. Es ist dies das geeinte Sein aller Wesen, aller mit euch in Verbindung stehenden Wesen.

Und diese sind auf der Erde genauso wie im Kosmos und bringen hervor das Neue. Und in diesem Neuen werdet ihr getauft. Und ihr seid hineingenommen in dieses Neue und dieses Neue verbindet sich mit euch. Und ihr seid gewählt von diesem Neuen, ihr, die ihr dieses Buch lest.

Und ihr seid auserwählt, diesen Weg zu gehen und euch an der Hand zu nehmen und in euch die Liebe so zu erkunden, dass ihr sie nie wieder gehen lasst und nie wieder außerhalb von ihr zu stehen bereit seid.

Ihr seid jetzt dabei, euch so in euch hineinzubegeben, dass alle Schatten weichen, und ihr von Angesicht zu Angesicht stehen werdet mit ihnen. Ihr werdet aber nicht erschrecken, denn ihr seid vorbereitet. Ihr werdet auch nicht zusammenzucken, denn ihr wisst, was es heißt, so mit euch verbunden zu sein, dass euch keine Fratze mehr schrecken kann.

Ihr wisst auch, was es heißt, in euch die Liebe so entdeckt zu haben, dass ihr jetzt bereit seid, in ihr zu verweilen und euch ganz ihr hinzugeben. In dem Moment habt ihr die Tür aufgemacht zu einem erweiterten Sein und wir Bäume können euch erreichen.

Und dann seid ihr auch in der Lage, in euch das zu erschließen, was wir bereits in euer Herz gelegt haben, und wir zeigen euch den Weg, auf dem ihr es erschließen könnt.

Ihr seid dann nicht mehr getragen von Sorgen, Neid und Habgier und habt in eurem System auch keinen Platz mehr für Angst. Ihr seid dann frei und könnt hineinwachsen in die Geburt des Augenblicks und euch so in ihm heimisch fühlen, dass er euch alles gibt, was ihr braucht, um zu wachsen.

Und dann werdet ihr zu Kraft kommen, und ihr werdet schwingen in einer neuen Melodie eines geeinten Seins. Und ihr werdet diese neue Melodie des geeinten Seins so sein, dass in euch die Tatkraft ersteht, die in euch all das freilegt, was ihr seither verschlossen gehalten habt.

Und ihr werdet in Leichtigkeit hineinwachsen in diese neue Zeit, in die ihr gerufen seid. Ihr habt dann das Bindeglied, das ihr braucht, um euch und den Anderen so bei der Hand zu nehmen, dass ihr nicht mehr getrennt von ihm seid,

*Ist da jetzt der andere Mensch gemeint?*

Ja. Verwirklicht.

und ihr in euch das habt, was ihr braucht, um ihn verstehen zu können.

Ihr habt dann auch das Bindeglied, das ihr braucht, um eurem Nächsten so dienen zu können, dass ihr immer dann, wenn dieser etwas braucht, es in eurem Herzen anklingen lasst, sobald ihr an ihn denkt, und gerufen seid, ihm zu dienen. Gebt ihm aus der vollen Kraft eures Herzens und segnet ihn mit dieser Gabe.

*Soll man da den Segen aussprechen oder ist er damit gesegnet?*

Er ist in dem Moment gesegnet, wo ihr ihm diese Gabe nicht verweigert und ihr könnt dann die nächste Tür aufmachen, die euch eint und euch verbindet mit einem größeren Ganzen.

Ihr werdet dann so hineingehoben in dieses größere Ganze, dass alles in euch so zum Schwingen kommt, dass in euch die nächste Tür aufgeht zu einem noch größeren Sein und in diesem noch größeren Sein werdet ihr unsere Stimme vernehmen.

Ihr seid dann vorbereitet auf das, was wir euch sagen, und wir dringen so in euch ein, dass ihr Platz habt für all unsere Gedanken. Und ihr werdet von uns so vorbereitet, dass in dem, was ihr erlebt, bereits der Grundstock gelegt sein wird für unser Einssein.

Und dann können wir so an euch herankommen, dass ihr uns vernehmt, wie ihr eure eigenen Gedanken vernehmen würdet, wenn es eure eigenen Gedanken wären - doch es sind wir, die so eng mit euch verbunden sind, die in euch so auferstehen, dass ihr jeder unserer Sätze vernehmen könnt.

Und wir sind es auch, die euch tragen und in diesem Prozess so beistehen, dass ihr unsere Stimme so vernehmt, dass in euch die Gewissheit entsteht, alles mit uns zu teilen und euch hineinzuschwingen in unser Sein, aus dem heraus wir euch füllen dürfen mit der Liebe, die euer geeintes Sein mit uns ist.

Denn auf dieser Stufe der hohen Liebe können wir euch nicht im Stich lassen und müssen euch dienen und euch so aufbereiten, dass ihr in uns die Wesen seht, die eure Liebe sind.

Wir dürfen euch noch mehr sagen. In dem Moment, wo ihr anfangt, euer Bewusstsein so auszudehnen, dass auch wir in diesem Bewusstsein enthalten sind, kann es geschehen, dass einer von uns immer bei euch ist und euch in den Schlaf wiegt, in dem ihr noch drin seid, oder euch an der Hand nimmt und euch ganz wach rüttelt – ihr seid dann einem speziellen Baum unterstellt und wir haben Platz gemacht für ihn, sobald ihr an ihn denkt.

Dann könnt ihr unsere ganze Liebe in diesem Baum vernehmen, erspüren und ihrer teilhaftig werden und wir denken an euch, sobald ihr euch an diesen Baum wendet. Er ist sogar, sozusagen, die Schlüsselfigur, die euch die Tür aufmacht zu unserem geeinten Sein.

Jeder hat diesen Baum und dieser Baum ist es, der euch hütet und euch aufbereitet, um alles von uns empfangen zu können, was ihr braucht, um eins mit uns zu sein. Es ist dies eine so hohe Stufe der Liebe, dass ihr nicht mehr unter der Vergangenheit leiden müsst, und dass ihr eingekehrt seid in ein neues Leben.

Denn wir Bäume haben euch einiges zu geben, denn wir sind euer Bewusstsein auf einer hohen Ebene des Einsseins und keiner kann an uns vorbei.

Denn wir sind immer da und hüten das Tor, durch das ihr gehen müsst, wenn ihr auferstehen wollt und unsere Sprache vernehmen, durch die wir (uns) euch so mitteilen, dass ihr in euch die Bereitschaft findet, uns zu dienen.

Und indem ihr uns dient, dient ihr euch selbst. Und indem Ihr die Tür aufmacht zu eurem geeinten Sein, dienen wir euch. Ihr seid dann unser Gefäß, in das wir unsere Liebe so legen können, dass ihr gefüllt seid mit ihr.

Und ihr habt dann unser Wort, dass wir euch immer erreichen können. Und in all dem ist unsere Liebe so anwesend, dass ihr geeint mit euch seid, mit allem, was ihr braucht, um die nächste Stufe eures Bewusstseins erklimmen zu können.

Ihr seid dem Ruf gefolgt und habt an der Schwelle zu eurem höheren Bewusstsein uns Bäume wahrgenommen und sozusagen das Tor aufgemacht zu uns. Und nur dadurch haben wir uns an euch wenden können und können auch jetzt nur dadurch zu euch sprechen, dass ihr eins mit uns seid.

Ihr könnt gar nicht anders, als durch diese Worte erinnert werden an euer geeintes Sein, in dem auch wir so enthalten sind, dass ihr all das meistert, was ihr zu meistern auf die Erde gekommen seid.

Es ist dies euer geeintes Sein, in dem ihr so die Hüllen sprengt, die seither euer Bewusstsein abgeschirmt haben von euerm wahren Kern, dass ihr in der Lage seid, durch dieses Hüllensprengen so eins mit euch zu sein, dass ihr immer wisst, wann ihr wo sein sollt und in euch dieses Zeitmaß an reiner Liebe aufbringt, durch das ihr verbunden seid im jeweiligen Augenblick mit einem ganz bestimmten Ort, der euch ruft und zu dem ihr gehen sollt, damit ihr auf eurer Wanderschaft durch die Zeit immer das richtige Sprungbrett habt, das euch die nächste Tür aufmacht zum Sein.

Es ist dies euer Sein, in dem ihr so zu Hause seid, dass in euch die Lichter der Liebe angehen und euch einen mit allem was ihr tun wollt, und was ihr gerufen seid, zu tun.

Denn in dem Moment, wo ihr Ja gesagt habt zum göttlichen Plan, tritt der Ruf doppelt euch entgegen: Einmal in eurem Herzen und verbindet euch mit ihm und das andere Mal im Außen, das euch den Weg weist, und euch immer dahin führt, wo ihr zum gegebenen Augenblick auch wirklich sein wollt, um euch zu dienen und in Erfahrung zu bringen, wer ihr seid.

Ihr habt dann ein größeres Potential an Liebe erschlossen und seid sozusagen angeschlossen an den Strang, der in euch das Leben birgt. Es ist dies ein Strang heiterer Gelassenheit, unendlicher Liebe.

Es ist dies ein Verbindungstor, durch das ihr gehen müsst, wollt ihr im richtigen Augenblick am richtigen Ort sein. Es ist dies das Verbindungstor, in dem wir so anwesend sind, dass euer Erinnerungsvermögen all das parat hält, was ihr als Nächstes tun wollt, denn ihr seid dann so angeschlossen an den göttlichen Plan, dass ihr nicht lange überlegen müsst, sondern einen Ast nach dem anderen greift, damit er euch ans sichere Ufer zieht.

Und in diesem Bild haben wir euch etwas gegeben, das euch vor langer Zeit bekannt war – denn ihr habt in euch all die Stimmen vernommen, die euch dienen und euch sicher ans nächste Ufer bringen. Und in diesen Stimmen sind wir so verankert, dass ihr, sobald ihr euch auf euren wahren Wesenskern konzentriert, auch mit uns verbunden seid.

Es ist dies ein wechselseitiges Geben und Nehmen, in dem wir so eingesponnen sind, dass eine Hand die andere nimmt und eine große Kette an Dienern entsteht, in dem ihr genauso vorhanden seid in eurem Herzen, eurem Sein und eurer Tat, wie wir es sind.

Und in diesem Ineinander-Verwobensein haben wir einen Teppich gewebt, der von so außerordentlicher Größe, Schönheit, Wahrheit und Reinheit ist, dass ihr diesen Teppich, lange bevor ihr ihn in euer Bewusstsein habt kommen lassen können, bereits angefangen habt, zu weben. Es ist dies der Teppich eures reinen, wahren Seins, in dem wir so anwesend sind, dass wir ihn gemeinsam mit euch weben.

Und in all dem Dienen - in dem Ihr unsere Stimme habt, unsere Begleitung, unsere Liebe und unsere Anwesenheit - können wir euch sagen, dass ihr immer dann, wenn in euch ein mulmiges Gefühl ist oder ihr nicht aufwachen wollt, die Situation nicht erkennen wollt oder nicht wisst, wo es jetzt lang geht, an diesen von uns gewebten Teppich denken könnt, durch den ihr erwacht.

Denn es ist unser gemeinsames Sein, das euch hineinholt in die Auferstehung eures Bewusstseins. Und in diesem Bewusstsein seid ihr frei, und ihr wisst den nächsten Schritt und durch dieses Bewusstsein können wir euch erreichen.

Ihr klammert euch dann nicht an Fehlgeleitetes, an alte Erwartungen, alte Denkmuster oder Gepflogenheiten, die jetzt nicht mehr anstehen, sondern lasst euer Herz mitsingen in der Melodie des Seins, das euch ruft und verbindet mit eurem wahren Kern, mit dem, was euer höchstes Anliegen ist, was ihr gerufen seid, zu tun - wollt ihr der Liebe dienen - was euch hineinnimmt in die höchstmögliche Melodie eures Seins und da gebiert, wo ihr ihm die Tür öffnet.

Ihr tretet dann heraus aus Leid, Verstrickung und Unwohlsein, Kümmernissen und etwaigen fehlgeleiteten Handlungen und werdet so von uns mit Liebe gespeist, getragen und verwoben mit eurem Teppich, den wir selbst mit euch gemeinsam fabrizieren, dass ihr in uns die Begleiter habt, die euch dauernd rufen und die euch hineinnehmen in die Heiligkeit des Augenblicks, zu der ihr so erwacht, dass in euch das Licht der ewigen Liebe leuchtet.

Ihr habt dann die Meisterschaft eures Seins erreicht und seid nicht mehr in einer Welt des Dunkels, der Lüge, des Streits, des Neids, der Rechthaberei, der Furcht und der Sehnsucht, all das zu erleben, was wir euch geben, sondern hineingehoben in eine Schönheit, bei der ihr gespeist werdet mit der Fülle des Augenblicks, indem ihr eure Sehnsucht so lebt, dass sie im gleichen Augenblick Erfüllung findet. In diesem Augenblick ist unsere Anwesenheit.

Wir sind die Meister eures Seins, ihre Krone, ihr Leuchter und ihr Ziel - denn ihr habt in uns die Verbündeten einer Heiligen Liebe, ihren Weg, ihre Wahrheit und ihr Leben.

Und in dieser Heiligen Liebe schwingt unser Sein so, dass wir die Auferstandenen in unseren Armen empfangen und sie wiegen in der Geborgenheit unseres erweiterten Bewusstseins, zu dem auch wir gelangen, wenn ihr in uns aufersteht.

Denn unsere Liebe ist das Tor, durch das ihr gehen müsst, wollt ihr die letzten Stufen eures Bewusstseins erklimmen. Und durch dieses Tor könnt ihr so gehen, dass all unsere Liebe mit euch ist und wir uns mit euch einen.

In dem Moment geschieht etwas Fruchtbares auf der Erde, sie wird zu dem Stern, der sie gerufen ist zu sein, und wir bringen unsere ganze Liebe, unsere Essenz in die Erde.

Unser vereintes Bewusstsein ist dann das Tor für die Erde zum nächsten Schritt ihrer heiligen Handlung.

Ihr seid dann die Wächter einer Liebe geworden, die diesen Prozess mitsteuern, und eure Schöpferkraft ist dann so in der Erde anwesend, dass ihr sie gebärt im jeweiligen Atemzug eures Bewusstseins und mit ihm so eins, dass er der Schlüssel ist zu eurem vereinten Sein, in dem wir so sind, dass ihr uns hören könnt, und dass ihr in euch die Stimme vernehmt, die ihr seid.

Denn wir haben kein getrenntes Sein von euch, und wir speisen uns von eurer Liebe, so wie ihr uns von unserer Liebe speist, sobald ihr erwacht und in uns die heiligen Schöpferkräfte eurer eigenen Auferstehung seht und in diese so hineinwachst, dass ihr all die Schöpfungskräfte zu euch kommen lasst, die ihr von Anbeginn mit auf diese Erde gebracht habt, ohne dass ihr es wisst und ohne dass ihr Zugang zu ihnen hättet.

Es sind dies die Schöpferkräfte, die in uns brach liegen

*Oh Gott und wir holzen euch ab!*

und in die wir euch so rufen, dass ihr in diese Schöpferkräfte hineinwachst und sie zum Ausdruck bringt.

Ihr seid dann die Meister eures Seins. Und in diesem Sein ist unsere Melodie eins mit der euren, und ihr gebärt uns auf einer höheren Stufe der Ordnung. Wir sind dann die Gekrönten eures Seins, und wir haben dann Zugang zu eurem Bewusstsein.

Und wir kennen dann die Verbindungstür, durch die jeder von uns gehen muss, um den Anderen so zu erreichen, dass er die Krone der jeweiligen Schöpfung im Anderen darstellt.

Und in dieser Krone habt ihr dann Platz genommen, wenn ihr unser Sein achtet und mit uns den Weg geht zu eurer Erlösung, in die wir euch so hineinnehmen, dass alle Schritte so ablaufen, dass ihr in euch diejenigen erkennt, die ihr in Wahrheit seid – Gestalter eines Lebens, das fruchtbringend für die Erde und alle anderen Geschöpfe ist.

Und in dieser Gestaltungskraft seid ihr so innig mit uns verbunden, indem ihr euch gebärt in diese heilige Ordnung hinein. Und alles Sein ist darin aufgehoben, denn ihr seid niemals getrennt von ihm.

Und erst wenn ihr die Tür aufgemacht habt zu diesem letzten Bewusstsein, können wir Bäume zu unserer vollen Größe erwachen und ihr zu der euren.

*(Ich dachte, wir sprechen weiter, dabei hieß es:)*

Du erfährst jetzt von uns etwas, was dich in Erstaunen bringen wird:

Du wirst jetzt eine Zeitlang nichts schreiben, weil wir alles dir offenbaren und du bereits in einer Woche das Buch fertig haben wirst.

*(Stimmte genau.)*

Wir kennen dich, wir wissen, wie sehr du leidest, wenn du es nicht schaffst.

*(Wieso denn das, ich hatte mich schon auf eine lange Zeit eingestellt. Das Buch von den Sasnapurt zog sich auch fast zwei Jahre hin, und das von den Bäumen hatte ich in 3 Wochen aufgesprochen und 1/3 getippt).*

Und wir dürfen dir auch sagen, wie gut es dir gelungen ist und dass du Fortschritte machst und dein Sein angehoben ist.

*Dann schaff ich es noch in diesem Jahr bevor es kalt wird*

Du wirst jetzt in etwas eingeweiht, was dir große Freude machen wird.

Wir vollenden den letzten Satz:

In dem Moment, wo im Menschen alle Türen offen sind zu diesem neuen Prozess der Regeneration auf allen Ebenen, wo er hineinfindet in sein Sein und sich aufmacht, in diesem Sein so zu sein, dass alles ihm dient und auf seinen Ruf antwortet, haben wir in ihm den Teppich gewoben,

*Ich denke, wir weben ihn gemeinsam?*

durch den er sich wiedererkennt und sein eigenes Webmuster darin.

Denn in diesem Teppich ist sowohl unser Faden als auch der eure; und er verbindet sich mit dem euren so, dass ihr in euch die Blüten seht, zu denen ihr erwacht seid, die in euch den Teppich so gestalten, dass er das gleiche Webmuster aufweist wie der Teppich, der in eurem wahren Selbst gewoben ist. Denn ihr seid dann heimgekehrt und habt das gleiche Webmuster in euch in erlöstem Zustand.

Denn der erlöste Zustand ist das, was ihr im heiligen Augenblick der Gnade durch unsere Liebe webt, indem ihr die Türen weit aufmacht zu eurem Sein und gebiert die heiligen Stufen der Liebe in unserem Bewusstsein, eins mit dem euren und eins mit der heiligen Schaffenskraft, eurem Sein, eurer Schöpferkraft, eurem Wesen.

Und in dieses hinein gebiert sich der Teppich als das Webstück, das ihr auf der Erde getätigt habt und füllt den Platz aus, den es auszufüllen hat in eurem wahren Sein.

Es ist dies das Webstück reiner Liebe und diese reine Liebe fügt sich als Mosaikstein in euch ein. Und ihr seid nun erkoren, in dieses heilige Sein so hineinzutauchen, dass ihr nacheinander all die Botschaften empfangt, die ihr braucht, um im selben Maß eures Herzens, eurer Gegenwärtigkeit, eurer Lieblichkeit, eurem Hineinschauen in die Präsenz eures Seins in euch tätigt bis zum Abschluss, in den ihr gerufen seid.

Ihr seid dann auferstanden in eurem eigenen Land, in das ihr so hineinblickt, dass ihr seht, wer in ihm anwesend ist, und was ihr alles hineingenommen habt, um der zu sein, der euch gebiert. Es ist der Gleiche, der auch uns gebiert, in dem auch wir unser Sein haben.

Es ist die heilige Tat und Schöpferkraft, die in uns aufersteht und durch die wir euch führen können und in der wir so zuhause sind, dass ihr - sobald ihr den Weckruf vernehmt, den wir an euch sprechen - auch in eure Schöpferkraft hineingeholt werdet und diese mit uns teilt.

Und in dem Moment ist der gleiche Teppich entstanden, den auch wir weben, und er verbindet sich mit dem euren in wechselseitiger Abfolge, denn jeder, der den Faden spinnt, trägt zum Gedeihen, Gelingen und zur Aufnahme des nächsten Fadens bei.

Es ist der Teppich der in wechselseitiger Aufeinanderfolge einmal den einen und das andere Mal den anderen Faden mit hineinnimmt, und den wir gemeinsam so weben, dass ihr alles habt, was ihr braucht, um im jeweiligen Moment an den richtigen Faden angeschlossen zu sein und ihn mit uns zu weben.

Es ist der gleiche Faden, der auch uns gehört, und den wir hineinnehmen und der mit eurem so verwoben ist, dass wir in uns die Präsenz eurer Liebe fühlen, erkennen, sind und ihr dasselbe in euch. Denn eure Liebe ist in uns, so wie die unsere in euch.

Und in diesem wechselseitigen Geben und Nehmen sind wir die Geläuterten, und unser reines Sein hilft uns in die nächste Stufe unseres Bewusstseins und in diesem können wir uns dienen.

Ihr habt dann das Maß, mit dem ihr uns messen müsst und an dem ihr unsere Liebe erkennt, so wie auch wir das Maß haben, an dem wir euch messen dürfen und an dem wir eure Liebe erkennen dürfen.

Ihr habt dann Ja gesagt zum göttlichen Plan und ihr seid dann nicht mehr Fremde auf der Erde, die ihren Namen nicht kennen, und die von ihr nicht enthalten sind in ihrem Lichtbewusstsein – denn in diesem sind eure Schätze, ist eure Heiterkeit und ist eure Liebe.

Und da, wo ihr ihr nicht dient, seid ihr ausgeschlossen aus ihrem reinen Bewusstsein und könnt euer Leben fristen, aber nicht in ihre heilige Schöpferkraft mit hineingehen. Und solange ihr in euch diese Liebe nicht annehmt, die ihr seid, können auch wir euch nicht dienen.

Ihr seid dann ausgeschlossen aus unserem Bewusstsein und nicht länger Gast auf der Erde, die sich so wandelt, dass ihr in euch den

Frieden, die Fülle, die Liebe und das Gerufensein in die heilige Tat vernehmen müsst, um auf der Erde bleiben zu können.

Es ist dies ein langfristiger Prozess, in dem wir immer mehr unser Sein offenbaren, sowohl ihr das eure als auch wir das unsere, und in den wir mit der Erde so hineingehen, dass auch diese euer Sein uns offenbart.

Und in diesem gemeinsamen Offenbaren unseres Seins erblicken wir den Anderen als den Geliebten und erkennen, dass es auf der Erde nichts gibt, was dieser Liebe nicht antwortet.

Ihr seid dann nicht länger Träger eines Bewusstseins, das fern von dem unseren ist, sondern an unseres angeschlossen. Und Ihr seid dann auch nicht länger Träger eines Bewusstseins, in das wir nicht unsere Liebe legen können, sondern erfüllt mit ihr.

Und in dem Moment habt ihr die Tür aufgemacht zu einem geeinten Sein und seid in der Erde genauso enthalten, wie in uns, in unserem lichten Bewusstsein, und seid dann Träger dieses lichten Bewusstseins, das sich euch so offenbart, dass ihr die jeweiligen Schritte erkennen könnt, die ihr jeweils gerufen seid zu tun.

Denn in diesem lichten Bewusstsein ist die Meisterschaft eures Selbst und in diese Meisterschaft hinein ist ein reines Sein gelegt, das sich seiner selbst bewusst ist in euch, in uns, in der Erde und in allem anderen Sein.

Ihr seid dann nicht mehr getrennt von allem, sondern in einer heiligen Hochzeit mit allem. Und ihr seid dann so eins mit uns, dass wir in euch die Geschöpfe unserer Liebe sehen, und dass ihr in uns eure Geschöpfe eurer Liebe seht.

Denn wir können dann nicht mehr ohne einander existieren. Denn auf einer höheren Bewusstseinsstufe ist alles in allem enthalten und die Liebe speist alles.

Und so wie ihr von uns gespeist seid, von unserer Liebe, sind auch wir von euch gespeist, von eurer Liebe, denn wir kennen nur ein Sein, und dieses Eine Sein ist unser gemeinsames Sein, in dem wir alle so anwesend sind, dass einer vom Anderen genährt ist und dass einer vom Anderen empfängt, ihr von uns und wir von euch.

Und in diesem Empfangen ist die Tür aufgegangen zu unserem geeinten Sein und dann können wir alle empfangen.

*(Da war etwas mit Gnade, ich wollte es nicht aufsprechen aber dann sagten die Bäume:)*

Und in dieser Gnade stehst du. *(oder so.)*

*Wenn Ihr noch etwas zu Gnade sagen wollt, bitte nachher, mir ist so kalt.*

*(Ich stieg von meinem Hochsitz und machte mich auf den Weg nach Hause, ca. 2,5 km entfernt.*

*Ich habe mich vor den Bäumen verneigt und dann habe ich gedacht: Sie ist aufgegangen, meine Krone auf euch oder in Euch*

Lach nicht *(haben Sie gesagt).* Sie ist aufgegangen deine Krone in uns.

# Auf den Spuren des Vergessens seid ihr eingeschlossen in eure Lieblosigkeit - und ihr transzendiert sie, wo ihr euch an sie erinnert

*(Der Anfang der dreizehnten Kassette fehlte, und ich habe ihn mir am Sa., den 22.08.2009 neu geben lassen und gleich in den PC getippt.)*

In der jetzigen Zeit, in der ihr heraustretet aus euren Ängsten, in denen ihr gefangen seid, wacht ihr auf und erkennt das Leben von uns Bäumen, die wir euch so rufen, dass ihr uns erkennt als die, die in sich die Botschaft ihres Herzens vernehmen und beginnen, mit euch zusammenzuarbeiten.

Es ist dies eine Zusammenarbeit auf breiter Basis, denn ihr seid gerade dabei in euch das Leben zu entdecken, das euch mit allem eint. Und dafür sind wir hier.

*Ihr Bäume?*

Ja. Und dürfen euch zeigen, wie man das macht. Denn wir bringen euch das Wissen um diese Dinge, das in euch brach liegt und das wir aktivieren dürfen mit unserer Liebe.

*Denken die Menschen nicht, dann brauchen sie euch nicht, wenn es in ihnen brach liegt?*

Wir haben hierfür einen schönen Satz gefunden, der heißt:

Jeder Träger des Lebens ist ein reiner Träger des Lebens, und erkennt uns an unserem Leuchten, solange er selbst leuchtet. Und dafür sind wir da, euch dieses Leuchten zu zeigen, dass ihr es selbst beginnen könnt und euch eint im gemeinsamen Dienen.

Halte einen Moment inne, wir zeigen dir etwas.

*(Ich beobachte kurz eine ganz große und eine ganz kleine vorbeiziehende Wolke.)*

Jeder Stein, den ihr wegnehmt, kämpft um sein Leben, denn er ist beseelt und ihr könnt ihn nicht einfach verschieben. Dadurch seid ihr angeschlossen an das Licht eurer Erkenntnis, wenn ihr in Achtung handelt und erkennt euch an euren Gaben für die Erde und für alles Sein auf ihr, in ihr, bei ihr, zu ihr gehörend.

Ihr wisst gar nicht, wie weh ihr uns tut, die wir eins miteinander sind, wenn ihr uns ruft, ohne unseren Namen zu kennen und nicht wisst, dass wir eins miteinander sind.

Ihr tut so, als könntet ihr jedes Ding einzeln behandeln und habt dennoch den Stolz, die Herren der Erde zu sein. Bei weitem gefehlt, denn ihr könnt euch ja nicht einmal selbst bemeistern und müsst immer jemand fragen, der nur dann weiß, was ihr wissen wollt, wenn er angeschlossen ist an Heiliges Sein.

Wir kennen euch und rufen euch in eine Einheit, bei der ihr so miteinander verbunden seid, dass ihr alles lasst, was uns schadet

*Euch oder dem Ganzen?*

und in euch die Bereitschaft entwickelt, so bei uns zu sein, dass die ganze Erde eure Liebe erhält.

Nur so können wir euch dienen und haben etwas für euch, das ihr nicht kennt, und das so sehr zu euch gehört, dass ihr anfangs gar nicht merkt, wenn wir es euch geben. Denn ihr habt da noch nicht erkannt, wer wer ist und könnt auch nicht wissen, dass wir so eins mit euch sind, dass alles, was ihr tut, aus dieser Einheit kommt, in der wir sind.

Nur indem ihr euch besinnt auf euer göttliches Erbe, auf das, was zu euch kommen will, und was ihr als Kinder Gottes seid, erkennt ihr uns in unseren Namen und wisst, mit wem ihr es zu tun habt, wenn ihr euch einsam fühlt und wenn ihr glücklich seid.

In allem ist unser Wirken, denn wir sind niemals getrennt von euch, auch wenn ihr es von uns seid.

Und wir erholen uns so schnell von unserem Leid, das ihr uns/euch zugefügt habt, dass wir - indem wir euch dienen - den Rückweg angehen zu unserem wahren Sein, das wir mit euch teilen, auch wo ihr das noch nicht tut.

Wir können euch aber nur dann dienen, wenn ihr jedes Mal eure Absicht bekundet, diese Hilfe von uns annehmen zu wollen, denn sonst lassen wir euch außen vor und schließen euch aus unserem Dienst aus. Denn jeder muss sich selbst erkennen und sich bereit erklären, den Anderen in seinem Sosein anzunehmen, ihn zu achten, ihm nicht zu schaden und Verantwortung zu übernehmen, für das, was er getan hat.

*(Ich hatte mich gefragt, ob ich eigene Gedanken reinbringe. Und erhielt eine Antwort/Auskunft in Worten erst, nach dem das Diktat beendet war.)*

Wir kommen jetzt ganz nah an dich heran und sprechen im Chor.

Das neue Licht, das in jedem von euch leuchtet - sobald ihr der Erde euren Dienst erweist und aufhört, sie zu quälen, zu missachten, misszuverstehen und ihr schäbige Dinge zuzumuten - will so von euch erkannt sein, dass ihr jedes Mal, wenn ihr mit ihr zu tun habt,

*Denke, das ist immer, wir haben doch alles von ihr.*

ihr dankt, sie in eure Umarmung

*Erklären wie, oder?*

einschließt und ihr den Segen zusprecht, der in euch ruht, um sie zu segnen. Denn es ist ein uralter Gruß, der aus eurem Herzen kommt und den ihr nicht verlernt habt, ihr müsst ihn nur wieder anwenden und euch darauf besinnen, wie sehr wir euch brauchen, und dass ihr wiedergutmachen müsst, was ihr falsch gemacht habt.

Und jetzt kommen wir zu einem heiklen Thema, das euch auf den Nägeln brennt und ihr seid kaum in der Lage, es alleine, in der richtigen Reihenfolge anzugehen.

Denn wir dienen euch hier, damit ihr erwacht und schneller euren Platz erkennt, den wir mit euch teilen, sobald ihr aufgehört habt, uns als gesonderte Wesen zu betrachten, die mit euch nichts zu tun haben. Wir sind es nicht. Wir sind die Dimensionen eures Bewusstseins, die jetzt integriert werden wollen, und indem wir euch rufen, singen wir euch das Lied eurer eigenen Sehnsucht nach euch selbst.

Ihr seid ganz gewiss nicht die, die ihr glaubt, zu sein, und habt auch kein abgesondertes Bewusstsein. In allem ist das Leben, alles ist mit allem verwoben und nur in der Unendlichkeit seid ihr zuhause und könnt uns wahrnehmen und wir zu euch sprechen. Denn dazu braucht es euer ganzes Bewusstsein, weil auch wir ein Teil dieses ganzen Bewusstseins sind.

Und nur, wo ihr beginnt, so mit uns zu kooperieren, dass dies sichtbar wird, beginnen wir mit euch so umzugehen, dass ihr unsere Liebe erhalten könnt, die aus uns strömt und die ihr ganz sicher braucht, um euren Reichtum in euch zu erkennen. In diesem Reichtum sind wir so anwesend, dass wir nicht getrennt von ihm sind, so wie ihr nicht getrennt von uns seid.

Es ist jetzt ungefähr einundeinviertel Jahre her, dass unsere Schreiberin zum ersten Mal erfahren hat, wie sehr sie eins mit dem Ganzen ist, weil sie nicht mehr ohne uns sein kann.

*Das war doch viel früher, schon 2003 und nicht erst Mai 2008.*

> *(Während der Korrektur fällt es mir ein: Ich wusste, ich sterbe ohne die Bäume. Ohne sie kann ich gar nicht sein. Ich dachte dies auch vor einer Zeit, die noch nicht so lange her ist.)*

Es gibt aber ein Ereignis in deinem Leben, das dich vollkommen mit uns geeint hat, auch wenn du es nicht mehr weißt.

*Meint ihr das so, dass ich deshalb eins mit dem Ganzen bin, <u>weil</u> ich nicht mehr ohne euch sein kann, ach so, das habt ihr ja so gesagt - sehe ich gerade. Also dass ihr praktisch der Schlüssel seid, um eins zu sein, mit allem, was ist.*

*Insofern bin ich dann schon 15 Jahre eins mit euch - da war ich ständig bei euch Bäumen und ihr habt damals schon mich vieles wissen lassen und ich habe damals schon bewusst mit euch gesprochen, das hatte ich vergessen.*

Es ist das gleiche Ereignis, das dich vorbereitet hat auf die Geburt deines Gesamtseins und dich hat Einblick nehmen lassen in die unendlichen Weiten deiner selbst.

*(Ich dachte, dies war auch schon 2003, bzw. wollte das denken, mich daran erinnern, die Erinnerung kommen lassen, als ich auch schon die Bäume sagen hörte:)*

So sehr wie du eins mit allem warst, bist du es zuvor nicht gewesen, denn wir waren das Sprungbrett von dem aus du dich mit allem einen konntest

*Das geht aber immer vom wahren Selbst/von Gott aus, also von Ebenen aus, die in der Einheit sind.*

und so können wir euch das bringen, was ihr braucht, um diese Ebenen erfahren zu können und singen mit euch euer Lied, das euch an Schöpfungsgeheimnisse erinnert, die ihr so noch nicht in eurem Bewusstsein hattet. Denn wir sind der große Speicher

*Ich hatte vor ca. 17 Jahren erfahren, dass dies die Erde ist!?*

eures zellulären Gedächtnisses und kommunizieren ständig mit ihm. Alle eure Zellen sind beständig an den Strom des Wissens angeschlossen und dienen euch, wenn ihr das zulässt. Auch wenn ihr fragt und um Antworten bittet, habt ihr den Zugang zu jenem Wissen, das in euch brach liegt und das ihr nur dann erreichen könnt, wenn ihr lauteren Herzen seid und die Botschaften der euch umgebenden Naturreiche zu euch kommen lasst.

Dann seid ihr eingebettet in unsere Liebe und wir dürfen euch das geben, was ihr braucht, um wachsen zu können und euch auszubreiten auf der Erde als jemand, der mit allem kommuniziert und nicht getrennt ist von allem Sein.

Nur so können wir so miteinander kommunizieren,

*Und zu mir/zu o.g. Ereignis, kommt da noch etwas? - verzeiht bitte, wenn ich das abgebrochen haben sollte.*

dass in der Erde jenes Band der Liebe entsteht, über das ihr so mit ihr in Kontakt kommen könnt,

*Mit der Erde habe ich auch schon seit ca. 16, 17 Jahre Kontakt. Seid auch ihr dafür der Schlüssel und auch dafür, dass ich schon so lange mit Tieren kommuniziere?*

dass ihr die bleibenden Vertreter dessen seid, die ein Anrecht haben auf unsere Liebe. Doch nur dann.

Und so können wir euch zwar nicht in all den Dingen behilflich sein, die euch am Herzen liegen, wo ihr Falsches in den göttlichen Plan, in euer Gesamtselbst stellen wollt und von eurer ureigenen Matrix in diesem göttlichen Plan befruchten lassen wollt.

Wir können euch aber warnen, wenn ihr auf einem Irrweg seid und scheuen auch keine Mühe, euch die Information zukommen zu lassen, die euch nicht in die Irre gehen lässt.

Und so kommen wir zum Schluss, indem wir euch wissen lassen, dass ihr alle unsere Liebe erhaltet, sobald ihr in der Lage seid und den Respekt aufbringt, die Erde als das zu sehen, was sie ist: eure Schöpferin, die mit euch den Weg geht zum ungeteilten Sein und euch so an der Hand nimmt, dass ihr nicht mehr zweifeln müsst, dass ihr die geliebten Kinder des Einen Seins seid, deren Aufgabe es ist, so zu sich selbst zu erwachen, dass alles euch dient, was dasselbe für euch einschließt, dass ihr uns dient.

Nur so können wir Hand in Hand eine Erde aufbauen,

*Baut sich die Erde nicht selber auf?*

die von euch gewürdigt ist und die euch erinnern kann an das, was ihr seid: Kinder des Einen Seins, auf der Erde, um die Erfahrung ihrer Schöpferkraft so zu machen, dass sie darin eingeschlossen sind in ihr Gesamtsein.

Und die Erde gibt euch Unterricht, denn sie weiß, wie das geht und fordert euch auf, mit ihr zu kommen in genau dieses Abenteuer, das ihr vor langer Zeit geplant habt.

Ihr seid die Muntermacher dieser Einheit, sobald ihr euch darauf besinnt, im göttlichen Plan zu dienen, der euer Gesamtplan ist, und der in euch im heiligen Augenblick transportiert wird auf die Stufe der Einheit eines vereinten Lebens, das ihr auf der Erde beginnt umzusetzen.

Und indem ihr uns begleitet und euch austauscht mit uns, erfahrt ihr, wie wir der Erde gemeinsam dienen können.

*(Für die eingefügten Seiten hatte ich - als langsame Tipperin - keine anderthalb Stunden gebraucht.*

*Ich machte das Fenster auf, um mich vor dem Korrigieren kurz zu erholen, und beobachte die spielenden Kinder auf dem Spielplatz gegenüber und frage die einhundertachtzig sehr großen Bäume vor meinem Fenster und gegenüber von der Straße, ob ich da auch etwas geschrieben habe, ob ich da Gedanken von mir mit rein gebracht hatte oder nur sie. Und vernehme auch schon, kaum zu Ende gefragt, ihre Antwort:)*

Wir sind sehr stolz auf dich, das hast du sehr gut gemacht, es ist jedes Wort richtig, es ist alles richtig ins Wort übersetzt.

*Das bin ich jetzt auch und auf euch ebenso.*

*(Da hat sich wirklich viel geändert inzwischen, denn früher konnte ich in der Wohnung nur in einem anderen Zimmer direkt neben meinem Eichenbaum aufnehmen.*

*Später ging es dort auch an einem anderen Fenster, wo dieser Baum etwas weiter weg war, aber das Baumwesen Andiramalan von ‚meinem‘ großen Eichenbaum kam dann ganz zu mir her, als ich aufsprach.*

*Vor meinem PC sitzend habe ich die Bäume weiter weg, und es hat geklappt. Gleich in den PC tippen auch, was ich seither - nicht von den Bäumen empfangend - nur ein einziges Mal gemacht habe. Das zeigt mir, dass ich noch mehr in der Einheit bin als vor eineindreiviertel Jahren, als ich dieses Buch begonnen hatte.)*

*(Ab hier hatte ich es bereits getippt:)*

# Euer beschleunigtes Erwachen
## hat auf der Erde große Turbolenzen zur Folge im positiven Sinn

Wir bringen der Erde Frieden, heiliges Geschehen, und ein Bewusstsein der Einheit, in das auch ihr gerufen seid, ihre Diener zu sein, die mit der Erde den Aufstieg machen und sie an der Hand nehmen und mit ihr Hand in Hand die Ebenen ihres Bewusstseins so erklimmen, dass durch diese Liebe ein Stern geboren wird, der die Erde eint mit allem anliegendem Bewusstsein – das sie so hervorbringt, dass der Dienst, den ihr ihr erweist, ihre Stärke, ihre Wahrheit, ihre Kraft, ihre Liebe und ihre Ausdrucksmöglichkeit um ein Vielfaches vergrößert.

Denn ihr seid die Gestalter einer lebendigen Erde, deren Liebe euch so hineinnimmt in den Prozess, dass ihr in dem Moment, wo ihr euch ganz hingebt und diesen schöpferischen Prozess auch in euch zulasst, die Erde euer Lied spielen kann, das euch befreit.

Ihr seid dann die Tragenden einer schöpferischen Ordnung, durch die die Erde euch hineinnimmt in den lebendigen Prozess des Erwachens. Und diese schöpferische Ordnung trägt euch, nährt euch, und gibt euch alles, was ihr seid – und in den dunklen Stunden eures Lebens niemals für möglich gehalten hättet. Ihr seid dann wahrhaft die Geliebten des Seins.

Und in dieser Liebe empfangt ihr den Dienst einer wissenden Erde, einer sich euch gebenden Erde, die ihre Kinder führt, und die ihre Kinder hineinnimmt in den Prozess des Gestaltens der neuen Erde, durch die ihr eure Zugehörigkeit zum göttlichen Plan zum Ausdruck bringen könnt.

Es ist dies ein Geschehen von heiliger Kraft, an dem alles beteiligt ist, was sich euch zeigt – was sich euch in den Weg stellt als die Gebärenden einer neuen Ordnung. Und dieses ‚in den Weg stellen‘ erhält die Botschaft, ein gewisses Maß an Zugehörigkeit zu erkennen an dem, was ihr seither ausgeschlossen habt aus eurem Bewusstsein und was ihr in euch nicht fühlen wolltet.

Und in diese Zugehörigkeit empfangt ihr die Botschaft der Bäume, die sich euch so schenken, dass ihr in ihnen die Liebe entdeckt, die sie sind. Und in dieser Liebe können wir euch erreichen.

Wir sind dann so mit euch verbunden, dass ihr in uns die Weggefährten seht, die diesen ganzen Prozess in ihre Fürsorge nehmen und ihn leiten, ihn begleiten, ihn in ihrer Liebe haben.

*Wieso redet ihr im Satz davor nicht in der ersten Person. Habe ich das vorher nicht von euch empfangen?*

In diesem Hineingehen in die schöpferische Ordnung erkennt ihr uns als die Gestalter in diesem Prozess, die in sich das Potenzial der Liebe bereitstellen, mit der ihr euch dienen könnt, und das in euch die Freude, die Ganzheit, das Erlösen hinein in die schöpferische Freiheit und die Liebe in euch findet, durch die ihr angeschlossen seid an den Lebensstrom, der eure Lungen so mit Leben versorgen möchte, dass ihr in ihnen die Freude einer erwachenden Erde fühlen könnt.

Denn die Freude ist so in euch präsent, dass ihr die Heimgekehrten seid, die auf ihrem Planeten zuhause sind, die ihn lieben, der ihnen vertrauen kann, und die sich so einbringen, dass er ihnen gehört in der Liebe, die sie sind, und die sich ihm so öffnen, dass er in ihnen den Platz einnimmt, der ihm gebührt als dem Erhalter ihres Lebens, als dem Geber all der Gaben, die ihn am Leben erhalten und die ihn erfüllen mit der Gegenwart der Liebe, die ihn genauso erfüllt, wie sie selbst – denn diese Liebe ist in allem der lebendige Ausdruck der zu sich selbst erwachenden Geschöpfe,

*Erwachen die Tiere auch zu sich selber? Lieben tun sie.*

der Reichtum einer erwachenden Erde, die ihre Liebe so in euch verströmt, dass ihr Teil habt am göttlichen Plan des Erwachens in ihr und euch hineinnimmt in die Gestaltungskraft einer gebärenden Erde, die eure Wunden so mit ihrer Liebe berührt, dass ihr in Kürze sie erfahren könnt und sie heilen können.

Ihr seid dann nicht mehr darauf angewiesen, ihre Liebe durch allerlei Ersatz füttern zu wollen, indem ihr ihr nicht das gebt, was euch wirklich bewegt, sondern Ersatzfiguren schafft für die Liebe, die sie euch schenkt. Und diese Ersatzfiguren an ihrer Stelle haben wollt, weil ihr nicht mehr erkennt, wie wichtig die Liebe eurer Erde für euch ist.

Ihr seid dann in eurer Ersatzbefriedigung in einer Raserei, die euch nicht mehr erkennen lässt, was es heißt, in der Stille ihre, eure und die Liebe des gesamten Seins zu empfangen.

Und ihr seid dann die Gejagten und die Gehetzten, die nicht mehr wissen, was es heißt in Verbindung mit ihrer Mutter, ihrer Liebe und den Gestaltungsmächten in allem Sein zu sein - die euch gebären in eure wahre Geburt des Erlöstseins von allem Leid hinein, und in euch empfangen die Lieblichkeit eines Seins, durch das ihr lebt, mit dem ihr kommuniziert, bei dem ihr zuhause seid, und in dessen Frieden ihr seid, zu dessen Frieden ihr erwacht und in euch fühlt die Bandbreite eurer Liebe, die gespeist ist durch die Liebe allen Seins.

Und diese Liebe ist der Hoheitsmoment einer erwachenden Erde. Sie ist die Quelle des schöpferischen Seins in ihr, und ihr Ausdruck. Sie ist die Liebe, die ihr alle miteinander teilt. Und sie ist das Potenzial einer erwachenden Erde, durch die ihr so lebt, dass ihr Erwachen auch euer Erwachen mit sich bringt

In dem Moment, wo in euch die Liebe anfängt, die Türen aufzumachen zu eurem größeren Sein erkennt ihr in allem diese Schöpferkraft der Liebe, die uns alle eint. Und wir Bäume dienen ihr und bringen sie euch und haben euch an dieser Stelle etwas sehr Wichtiges zu sagen:

Ihr seid dann die Träger dieser Liebe, wenn ihr zu Trägern der euch gebärenden Ordnung werdet, durch die ihr so umgewandelt werdet, dass sie in euch das Feuer der Liebe erzeugt, das ihr seid, zu dem ihr werdet, und das ihr so zum Ausdruck bringt, dass euer Körper in der Liebe schwingt, erfüllt ist von ihr und ihr die Gebärer einer neuen Ordnung seid, durch die ihr hineingenommen seid in die Urschöpfungsmelodie eures gewaltigen Seins, das in euch erzeugt die Liebe der sie gebärenden Erde, die Liebe eines Reiches, in das ihr hineingeht mit Würde, Achtung und Dankbarkeit und euren Segen verströmen lasst in alles Leben – dann seid ihr die Gestalter dieser unendlichen Liebe und könnt in euch das Licht so entzünden, dass ihr frei seid von allem, was sich euch seither in den Weg gestellt hat. Denn ihr seid dann nicht mehr gebunden an es.

In diesen überraschenden Sätzen hört ihr die Stimme von uns, den Bäumen und seid angeschlossen an unser Potenzial, an unsere Reinheit, an unsere Liebe, unser Licht.

*Warum überraschende Sätze? Waren die vorher nicht richtig?*

*(Jetzt schaute ich einen Baum an – ich hatte vorher so Schwierigkeiten, weil da ist eine Energie auf dieser Kassette von jemandem - ich überspreche die Kassette, die bohh, mir nicht guttut. Ich kam aber weg von der Energie als ich einen Baum anschaute, es hilft mir wirklich, den zu sehen.)*

Diese Sätze sind aus der Demut deines –Herzens gesprochen.

*Und vorher nicht?*

Vorher hast du unsere Präsenz nicht wahrnehmen können, warst nicht erfüllt von ihr.

*Hat sich dadurch Falsches eingeschlichen?*

Ja, du wirst es aber leicht erkennen, wenn wir es mit dir durchgehen.

> *(Während des Schreibens: Ich hatte einmal ‚sind‘ statt ‚seid‘ gesagt – war es das? Sonst war mir noch nichts aufgefallen.)*

In der ganzen Unendlichkeit trägt das Sein den Stempel unserer Liebe, und wir sind ihm angeschlossen durch unsere Geburt der neuen Liebe auf der Erde.

In unserer Präsenz ist die neue Liebe so gegenwärtig, dass wir sie als das erkennen, was sie ist: Ein Geschenk unseres Schöpfers.

*Warum unseres Schöpfers und nicht unserer Schöpferin?*

# Ihr nehmt uns wahr,
# sobald ihr mit uns zu kommunizieren bereit seid -
# und darin liegt euere Freiheit

## Seid gewarnt vor falschen Heilern

*(Traum/Gedanken beim Aufwachen: Ein Mann und eine Frau waren auf einem Heilertreffen, in einem der früheren Leben (?). Und auf einem der Heilertreffen wurde uns diese Botschaft übermittelt: Zerranda.)*

Und in diesem Wort liegt die ganze Zerstörungskraft derer, die glauben, Heiler sein zu können. Es ist das übelste Wort, das wir gebrauchen und es drückt aus, wie abscheulich das ist, was hier vonstatten geht.

Ein Heiler, der nicht in seiner Mitte ist, und der nicht den Segen der Bäume hat, verliert seine Heilkraft, d.h. die Kraft zu segnen, die Erde zu ehren, die Kraft, in der Mitte seines Seins zu sein, und die Kraft, aus sich heraus zu geben, aus seinem Ursprung, aus seiner Gegenwart mit Gott, seinem Einssein mit ihm.

Es ist dies das größte Verbrechen das auf der Erde abläuft, seid gewarnt.

## Die Voraussetzung für die Heilkraft

Ihr könnt nicht in euch, in eurer Mitte sein, wenn ihr nicht unseren Segen habt.

Und ihr habt ihn nur dann, wenn ihr fühlende Wesen seid, eins mit euch, eins mit der Sonne, eins mit der Kraft der Sterne, eins mit unserem Namen, unserem Sein, eins mit allem, was ist.

Und in dieser Heilkraft liegt der Segen für euch alle, und indem ihr diese Heilkraft empfangt, seid ihr geläutert, und seid eins mit euch und tragt den Ruf der Sterne, die Boten Gottes sind, in euch. Und ihr tragt den Ruf von uns Bäumen in euch. Und ihr verschmelzt mit uns, mit unserer Liebe.

Und dann könnt ihr die Heilung dessen empfangen, durch den wir wirken und indem wir so anwesend sind, dass in ihm das Licht der Liebe so brennt, dass unsere Gegenwart in ihm fühlbar, hörbar und er unser Instrument ist.

**Es gibt keine göttliche Kraft, die uns ausschließt. Es gibt keine Engel, die jenseits von uns sind.**

Es gibt keine Gegenwart in ihnen, keine Anwesenheit in ihnen, wo nicht auch wir anwesend sind. Und es gibt keine Trennung in der Liebe. Alles, was eins ist, ist in der Liebe, und da, wo wir es nicht sind, ist auch der Heiler nicht anwesend in ihr.

*Stimmt der Satz, die Formulierung? (fragte ich einunddreiviertel Jahr später, im August 2009.)*

Du kannst es auch anders ausdrücken und sagen:

Da wir so sehr in der Liebe sind, dass wir euch erreichen können, sobald ihr das wünscht, gebären wir euch auf einer Stufe der Ordnung, wo ihr euch dieser Liebe öffnet und zeigen euch den Weg in ein Einssein mit euch.

In diesem Einssein sind auch wir anwesend und gebären euch da, wo ihr diese Liebe annehmen könnt. Und wo ihr es tut, habt ihr unsere Anwesenheit zugelassen und freut euch über die eure in eurem geeinten Sein.

Dies ist Heilung. Sie öffnet euch für euch, für den Andern, für uns, für alles Sein.

*Wenn es heißt, „Du kannst es auch anders ausdrücken und sagen", klingt das so – „obwohl es nicht so ist" - als hätte ich das ausgedrückt.*

Wem sagst du das.

*Soll ich also nur die erste Version lassen „alles, was eins ist, ist in der Liebe, und da, wo wir es nicht sind, ist auch der Heiler nicht anwesend in ihr".*

Nein, nimm beides.

*Dann habe ich die Aussage plötzlich in der Kürze des Satzes verstanden - doch zuerst und vor einundeinviertel Jahren war ich darüber gestolpert und las ihn wiederholt und hatte jedes Mal ein Fragezeichen in mir.)*

Denn die Liebe ist die einzige Kraft auf Erden, die alles eint.

Und in der Liebe, sind die Gesänge des Alls. Sie sind in ihr so anwesend, dass jeder von uns durchströmt ist von ihnen. Es sind die Gesänge und Melodien der Milliarden von Sternen und es sind unsere Wurzeln, die da hineinreichen und wir transportieren sie in unserem Körper und wir verbinden euch mit dem All, mit allem was ist.

Und nur in der Liebe, in diesem Einssein mit allem, was ist, könnt ihr heilen und das Werk vollbringen, das durch euch vollbracht wird.

Und darin ist die ganze Hierarchie der Ordnung, der heiligen Gesetze. Und das Sein - das auf jeder Ebene anwesend ist - erfährt Heilung für die Eine einzige Tat, für die sich ein Heiler und ein zu Heilender öffnet.

Und darin singt das ganze Sein, das ganze All und jeder erfährt Heilung – von der kleinsten Pflanze bis zum größten Stein. Es ist ein heiliges Geschehen, in dem die Engel und die Bäume, das ganze Königreich der Erde und die Sterne die Macht Gottes empfangen - denn alles ist berührt in dieser Einen Tat der anwesenden Liebe Gottes in dem, der empfängt, und in dem, der gibt.

## Ein Brief von Höchster Quelle
### für die Aufgabe all derer,
### die in die Liebe hineingegangen sind und ihr treu sind

Seid gegrüßt meine lieben Kinder, ihr habt hier ein großes Geheimnis der Bäume kennengelernt - in diesem Geheimnis ist der Segen des Einen Gottes.

Sie sind der Hüter und Transporteur einer großen Liebe und in ihnen ist das ganze Geheimnis der sich verwandelnden Erde.

Sie sind die Heilerkraft und mein Segen ruht auf ihnen. Es ist der Segen des Einen, anwesenden Gottes in euch. Ihr transportiert ihn in die Welt, in alles Geschehen, sobald ihr an Mich denkt und Meinen Namen sprecht – den des Gottes, der Göttin, der liebenden Anwesenheit Meines Ursprungs in euch, Meiner Liebe in euch, Meiner Heilkraft in euch.

Ihr ruft euch diese Liebe, sobald ihr an sie denkt und werdet eins mit ihr und dann könnt ihr zusammen mit den Bäumen, die diese Liebe genauso empfangen, wie ihr, ein wahres Wunder auf der Erde vollbringen und seid Zeugen Meiner Schöpferkraft in euch.

Und in diesem Einssein, in dem ihr die Melodie eures Seins spielt, habt ihr die Liebe derer, die euch unterstützen und mit euch den gesamten Planeten heilen und ihn in die göttliche Ordnung zurückbringen, die ihr zerstört habt durch alle Gedanken, Worte und Taten, die nicht in der Liebe geschehen sind.

Lasst euch von denen, die in sich die Liebe sind, inspirieren zu einem mächtigen Werk der Liebe und Heilung und seid mit ihnen in dem Lichterglanz der Liebe vereint – die den Segen auf die Erde bringt, bis alles transformiert und geheilt ist.

Dann seid ihr Meine Kinder, die ich rufe bei ihrem Namen und die sich Mir zuwenden in ihrem Allerheiligsten, in ihrem heiligen Tempel, in ihrem Herzen.

Und dann seid ihr die Gekrönten meiner Schöpfung. Und dann tragt ihr die Krone zusammen mit jenen, die ebenfalls die Bewusstseinkrone tragen.

Und ihr seid dann in Meinem Namen tätig auf der Erde und werdet von Mir so geführt, dass ihr in euch die wiedererkennt, die dieses Lied der Liebe, dieses heilige Werk der Zusammenkunft aller Seinsströme in Liebe vollenden.

Und Ich bin mitten unter euch, denn Ich bin die Liebe in jedem von euch. Und diese Liebe will jetzt erfahren sein.

Und Ich werde in Meiner Anwesenheit so da sein, dass ihr mich erkennt und Meine Stimme in euch hört, sobald Ich zu euch spreche. Es ist jene Stimme, durch die ihr lebt

*Heißt das, wenn du nicht zu uns sprichst, heiliger Gott, leben wir nicht, das kann ja was nicht stimmen.*

und die euch hineinnimmt in den Bewusstseinsvorgang

*(Es kam noch mal: Es ist jene Stimme, durch die ihr lebt, und die euch hineinnimmt in den Bewusstseinsvorgang. Es stimmt also.)*

des Einen Seins in euch, das euch eint und in dem Ich so anwesend bin, dass jeder von euch Meine Stimme in ihm erfährt. Es ist die Stimme der Liebe, die dann zu euch spricht, wenn eure Hingabe an das Sein, an alles, was ist und eure Liebe zu ihm einen Umfang erreicht haben und eine Größe, dass es sich in euch bekunden kann.

Es ist dann auch Meine Stimme, denn ich spreche in jedem einzelnen von euch – und jeder vernimmt dann Meine Stimme im Anderen. Es ist ein großes Symphonieorchester, durch das wir dann miteinander kommunizieren und Ich bin dann mitten unter euch, in euch anwesend, in der Mitte eures Seins, in eurem Zentrum, und ihr sprecht vom Zentrum zum Zentrum dieses Seins in seiner mannigfaltigen Ausgestaltung - und ihr habt dann auch keine Probleme, euch so hineinzuversetzen, dass alles zu euch spricht.

Ihr seid dann Meine Kinder, Meine Instrumente der heiligen Liebe und Mein Sein antwortet euch in allem, was Ich geschaffen habe.

Seid auf der Hut vor den anderen Stimmen, die nicht Meine reine Liebe sind und die sich nicht in euch transportieren dürfen, sondern Ausdruck der Hoffart und Wohlgefälligkeit euren Schmerzen, eurem Leid und eurem Habenwollen gegenüber sind.

Indem ihr in euch die Demut erreicht habt, allem zu dienen, können wir miteinander kommunizieren und erst dann habt ihr keinen Zugang mehr zu fremden Stimmen, die nicht in der Liebe sind.

Ihr seid dann getragen von Meinem Licht, das Ich so durch euch strahle, dass ihr in jedem Augenblick Mir dient.

Es ist das Licht der ewigen Liebe, des reinen Seins. Und in diesem Licht sind wir Beschenkte und schenken uns allem in Liebe. Und diese Liebe ist Mein Sein, Meine Hoheitsmelodie.

Und in diesem Sein seid ihr geborgen und es trägt euch in das Morgen einer geheilten Erde, die ihr in Mir heilt, in Meiner Liebe. Und eure Schöpferkraft verbindet sich mit der Schöpferkraft allen Seins, durch das Ich wirke und das in Meiner Liebe erstrahlt.

Ihr seid nicht die ersten auf diesem Planeten, die Meine Liebe empfangen dürfen.

Und so habt ihr auch keinen Vorzug über irgendein anderes Geschöpf und bindet euch nur an eure Nicht-Liebetaten, sobald ihr euch ihnen öffnet.

Und ihr seid dann nicht mehr in meiner Liebe und sie kann euch dann nicht mehr erreichen und sie kann euch dann nicht mehr erlösen aus euren Wunden und sie kann euch dann nicht mehr in die Liebe hineinholen – bis ihr bereit seid, ihr zu dienen und euer Herz ihr ganz zu öffnen.

Erst dann sind Wir zur Stelle und können in vereintem Chor euch sagen:
Alles, was lebt, trägt die Stimme Gottes in sich, es ist die Stimme der Liebe.

Und diese Stimme erkennt euch, heilt euch, sorgt für euch. Es ist an euch, ihr die Tür zu öffnen, indem ihr Mir, dem Einen Gott und Einen Sein, der Einen Liebe in eurem Herzen die Tür öffnet.

Und dann begegnet sie euch im Außen, in jedem Geschöpf, denn ihr habt sie dann in euch eingeladen. Und erst dann kann Frieden sein auf der Erde.

Denn solange ihr Meine Liebe nicht in euch strömen lasst, kann sie euch im Außen auch nicht begegnen – weder von den Naturwesen noch von den Bäumen noch von den Tieren, noch von den Mitmenschen, noch von der Erde.

Denn ihr werdet geprüft, und ihr werdet nicht mehr geheilt und in der Liebe, wenn ihr sie nicht gebt.

Es ist dies die Aufnahmeprüfung für den Aufstieg der Erde und in dieser Aufnahmeprüfung sind viele von euch.

Wundert euch nicht, wenn euer Leben schwer wird. Es sind dies die Anfänge einer Zeit, in der ihr euch eurem Herzen zuwenden dürft und es um Rat fragen, was ihr in welcher Angelegenheit tun sollt.

Und es ist euer Herz, das entscheiden muss, und nur dann fließt die Liebe ein, und nur dann seid ihr in Kommunikation mit allem Sein, das dann so zu euch spricht, dass in euch das Feuer der Liebe so brennt, dass ihr wahrhaft Gesegnete seid und diesen Segen in die Erde tragt, zu allem, was lebt, zu allem Sein und in eure reichhaltigen Verbindungen hinein, denn ihr seid dann nicht mehr allein.

Und in diesem Wort, das Ich euch gab, liegt Meine Heilkraft für euch und es liegt großer Segen auf ihr, denn sie verströmt das Licht der Liebe in alles Sein.

Es ist die Heilkraft des Einen Seins – und in diesem einen Sein seid auch ihr in dem Moment, wo ihr Ja sagt zu der Liebekraft eures Herzens, und euch wieder an sie anschließt.

In dem Moment sind auch wir zur Stelle, denn Ich Bin in allem, was ist, die dienende Liebe. Und Ich Bin in allem, was ist, die Eine Essenz dieser Liebe. Sie ist in den Bäumen, in allem Sein.

Und nun verneigt euch, denn Ich Bin euer Schöpfer und Meine Schöpferkraft ist in euch. Und diese Schöpferkraft will gelebt sein.

Ihr werdet sie aber nur dann erhalten, wenn ihr eins mit Mir seid und in diesem Einssein eins mit allem.


*(Die Bäume sprechen weiter:)*

Und nun ist der Brief zu Ende. Es ist ein Brief, der an dich ergangen ist von höchster Quelle.

Wir haben ihn in das Buch hineingenommen – er ist für dich bestimmt, für die Aufgabe und für die Aufgabe all derer, die in die Liebe hineingegangen sind und ihr treu sind.

Es liegen schöne Geschenke für euch bereit - denn wir vollführen einen Tanz, einen Tanz des verbundenen Seins.

Und dieses verbundene Sein will getanzt sein.

Ihr seid in diesem Tanz bereits so anwesend, dass ihr diesen Tanz bereits des Öfteren fühlt und ihn tanzt.

Es ist der Tanz ewigen Seins in euch, das sich in euch Gehör verschaffen will und das in euren Beinen zum Ausdruck kommen will.

Nehmt euch einfach geistig an den Händen und tanzt ihn.

*Mein Bericht, wie ich da im Wald tanzte, was ich da gemacht habe, soll das an dieser Stelle ins Buch?*

Ja.

Und wir dürfen euch einen Tanz schenken, zum Wohle des Ganzen.

*Aber an anderer Stelle aufsprechen, ich denke ich fahre nach Braunschweig, ich brauche Kassetten.*


*(Oh je, ich hatte unterbrochen und weiß nicht, ob der Tanz auf gesprochen ist.*

*Vielleicht auf Kassette 14 A?)*[8]

---

[8] Anmerkung der Herausgeberin: Dies war die Bemerkung im Manuskript. Vielleicht fehlt er nun, vielleicht ist es der Tanz, der im Folgenden Thema ist.

## Der Tanz des Lebens, er ist unser Tanz – gemeinsam mit der Erde feiern wir die Auferstehung des Seins

Das ist auf Erden sichtbar: Die Transformation dieser schaffenden, tätigen Liebe.

*(Ich sprach im Schlaf auf, wie im Traum, schwer sprechend.*

*Und dann hieß es, wieder mit klarer Stimme:)*

Und so bist du aufgewacht über diesen Tanz, den wir mit dir getanzt haben und wir zeigen dir noch mehr, wir führen dich hinein in deine Freiheit:

*(Ich hatte Bilder, da waren Bilder – ich weiß nicht, ich hatte nicht getanzt, und ich hatte auch an meine gemalten Bilder gedacht. Dann sprach ich einen Traum auf.*

*Wieder sprach ich wie im Schlaf: Da waren wir in Italien, mit ihm, einem Jungen, und die Sonne ist jetzt überall, spreche ich im Traum, im Wachschlaf, in Trance ganz aus dem Unbewussten.)*

Und die Sonne ist jetzt auf dem ganzen Planeten fest verankert. Und in ihr steigt alles hoch, was ihr braucht, um glücklich zu sein. Und es ist das Kind deiner eigenen Freiheit, es ist das Kind deiner Kreativität, es ist das Kind deiner Liebe, und wir bringen dir noch mehr bei über dieses Kind: Es ist dein Lachen, dein Weinen.

*(Wieder glitt ich einen Satz lang ins Unbewusste, im Schlaf redend – eindeutig an der Stimme zu hören.*

*Dann wieder klar empfangen, wach:)*

Es passt auf, dass dir nichts entgeht, es hat eine wichtige Botschaft für dich:

Du bist geboren, und diese Neugeburt hat aufgemacht die Tür zum Sein. Und in diesem Sein ist dein Lachen, deine Einheit mit allem, was ist, dein Leben, dein Lied, dein Wachsen, deine Geburt in die neue Zeit und deine Reinheit der Liebe. Es ist das Gebet der ewigen Einheit, das in dir ersteht und in diesem Gebet bist du zuhause, und dieses Gebet führt dich, es ist dein eigener wahrer innerer Führer.

*Sind das nur Botschaften für mich? Oder soll ich diese Botschaften für mich ins Buch tun?*

## Gebet der ewigen Einheit

Und in diesem Gebet erkennst du uns, alles Sein in Dir.
Es ist das Gebet deiner innigen Liebe.
Und in dieser innigen Liebe singst du das Lied deiner Freiheit.

Es ist deine Herzensmacht, die in dieses Gebet einfließt.
Es ist deine wahre Kraft.
Es ist deine innere Melodie.
Es ist der Jubel deiner Seele - der zu dir zurückkommt –
die dich enthält, die dich grüßt, die in dich hineinströmt,
die dir alles gibt, was du brauchst, um zu leben.

Es ist deine eigene Vision, deine eigene Klarheit –
und du bist jetzt ganz da, du hast ihr geöffnet.
Du bringst ihr Lied in dein Herz und deine Seele freut sich.

Sie ist beschwingt, sie glaubt an dich, sie weiß, dass du es schaffst,
und sie will mit dir tanzen.
Sie bringt ihr eigenes, klares Lied in euer Zusammensein hinein.

Sie möchte dich frei sehen,
und sie hat einen innigen Dank, durch den du erwachst.

Es ist der Dank deines Herzens, ihr ureigenes Geschenk an dich.
Es ist der Dank, der in dir das Leben berührt,
in es hineinströmt und von ihm aufgenommen wird
und seine Freiheit erfährt durch dieses Lied.
Und in diesem Dank bist du der Schöpfer deiner eigenen Wahrheit.

Und dieser Dank ist es, der dich jetzt ganz erfasst.
Er ist zu dir gekommen,
er möchte in dich hinein,
er möchte dir dienen.

Deine Seele senkt ihr Dankes-Lied in dich,
und sie möchte, dass du es erkennst.
Es ist das Lied deiner Neugeburt auf Erden.

Und in dieser Neugeburt bist du auferstanden,
diese Neugeburt hat dich umarmt
und in dieser Neugeburt erkennst du Mich den Einen großen Geber
des wahren Seins, der Einheit mit allem, was ist.

Und dieses Gebet, das ich in dein Herz lege,
ist die Anfangsmelodie einer großen Freiheit.
Und in dieser Anfangsmelodie hörst du die Stimme der Bäume.

Und diese Stimme der Bäume ist jetzt so bei dir,
dass du alles vernimmst, was sie in dich legen,
und sie beginnen ihr Lied in dir zu singen.

*(Oi. Ich war überrascht.)*

*Ist dieses Lied auch für mich?*

## Lied der Liebe in uns

In der ganzen Ewigkeit ist der Platz,
den wir dir schenken.
In der ganzen Ewigkeit,
ist der Platz für dich bereit.

Über die sieben Meere
bist du gegangen zu uns,
hast angefangen ein Leben,
das hell und rund und weit.

Hast angefangen zu singen,
singst durch den hellen Tag.

Hast angefangen zu tanzen
und tanzt jetzt, was du magst.

Ich bin das Leben in dir,
ich grüße dich dafür.
Ich hab' einen ganzen Sack voll Liebe,
den schütte ich über dich aus.

Ich kenne dich sehr genau,
ich weiß all das, was du brauchst.
Du hast es jetzt in mir geschaut
und so weißt du es auch.

Wir sind jetzt ganz vereint.
Wir haben sehr viel Zeit
zu schauen, zu lachen, zu tanzen, zu singen,
es klingt unser Lied in die Welt.

Wir haben ein reines Gemüt,
du tanzt und lachst und singst mit uns.
Wir fahren dich in den Himmel hinein
mit unserm hellen Schein.

Wir fahren immerzu im Zug des Lebens mit dir
hinein in die Liebe, das Lachen,
das Tanzen, das Weben
des höchsten Kleides Schein.

Wir haben mit dir viel vor in dieser Zeit.
Wir geben uns mit dir hin
ins reine Sein,
ins Leben hinein.

Es ist unser Ziel mit dir,
dass du in dir schaust
die reine Liebe, das reine Leben
und taust deine Kälte auf.

Du wirst jetzt sehr geliebt,
du bist schon ganz weiß davon.
Die reine Liebe, die hat jetzt erkoren
das reine Ziel in dir.

Es ist vollbracht,
der Tag in seiner Schönheit lacht.
Es ist gemacht ein schönes Lied,
die Sonne in dir lacht.

Du hast vollbracht in dir
der Weisheit Tat und nun
renn nicht davon,
sondern tanz und lach und habe viel Spaß.

Denn in dir ist das Ziel der reinen Liebe erwacht
und die hat uns zu dir gebracht.
Denn in dir ist jetzt das Ziel der reinen Liebe erwacht
und die hat uns zu dir gebracht.

Es ist der Weg nicht mehr weit,
du hast jetzt Ja gesagt,
und dieser Weg, den wir geh'n,
hat die Tür aufgemacht

zum reinen Sein,
zum Dienen allein,
und in diesem Dienen
sind wir immer bei Dir.

Und du dienst uns
mit deinem Sein.
Und wir dienen dir
und dienen der Liebe allein.

Und diese hat dir zugeflüstert
und hat ihr Ohr an dein Herz gelegt.
Und hat vernommen in ihm das kleine Flüstern,
das süße Lachen, es gluckert in dir.

Du hast jetzt aufgemacht, das Tor zur Neuen Zeit,
die ganze Erde lacht und alles ist bereit.
Du hast jetzt aufgemacht, dies Tor der Neuen Zeit,
die ganze Erde lacht und ist bereit-

zu tanzen mit dir in die Neue Zeit
und wir Bäume freuen uns
und sind für deinen Tanz bereit.
Zu tanzen, zu singen, zu lachen mit dir,

zu lachen mit dir,
zu tanzen hinein in die Liebe,
zu tanzen, zu singen, zu lachen mit dir
zu tanzen hinein in die Liebe.


Und nun singen wir alle im Chor:


Es gibt eine neue Zeit.
Sie hat bereits angefangen in dir.
Und diese neue Zeit,
sie lockt hervor die Freude aus dir.

Es gibt eine Neue Zeit.
Sie hat bereits angefangen in dir.
Und diese Neue Zeit,
sie will was Großes in dir vollbringen.

Sie lacht und tanzt dich hinein in eine Freude,
die du teilst mit uns.
Und diese reine, helle Freude,
sie ist uns Wonne, sie ist unser Glück.

Und diese reine, helle Freude,
sie ist uns Wonne, ist unser Glück.
So haben wir jetzt gewagt
ein feines kleines Lied mit dir.

Unsere Beine sind bereit
für dich zu gehen in die Neue Zeit.
Denn auch wir können uns bewegen,
wir sind nicht immer nur am gleichen Platz.

Wir gehen mit dir ins Leben hinein,
denn einer von uns steht immer bei dir.
Und so lachen und tanzen wir
mit dir aus vollem Herzen

und heben das Bein,
wenn du es hebst –
denn wir haben dafür
uns're Äste geschwungen.

Und so laden wir dich zum Tanze ein,
zu singen
und zu kreieren den Tanz,
der in dir das Leben hervorbringt.

So lachen und tanzen und scherzen wir,
damit du in dir nicht stagnierst.
So lachen und tanzen und weinen wir,
ganz wie es dir beliebt.

So sind wir zur Stelle, wenn du weinen willst
und haben dann groß Acht auf dich,
und sind auch zur Stelle, wenn du lachen willst,
und lachen mit dir mit.

Unser Bewusstsein ist reine Tat,
unser Sein ist reine Liebe, unser Dienst ist nur für dich -
damit du erfährst, damit du erkennst,
du bist von uns geliebt.

So singen und tanzen wir nun mit dir in die neue Zeit,
in die Ewigkeit der reinen Liebe hinein.
Und unser Sein und deins sind eins.
Wir freuen uns so sehr, dass du's erkennst.

Und unser Sein und deins sind ewig eins,
nun hast du's kapiert - wir wissen es bereits.
Und so tanzen und singen wir mit dir,
das Lied der Neuen Zeit.

Und so lachen und singen wir mit dir
und haben für dich bereit
unser Lied, um mit dir zu singen,
zu wiegen dich hinein in deine Melodie.

Diese Melodie ist reines Sein.
Diese Melodie ist dein Herzenslied.
Diese Melodie ist reines Sein -
es ist dein Herzenslied.

Und dieses Lied in dir erklingt,
zu tanzen, zu hüpfen,
zu lachen, zu segnen,
zu weinen, zu jubilier'n.

Und so fangen wir an.
So beginnt unser Traum
des ewigen Seins,
des heiteren Lebens.

Und so fangen wir an.
So beginnt unser Traum
die Wirklichkeit jetzt in dir zu werden.
Und so ist es getan, der Anfang ist gemacht.

Wir hüllen dich ein und haben Acht,
dass dir nichts geschieht,
dass du wohl behütet,
dass du wohl geliebt und beschützt von uns bist.

Und so haben wir Acht,
dass dein Leben gut verläuft.
Und so haben wir Acht,
dass du wohlbehütet seist.

Und so kennen wir dich und tanzen mit dir
und unser Sein ist die Liebe allein,
die Liebe, die dich ruft, die immer zu dir spricht,
deren Herz du jetzt kennst und ihr antwortest, wenn du es willst.

Und dann singen wir gemeinsam
und dann singen wir als Eines
und tanzen wir hinein
in die neue gold'ne Zeit.

Und dann singen wir zusammen.
Und dann springen wir vor Freude
hinein in die neue reine Melodie des reinen Seins, der reinen Liebe,
der reinen Hochzeit von Himmel und Erde.

Und so tanzen und singen wir
hinein in unser Glück
und wir weben den Teppich,
der uns alles gibt.

Es ist der Teppich des heiligen Seins.
Es ist der Teppich der reinen Herzen.
Es ist der Teppich der wahren Melodie.
Es ist der Teppich und der endet nie.

Er webt unsere Herzen
und unsere Liebe erklingt in ihm wieder,
er ist aus ihr gemacht.
Und dieser Teppich, er ist aus reiner Liebe,

den weben wir zusammen
und haben auf ihn Acht,
dass ihn nichts beschädigt, und dass ihn nichts beschmutzt,
dass er heile bleibt und so singen wir im Takt.

Unsere Liebe ist rein.
Sie kommt aus reinem Herzen.
Unsere Liebe ist rein
und sie bringt uns viel Achtung,

die wir uns schenken,
die wir dringend brauchen,
die Achtung von uns
und die Achtung für euch.

Denkt immer an die Achtung
und an die reinen Herzen,
dann können wir tanzen
und wir können zusammen scherzen.

Es ist jetzt viel Liebe in unser Lied gewebt,
und unser Teppich das Liebeslied enthält.
Er ist jetzt gewebt aus reinen Fäden
der Liebe, der Harmonie, der Achtung, des Friedens.

So können wir tanzen
und singen und lachen.
So können wir scherzen
und haben stets Acht,

dass nichts ihn beschmutzt,
unser'n reinen Teppich
der Liebe, der Achtung,
der Reinheit des Dienens.

So haben wir ein Lied gemacht
aus unserem Teppich,
so tanzen und singen wir
und haben stets Acht auf uns.

Die Liebe, sie lebt in uns,
sie gibt uns jetzt alles,
was in unsere Herzen will
und wir danken dafür,

dass dies uns ist gelungen
und ein schöner Weg ist gemacht,
dass wir uns haben verbunden in diesem Lied,
der Anfang ist gemacht.

Und dieses Lied in unsre Herzen zieht
und dieses Lied uns reinigt.
Und dieses Lied die Tür aufmacht
zu unsrem großen Sein,

das wir jetzt aufnehmen,
das wir in unsren Herzen tragen,
auf dass wir jetzt eingestimmt,
in dem Lied der reinen Tat

zu verbinden alle Herzen,
zu lachen und zu scherzen,
zu weinen und zu jubilier'n –
ein Meisterwerk hat begonnen.

Es ist das Werk der reinen Liebe,
es ist das Werk der reinen Tat.
Es ist das Werk der Liebesmelodie
und die erklingt in uns, wie nie.
Es ist das Werk der Liebesmelodie
und die erklingt in uns wie nie.

Sie hat jetzt aufgemacht unsre Herzenstüren
und in uns die Sonne lacht
und hat ihr Licht geboren
in die heil'ge Tat, in das reine Leben.

Und wir sind jetzt auferstanden
in unsrer Liebe füreinander.
Und wir sind jetzt auferstanden
in unsrer Liebe füreinander,

und haben angefangen
zu tanzen diesen Tanz,
und haben angefangen
zu lachen und zu singen

und haben angefangen,
zu würdigen unser Sein
und haben nun angefangen,
dies Lied, dies reine Sein.

Und so sind wir stets verbunden
in Achtsamkeit und Reinheit.
Und sind stets verbunden,
in unserem Lied.

Und so sind wir stets verbunden
in unserem Sein.
Und so sind wir stets verbunden
in der Liebe allein.

Und so haben uns're Herzen
dies Liebeslied gemacht.
Und so tanzen und so scherzen
und lieben wir den Tag,

den Tag der Auferstehung dieser reinen Melodie,
in der wir uns begegnen und erkennen, wer wir sind:
Geschöpfe der Liebe, des reinen Seins.
Und in dieser Liebe tanzen wir hinein.

Es ist der Tanz des Lebens,
der reine, klare Tanz,
der uns all das gegeben,
was wir brauchen, was wir sind.

Es ist der Tanz des Lebens,
der reine, wahre Tanz,
der uns all das gegeben,
was wir sind und das ist Glanz.

Es ist der Glanz der Treue.
Es ist der Glanz der Freude.
Es ist der Glanz der reinen Tat.
Es ist der Glanz des Lichts.

Es ist der Glanz des Lebens.
Es ist der Glanz, der wir sind.
Es ist der Glanz des Strebens
unsrer Herzen zur Einheit hin.

Es ist der reine, klare Tanz,
der in uns schwingt und uns bringt,
die Freude, die wir immer sind
und diese erklingt

in diesem neuen Tanz des Lebens,
in diesem klaren Sein,
in diesem hellen, waren Streben
in die Liebe hinein.

Und dieser neue Tanz, der bringt
all das, was wir in Wahrheit sind.
Und dieser neue Tanz bewirkt,
dass sich öffnet unsre Herzenstür.

Und in dieser sind wir nun vereint
und kennen unsern Weg
und gehen ihn gemeinsam heut',
in die Neue Zeit.

So vereint sich Mond und Sonne.
So vereinen sich Himmel und Erde.
So vereint sich Baum und Mensch
in der wahren, klaren, reinen Liebe.

So sind wir stets zusammen
und haben Achtung auf uns
und sind stets bedacht,
dass es dem Andern gut geht.

So ist der Tanz geboren,
der Tanz der reinen Achtsamkeit.
So haben wir erkoren
die Wahrheit in ein Lied.

Und dieses Lied erklingt in uns.
Es ist das Lied der Liebe.
Und dieses Lied, das sind wir nun.
Es singt sich in unser Herz hinein.

In diesem Lied, da spielen wir
die reine Melodie
des reinen Seins, der reinen Tat.
Und diese Liebesmelodie,

sie singt in uns, sie klingt in uns
das Füreinandersein in uns,
sie bringt in uns und klingt in uns
hinein in die Neue Zeit.

So singen wir und tanzen wir,
so lachen wir und feiern wir,
so singen wir und tanzen wir,
so lachen wir hinein.

Hinein in das Leben,
der Freude, des Glücks
und der Liebe, der Gabe,
der Hoffnung, des Lichts und der Gnade.

So singen wir und tanzen wir
hinein in das Leben, in Harmonie.
So singen wir und tanzen wir
hinein in das Leben des reinen Seins.

Und dieses reine Sein klingt in uns.
Es sind die Töne der reinen Liebe.
Und dieses reine Sein klingt in uns
für den Frieden.

Es ist der wahre Frieden in uns,
die wahre reine heil'ge Tat.
Und diese hat jetzt aufgemacht
das Tor zum neuen Sein.

Dies neue Sein ist die Reinheit der Liebe,
die reine Tat, die Wahrheit in uns.
Dies reine Sein ist in uns geboren
und wir haben es auserkoren,

zu dienen ihm, zu dienen der Liebe,
zu singen ihm, zu bringen ihm dar -
unsre allerbesten Wünsche in uns ersteh'n
zur reinen Tat der reinen Liebe in ihr.

So singen und lachen und tanzen wir hinein
ins neue Leben, in die Neue Zeit.
So singen und lachen und tanzen hinein
ins neue Leben der reinen Tat auf Erden.

Sie hat jetzt vollbracht die reine Liebe,
sie hat aufgemacht das große Tor
zur Freiheit, zum Frieden, zum reinen Sein
und so klingt es an unser Ohr:

Geboren ist die reine Herzenstat.
Geboren ist das Ursprungslied in uns.
Geboren ist die reine Tat der Herzen.
Die reine Melodie in ihnen erklingt und singt sich in uns hinein.

Die Liebe allein hat sie hervorgeholt
aus ihrem Schlummer in unser Sein,
in uns hinein
und nun kennen wir sie.

Sie ist uns're wahre Herzensmelodie,
unser reines Lied der Liebe in uns.
Und diese reine Liebe hat aufgemacht
das Tor zu unserm Sein.

Und dies klingt jetzt in unsren Herzen.
Und wir beginnen ihm zu vertrauen.
Und wir beginnen in uns zu schauen
das Lied der Herzensmelodie.

Und diese sind wir. Sie singt sich in uns,
wir laden sie ein, unser Dauergast zu sein.
Und diese singt sich hinein in unsre Herzen,
wir haben ihr aufgemacht.

Und so erklingt sie in uns zum Tanze.
und so vollbringen wir wahre Wunder.
Die Liebe ist auferstanden in uns
und zeigt uns den Weg zum wahren Tanze.

Und dieses neue Sein in dir,
das lädt dich jetzt ein
für die Wahrheit dieses Tanzes
zu singen und zu sein.

Und dieses neue Sein in dir,
das lädt dich jetzt ein für die Wahrheit,
für die Wahrheit dieses Tanzes zu singen und zu sein.
Es ist das neue Sein in dir, das jetzt erwacht.

Und dieses Erwachen hat seinen eignen Glanz.
In dieses Erwachen zieht Frieden ein.
In dieses Erwachen hinein
zieht heller Schein.

Und dieses Erwachen erfüllt die Herzen ganz.
Und dieses Erwachen ist reiner Lichterglanz.
In diesem Erwachen fühlst du der Erde Schein.
In diesem Erwachen tanzt du ins Leben hinein.

Es ist dies Erwachen
der Freude, Tanz und Glut.
Es ist in ihm das Leben,
das tanzt und hat den Mut,

aus sich heraus zu geben,
die Liebe und die Tat,
und alles zu weben
aus höchster Gotteskraft.

Und dieses neue Leben
steht jetzt vor deiner Tür.
Es hat dir viel zu geben,
und darum bist du hier.

Es führt dich hinein ins Erwachen
der heil'gen Tat in dir
und führt in dir ein die Liebe,
die alles in dir eint.

Es führt dich hinein ins Erwachen
und dafür danken wir dir,
dass du all deine Schätze
in Demut an dich nimmst.

Es sind die lauteren Schätze,
die du dir jetzt erwirbst.
Sie sind nicht länger Gäste
in einem unbewussten Land.

Sie kommen dir ganz zu Bewusstsein
und du hast viel Freude an ihnen.
Sie tragen dich durch das Leben
und du hast jetzt viel zu geben.

Sie zwingen dich nicht, sie helfen dir,
zu sein das, was du bist.
Sie kennen dich gut, sie sind dein Freund,
der mit dir lacht und tanzt.

(gesungen:)

In deinem hellen Sein,
fließt die Freude.
In diese Freude fließt
dein ganzer Mut hinein.

Und in dies helle Sein
zieht tiefer Frieden ein.
In dies helle Sein hinein,
da tanzen wir.

Wir tanzen unseren Tanz
in hellem Lichterglanz.
Es ist der gleiche Tanz,
der in unser'n Herzen ersteht.

Und der hat aufgemacht
das Tor zur Einheit in uns.
Und dieser Tanz hat vollbracht
die Neue Zeit.

In uns ist erwacht
das Lied der Einheit, das Freude erzeugt.
In diesem Tanz bist du
ein neuer Schöpfer

und deine Liebesmelodie
trägt ihre Früchte dort,
wo seither Leiden war
und Not und Pein und Qual.

Da wir die Tür aufgemacht,
da laben sich alle an deinem Freudenstrahl,
an deinem Licht, deiner Kraft, an deinem Liebesmahl,
da werden alle satt.

Da hast du viel zu geben
in einem Leben.
Da hast du viel zu öffnen
in deinem Herz.

Die ganzen Türen
werden weit aufgemacht
und du lässt herein
deine Schöpferkraft.

Und du zeigst den Weg,
zeigst wie es vielen ergeht,
die ins Licht der Liebe
haben das Tor aufgemacht.

Und du gehst hinein
in den hellen Schein
deiner Liebe auf Erden,
deiner Kraft, deiner Gabe.

Es findet statt ein Fest,
das dich gelingen lässt,
die reine Tat auf Erden
wird geboren in dir.

Dein Herz, das weiß, was es tut,
und du hast den Mut,
denn die Herzenskraft
im rechten Augenblick schreitet zu Tat.

Es ist die reine Tat
deines Wissens in dir
und du zögerst nicht,
hältst Schritt mit ihr.

Sie kommt aus deinem Herzen
und hat viel Durchschlagekraft,
denn sie ist geballtes Sein
in das hinein du erwachst.

Sie kennt die Grenze nicht
und weiß bei jedem Schritt,
was zu tun sie hat.
Und dein Herz, es lacht.

Es gibt dir seine Kraft zu vollenden,
was in dir die Vollendung erstrebt,
was in dir den Ausdruck finden will,
der jetzt ins Sein gehört.

Du hast dann jeden Mut
zu tun, was du tun willst,
was der Liebe gehört.
Und diese Liebe weiß,

wann sie handeln will,
und ihr fehlt nicht der Glaube.
Du handelst dann,
wenn es in dir zum Handeln drängt.

Du hast dann deine Wurzeln fest in der Erde.
Du bist dann eingeladen, mit ihr alles zu vollbringen.,
Du hast dann den Mut und das Wissen in dir.
Du stehst dann furchtlos an der Schwelle der Neuen Zeit

und gibst aus der Liebekraft, die alles Leben eint,
und die dich hineinnimmt
in deine Fröhlichkeit
und kein Streit zieht hinein.

Du verwandelst auf Erden,
was in dir den Platz schafft
zur Tat deines Herzens in dir
und dich hineinstellt ins Leben, auf dass du kannst geben,

die richt'ge Tat, die dein Herz kennt,
die heil'ge Tat, die es braucht.
Und diese Tat haucht dann aus,
wo kein Leben mehr ist.

Und sie entzündet neu
der Liebe hellen Schein
und dieser hat die Kraft
zu verwandeln, was alt.


*(Es fehlt was zu mutigen Rechtsanwälten in den USA, die aufdecken, zu Nesara.) Ich würde gern von euch heiligen Bäumen dazu etwas wissen.*

*Die Lieder sind alle schön, doch die Menschen sind orientierungslos.*

*(Ich hatte um Schutz gebeten für die Menschen, die da aufdecken.*

*Ich hatte gelesen, dass man in dem Word Trade Center Nachrichten weltweit herausgeben wollte und berichten, was die Banken da machen. Auch wie Busch illegal an die Macht gekommen ist. Ich habe diese ganze Situation der höchsten Gott- Göttin hingegeben und für die Menschen*

*um Schutz gebeten, die da mutig die Wahrheit aussprechen und die
Recht und Ordnung herstellen wollen, die möchten, dass die Verfassung
gilt, die das Gute, Wahre und Echte wollen. Ich habe auch die Bäume um
Hilfe gebeten, das ganze vereinte Sein.)*

*Was kann man tun, dass da nicht ein Skrupelloser Krieg macht und
Unschuldige verfolgt?*

**Der Weg, den die Menschheit einschlagen soll, ist
gekennzeichnet von Solidarität, Liebe und Auferstehung der
göttlichen, schöpferischen Kraft.**

**Es ist der Weg der Achtung des Lebens, des Schutzes derer, die
Schutz bedürfen und der innigen Anteilnahme an dem, was
geschieht. Es ist der Weg der Achtung des Lebens, der
Gerechtigkeit und Wahrheit, der Liebe und der Reinheit der
Liebe, d.h. der Rückbindung an die Kraft des Herzens, an die
Kraft des Augenblicks, an die Schöpferkraft der heiligen Tat, die
aus dem Herzen kommt, das angeschlossen ist an die Wahrheit.**

**Hier ist der Schutz, den wir bereitstellen. Hier ist das Leben, das
wir geben. Hier ist die Hoffnung, die all unsere Unterstützung
findet. Hier ist die Einheit des Seins, bei der im gleichen
Augenblick die Tür aufgeht zur vollen Verständigung, zur vollen
Kommunikation, zum Transportieren der Wahrheiten in jedes
Menschenherz hinein. Und hier dienen wir, auf dass die
Menschheit in die Lage kommt, alles zum richtigen Zeitpunkt zu
tun und ihr Herz öffnet für die Tat des reinen Seins in ihnen.**

*Was ist die Tat des reinen Seins?*

Es ist die furchtlose Tat, beim Namen zu nennen, was im Argen liegt,
es ist die furchtlose Tat, zu öffnen sein Herz für das Licht.

Es ist die furchtlose Tat in der Wahrheit zu sein und ihr zu dienen. Es
ist die Stimme der Liebe, die nicht kriecht, nicht leidet unter falscher
Zeugenaussage, die in sich weiß, wann sie was sagen darf und die in
sich die Kraft erhält zum richtigen Wort zur rechten Zeit.

Es ist die bedingungslose Hingabe an die Weisheit des Herzens, an die Reinheit des Augenblicks, in der das entsteht, was im Menschen die Kraft schafft zu tun, was er zu tun hat: und das ist, sich hinzugeben an die Weisheit des Augenblicks, die aus der Einheit heraus, aus der natürlichen Kraft der Wahrheit, Einheit und Liebe heraus spricht, handelt und denkt.

Es ist die Stimme des Herzens, die in jedem Augenblick weiß, was zu tun ist, und die die durchschaut, die lügen, manipulieren, stehlen, sich bekriegen und sich den Mantel der Unschuld umhängen, der ihnen nicht gehört.

Unschuld ist das Wesen des Menschen, der auf sein Herz hört, der in sich die Kräfte entfaltet, die es braucht, um eine Situation zu ändern, der in sich die Kraft hat, das zu tun, was aus seinem Herzen heraus getan werden will, und der die Lüge nicht fürchtet, denn in der Kraft der Wahrheit ist sein Schutz.

*Es gibt aber doch ja auch die Dringlichkeit, zu unterscheiden?*

Die Wahrheit kennt die Fallen. Es gibt ein Lied, das dies schön zum Ausdruck bringt.

Wollen wir es hier an dieser Stelle singen?

*Ja.*

<br>

Lied der Bäume
Die Wahrheit kennt die Fallen

Du fragst dich wohin das Ganze führt in der Welt –
dies Durcheinander von Lüge, von Hass und Gewalt.
Du weißt nicht, wohin du deinen Blick wenden sollst.
Du erkennst in deinem Herzen, was das Richtige ist.

Du lässt dich tief ein in den Prozess des Dienens,
der Wahrheit, der Liebe, dem rechten Leben.
Du gibst, was du kannst und du hast den Mut,
zu erkennen, was deiner Seele tut gut –

das wage, das gebe, das gibt dir den Halt
in dir zu bestehen, der Liebe zu dienen,
das wage, das gebe, du hast unsern Schutz,
wir bringen dir Leben und du auferstehst.

Die Lüge hat dann ihr Gewand nicht an dir.
Sie zieht an dir vorüber, und wir danken dir.
Sie hat in dir den Platz gelassen für dein rechtes Wort.
Sie lässt keinen an dich, der dieses spült fort.

Die Wahrheit ist in dir verankert,
wenn du ihr dienst.
Die Tat der Wahrheit krönt dich
und du beginnst,

deine Kraft zu entfalten,
deinen ganzen Mut
...[9] leben, zu lieben
und es wird alles gut.

Was in Liebe gewagt,
hat die Kraft von ihr.
Sie ist die Kraft der vereinten Liebesmacht.
Sie ist die höchste, stärkste, vollste Kraft,

wage, tu, es gibt nichts was dich besiegt.
Die Wahrheit deines Herzens singt ihr Lied.
Die Wahrheit deines Seins ist Einssein
und dies ist unbesiegbar.

---

[9] Kratzer auf der Kassette

Drum lache, tanze, freue dich.
Du hast dein Lied in dir gefunden.
Drum wage, gebe dieses Liebeslied.
Du bist nie allein, hast die Kraft des ganzen Seins.

Drum wage, gebe
dieses Lied des Herzens in dir
und du bist unbesiegbar,
denn die Liebe steht für dich ein.

Und gibt dir ihren Schutz
und du bist nie allein.
Sie gibt dir ihre Kraft.
Sie schenkt dir Frieden in dir.

Und dieser Friede ist's,
der die Welt gestaltet.
Er ist in dir,
wenn in dir die Liebe waltet.

Und dieser Friede hat die Kraft
zu erzeugen die Tat, die Gutes schafft.
Und dieser Friede ist's,
der in alles strahlt hinein.

Und das ganze Sein in vereinter Kraft
erzeugt das Leben, die Wahrheit
und die dienen dir,
erzeugt das Streben der Herzen, die Einheit sind,

erzeugt das Streben nach Wahrheit,
ihre Kraft, ihre Freude, ihre Leichtigkeit,
denn alles steht bereit
für den, der Zeuge ist der reinen Tat,

die in der Liebe fußt
und sie gebärt mit jedem Wort,
jedem Gedanken, jeder Tat,
und so hast du Frieden gebracht.

Und dieser Frieden
schenkt sich in deinem System
und breitet sich ganz aus,
denn er ist unaufhaltsam.

Und dieser Friede ist die stärkste Kraft.
Und dieser Friede ist's, der Einheit schafft.
Und dieser Friede ist deine Freiheit zu sagen,
zu fragen, was du in deinem Herzen fühlst.

Und dieser Friede ist deine Freiheit zu tun,
was aus dir will geboren sein in die Welt.
Und dieser Friede ist deine Freiheit
in jedem Moment, zu wählen, was wahr
und was dir die Kraft jetzt schenkt,

zu dienen dem Einen, dem Ganzen, dem Sein
und zu lieben die Wahrheit, die Freude, das Sein
und zu bezeugen ihre Kraft in der Welt
und zu stärken den Glauben der Menschheit an sie.

Und diese Kraft, die wächst
in deinem Herzen und wird groß.
Und sie hat bereits
viele Früchte erzeugt.

Und diese Kraft, die will
sich offenbaren durch dich
und deine Freiheit ist sie,
drum fürchte nichts.

Denn du bist immer in deiner Kraft verbunden
mit dem Ganzen
und hast den Schutz des Einen,
des wahren Gottes, des Einen Seins,

der Einen Liebe, die alles eint,
die in allem ist,
in jedem Stein, jeder Blume,
in jedem Herz, das der Liebe gehört.

Und diese Liebe ist's,
die dich stark macht
und aufersteht in dir,
zu tun die Eine wahre Tat.

In jedem Augenblick sei erfüllt
dein Herz von dieser Liebe,
die wir sind,
die wir brauchen.

Und diese Liebe
eint das ganze Sein
und in dieses hinein,
legt sich unser Lied.

Es ist das Lied der Bäume,
das in dir gesungen,
ist das Lied der Einen Liebe,
die uns eint.

Es ist das Lied der Einen Wahrheit,
die in allem
erzeugt den Nachhall ihrer Ernsthaftigkeit.
Es ist das Lied, das in allen aufersteht.

Es ist die Gabe der Liebe,
die du schenkst, die du webst
in unsern Einheitsteppich,
der alles Sein eint,

in dir und in allem die Liebe erzeugt
und sie gebärt
in der Reihenfolge ihres Wirkens
hinein in die Welt, wo Unordnung war.

Doch wo sie heilt, wo sie siegt, die Liebe in dir,
erzeugt sie Ordnung und Wahrheit
und Klarheit und die Kraft,
zu gebären ihre heil'ge Tat hinein,

wo Unordnung war und Grausamkeit,
wo Unmenschlichkeit und Hass und Neid
und Gier und Lieblosigkeit ihr Unwesen trieb,
da schafft sie Ordnung, schafft Halt.

Und die Liebe allein
ist das größte Sein,
denn sie ist die Einheit
zu der alles erwacht.

Und sie dient dir,
sie kennt dich, sie schützt dich,
bewacht dich.
Sie heilt dich, sie liebt dich,
sie macht dich aufrecht geh'n.

Und sie kennt dich,
sie liebt dich, sie heilt dich,
sie bewacht dich, sie schützt dich
und macht dich aufrecht steh'n.

Und sie gewährt dir ihren Frieden da,
wo du bereit bist,
sie in dir aufzunehmen
und ihr die Hand reichst,

auf dass sie aufersteht mit ihrer Macht,
ihrer Kraft, ihrer ganzen Fülle.
Und dass sie erwacht,
kannst du an dir erkennen.

Du hast dieses Lied ganz zu Ende gesungen
und viele Helfer waren bei dir.
Du bist in ihm das eingegangen –
die Liebe hat angefangen zu öffnen deine Herzenstür

zur Einheit, Wahrheit, zu Klarheit,
zur Reinheit der Gedanken,
zur Wachheit, zum Erkennen,
zur Liebesmelodie.

Und diese alle erfüllen
dein Herz bis auf den Grund.
Und diese alle bewegen
dein Leben aus einem Mund,

dem Mund der Wahrheit, der Klarheit,
der reinen Liebe
und der Kraft zu besteh'n,
wo sie Einzug hält.

Und diese Kraft
ist deine Schöpferkraft.
Und diese Kraft
in dir zum Leben erwacht.

Und diese Kraft
ist geeint mit der Liebe, die du bist
und der Liebe des Einen
und der Liebe hellen Seins.

Denn sie ist Einheit in dir,
sie ist Mut, sie ist Tanz.
Sie ist Singen
und ist der Freude Glanz,

denn die Liebe ist des Herzens Schein
und ihre Macht ist Gott allein,
denn die Liebe ist des Herzens Schein
und Ihre Macht ist Gott allein.


Du bist auferstanden in die Tat deines Herzens. In dieser Tat waren
wir Bäume so anwesend, dass du unser Lied gesungen hast.

*Ihr hattet ja vor zwei Tagen angekündigt, dass ich singen soll, und ich
hab's nicht gleich getan, aber jetzt hab ich es getan, ihr habt mich ja in
das Lied hineingerufen – es ist von euch, ich gebe es zu (sagte ich
freudig lachend).*

Ihr seid die Gekrönten des Seins,
sobald ihr die Tür findet zu eurer Ganzheit
und sie wahrnehmt –
und wir dürfen euch dann dienen

(gesungen:)

Durch die Zeit ihr heil'ges Lied,
in der Zeit, nichts ihr Trieb.
Durch die Zeit ihr heil'ges Lied,
in der Zeit war nichts ihr Trieb,

hat geschaut
die Ewigkeit, hat sich gebaut
ein neu Zuhaus', hat erlaubt
die ganze Sternenmacht hat ihn erlöst,
oh wahre Pracht, oh wahre Pracht

In der Zeit nichts als Krieg,
in der Zeit nichts als Sieg,
hat geschaut, hat gebaut,
hat in sich erlöst die ganze Sternenmacht,
oh welch ein Sieg.

In der Zeit nichts als Krieg,
vor der Zeit, hinter der Zeit,
über, unter, neben der Zeit
nichts als Krieg.

Hat geschaut, hat gebaut,
die ganze Sternenmacht
hat erlöst in sich,
oh welch ein Sieg, oh welche Pracht.

Vor der Zeit, welch ein Sieg,
nach der Zeit, welch ein Krieg.
Unten, neben, vorder, für, danach, dahinter, beiderseits
welch ein Sieg.

Vor der Zeit, welch ein Krieg,
nach der Zeit, welch ein Sieg,
hat geschaut die Ewigkeit
hat nichts mehr gefühlt.

Sein Urteil war hart, seine Lehre erfolgreich,
sein Grab geschwächt.
Er hatte sich nicht holen können das Land seiner Träume,
doch hat er dich sehr geliebt.

*Ist mein Vater gestorben, was ist denn da los?*


*(Das Unbewusste spricht, nach insgesamt 2-3 mm auf der Kassette - mit dem oberen Text-, kommt ein Lied:)*


## Lied

### Tanz des heil'gen Seins

In dir ist Deine ganze Schöpferkraft
und diese Schöpferkraft bringt dein Sein in dich hinein.
Sie lädt es ein, mit dir zu tanzen.
Und diesen Tanz, den besingen wir jetzt.

Es ist der Tanz des heil'gen Seins.
Es ist der Tanz der reinen Melodie.
In diesem Tanz bist du gesegnet,
und dieser Tanz erhebt dich ganz in den Himmel hinein.

Es ist der Tanz des lebendigen Seins in dir.
Es ist der Tanz der Gnade, des Erbarmens,
der Gegenwart Gottes in dir.
In diesem Tanz ist dein ganzes Sein.

Es strömt in diesen Tanz hinein.
In diesem Tanz ist dein ganzes Sein
und es strömt in diesen Tanz hinein.

In diesem Tanz ist dein Lachen, ist deine Geburt.
In diesem Tanz ist dein Geben, in einem fort.
In diesem Tanz ist dein Singen, dein Jubilier'n.
In diesem Tanz ist dein Auftrag, dein Gebet, deine Tugend.

In diesem Tanz ist dein Blühen, dein Lebendigsein.
Und dieser Tanz lädt dich jetzt zum Tanzen ein.
In diesem Tanz ist dein Singen, dein Jubilier'n
und dieser Tanz hat die Herzen zusammengebracht.

In diesem Tanz ist dein Denken,
dein Schweigen, dein Lied.
Und dieser Tanz ist dein Morgen,
dein Jetzt und dein heute.

Er ist in diesem Augenblick, er ist in diesem daheim.
Er ist in diesem Augenblick müheloses Sein.
Es tanzt dich direkt in den Augenblick hinein.
Es tanzt dich, es holt dich heraus aus deinem Schlaf.

Er bringt dir das Leben zurück.
Du bist in diesem Tanze
ganz innig mit dir verbunden.
Du bist in diesem Tanze ganz da.

Und dieser Tanz, der hat begonnen,
und dieser Tanz, der macht zerronnen,
was du nicht bist,
was du nicht in Wahrheit in dir hast.

Dein ganzes Sein,
steht vor der Tür,
es wartet auf dein,
tritt ein.

Dein ganzes Sein
steht vor der Tür
und bittet dich,
lass mich herein.

Und in diesem Tanz, da empfängst du es,
denn dieser Tanz ist ein Einweihungstanz.
Und in diesem Tanz ist dein Herz ganz offen.

In diesem Tanz gebiert sich hinein,
dein eignes Lied,
dein eignes Sein, deine Tat,
die Lauterkeit deines Wesens zieht ein.

Dein eignes Sein, dein eignes Lied,
deine Tat, die Lauterkeit
haben Platz gemacht
in dir für die Freud.

Die Freude zieht gleich ein
mit ihrem hellen Schein,
die Freude zieht in dir ein.
Das Tor geht hinter ihr zu.

Denn wo die Freude ist,
ist kein Leid dabei.
Wo die Freude zieht ein,
ist der Schmerz nicht dabei.

Denn die Freude und du
haben ein Rendezvous.
Dieses Rendezvous
erkennst nur du,

an deinem leichten Sein,
an deinem Glücklichsein,
an deiner Heiterkeit,
an deiner Leichtigkeit.

Und nun gehst du an den Ort,
der dich gerufen.
Und du bist an ihm still,
bist heiteren Gemüts.

Und du öffnest ihm die Türe
und du singst mit ihm,
deinem ganzen Sein,
das dich lädt zum Tanze ein.

Und dieser Tanz in dir
die alten Muster löst.
Dieser Tanz gebärt dich neu
und bringt dich ganz in Schwung.

Und du schwingst Dich ein
in die Neue Zeit,
der Heiligkeit,
der reinen Liebe.

Und du singst dein Lied
und dein Herz wird rund.
Es dehnt sich aus,
empfängt das Sein.

Und in diesem Tanz
bist du ganz geborgen.
Du kennst keine Sorgen,
denkst nicht an morgen.

Denn dieser Tanz,
der bringt das aus dir heraus,
was verkrustet war,
was dich eingeengt.

Denn dieser Tanz
ist das Leben in dir.
Es singt sich in dich hinein,
es klingt in dir,

so dass du getragen bist
von dieser Liebesmelodie,
dass du getragen bist,
von der Reinheit, Schönheit, Lieblichkeit,

deines Seins, deiner Kraft,
deiner Zugewandtheit
zu dem, was dein Herz dir sagt,
was es dich wissen will.

Und du hörst ihm zu,
deinem Herzen, das spricht
und du stoppst es nicht,
du würgst es nicht ab.

Und dein Herz, es hat
dir so viel zu sagen
und du musst nichts weiter als dein Herz fragen.
In ihm ist die Antwort des Seins, das du bist.

Und dieses Herz,
es kennt den Schmerz,
wenn du nicht auf es hörst,
dann drückt es dich sehr.

Dann tut dir alles weh,
dann hast du keine Lust,
in der Welt zu sein,
dann ist dir alles Frust.

Frag dein Herz, lausche ihm,
gib ihm Raum, gib ihm Zeit,
hör es an, es ist kein Traum,
es weiß genau, was du brauchst heut'.

Es kennt dich gut, es weiß Bescheid,
kennt deinen Plan und fragt dich heut',
willst du auf mich hör'n, so sei gescheit,
nimm dir Zeit, hör mich an.

Und dein Herz, das ist kein Scherz,
weiß genau, was dir fehlt,
denn dein Herz,
das bist du, das andre geht,
das andre geht.

Denn es gehört nicht zu dir,
gehörte niemals zu dir
und dein Herz weiß genau,
was dir fehlt und gibt es dir.

Es gibt dir alles, was du brauchst.
Es schenkt sich dir, ganz und gar.
Es gibt dir alles, was du brauchst.
Nimm es an, stell keine Forderung.

Lass deine Bedingungen,
lass deine Bedenken los.
Lass deine Einwände geh'n.
Schau doch hin, dein Herz es dir zeigt.

Und wo der Schmerz dir weh tut,
wo du nicht hast auf es gehört,
so lass den Schmerz an dich ran,
nimm ihn auf, geh in ihn hinein.

So kommt die Sehnsucht wieder zu Wort in dir,
die dich trägt in die neue Zeit, wo du gefehlt,
denn sie bringt dich zurück in die Gegenwart
deines wahren Seins, deiner Schöpferkraft.

Lass dich führen,
sie tanzt ihre Melodie in dich hinein.
Der Lebenstanz taut dich auf.

Er kehrt in dich zurück,
wo du deinen Gefühlen traust,
wo die Lieblichkeit
in deinem Herzen darf weilen.

So komm und komm
in dein Herz hinein,
lass allen Schmerz los.
Hier ist wundervolles Sein.

Hier ist die Gegenwart,
hier ist alles bei dir.
Es ist nicht morgen erst da,
es ist jetzt ganz bei dir.

Hier ist die Gegenwart,
hier brauchst du nichts dafür zu tun,
dass es in dich kommt hinein,
kommt zu dir, tut dir gut.

Hier ist schon alles,
das in diesem Tanz spielt dieses Lied in ihm.
Es ist der Tanz,
der deine Schöpferkraft befreit.

Hier bist du in Berührung mit dem,
was du in Wahrheit bist.
Hier sind keine Türen zu.
Hier ist alles bereit für dich.

Denn niemals verwehrt dir das Sein,
was du brauchst,
und niemals erkennst du es nicht.
Denn hier bist du ganz vereint

mit deinen wahren Wünschen
und das, was du in Wahrheit bist,
das ist alles schon jetzt bei dir.

So tanz' und sing' und lach',
feier' den Augenblick.
So tanz' und sing' und lach',
lass zu, was dich berühren will.

Empfang es in deinem Herzen,
so ist es schon geboren in der Welt.
Empfang es in deinem Herzen,
so hast du schon Ja gesagt

zum göttlichen Plan, zum Einweihungsfest,
zur Natürlichkeit deines Herzens,
zur Auferstehung deiner Wirklichkeit,
deiner ganzen Kraft, deiner Schöpfermacht.

Und hier, wo du bist ganz vereint
mit dem heil'gen Sein der Liebe in dir,
hier hast du Raum,
zu tanzen, zu feiern,

zu jubilier'n, zu halten fest,
was dir gehört,
was nicht getrennt von dir ist,
was du ganz bist, was dich erfreut.

Hier bist du eins mit allem, was du bist.
Hier singt sich das Lied, hier vermisst du nichts.
Hier brauchst du nur tanzen und dem Leben zu erlauben,
dass alles in der richtigen Reihenfolge zu dir kommt.

Denn das Leben weiß es mit Sicherheit,
wann ist die richtige Zeit
zu empfangen im Außen was du brauchst, was du bist,
was dich glücklich macht.

Und diese Tat, es zu bringen, ist vollbracht,
wenn du immer auf dein Herz hörst,
denn es kennt den Weg genau,
kennt den göttlichen Plan, gibt dir die heilige Schau.

Und die Türen, sie öffnen sich
und lassen herein,
das Licht der neuen Zeit
und deine Gestaltungskraft.

Sie fließen zusammen,
sie kreieren dich neu.
Und deine Schöpferkraft,
hat die Türe aufgemacht

zum heilen Sein,
zu deiner Liebe, die du bist,
denn diese Schöpferkraft
mit dir eng verwoben ist.

Und deine Schöpferkraft,
sie gebärt alles neu.
Wenn dein Herz sich freut,
dann ist heilige Zeit.

Denn dieses, dein Herz ist was Wundervolles.
Es ist in dir die Reinheit der Sonne,
ist heiliges Licht, ist das ganze Sein,
vereint in dir, in der Liebe allein,

ist heiliges Lied,
ist das ganze Sein,
ist vereint in dir,
in der Liebe allein.

Und dieses Herz zu dir spricht,
denn es lädt dich ein,
zu tanzen den Tanz
der Glückseligkeit.

Und dieses Herz lädt dich ein
zu kreieren, was du brauchst,
denn es zeigt dir ganz,
was für dich ist bestimmt.

Denn da, wo es ist,
deines Herzens Licht,
hast du aufgemacht die Türe
zu allem, was du bist.

Und der Schlüssel,
der bleibt in der Türe stecken,
auch da, wo du wieder
sie hast zugemacht.

Und er glänzt bei jedem Licht,
bei jedem Strahl deiner Hoffnung
und zeigt auf die Tür,
die du verschlossen hast.

So nimm den Schlüssel wieder
zur Hand und mach auf.
Lass deine Herzenstür
niemals lange zu,

sonst vertrocknest du,
kennst nur Neid und Leid und Streit,
und du kennst nicht mehr
die Glückseligkeit.

Sonst vertrocknest du,
kennst nur Leid und Neid und Streit,
und kennst nicht mehr
die Glückseligkeit.

Lass dein Herz stets sprechen,
selbst wenn Schmerz auf dich dann wartet
und die Trauer
dir Sturzbäche an Tränen bescheret.

Denn dein Herz weiß genau,
wann die richtige Zeit,
wann alles erlöst und du auferstanden bist
in der Gnade, dem Reich der Liebe,

in der Güte, der Treue,
der Wahrheit, dem Vertrauen,
dem Mut und dem Gleichgewicht, der Treue zu dem,
was du brauchst, was du gibst,

was dein Herz dir sagen will,
was aus dir herausströmen will,
was du bist, das versteck‘ nicht hinter der Tür
sonst hast du große Not.

Und so komm jetzt zum Tanze,
beweg deine Glieder.
So komm jetzt zum Tanze,
hab Mut, lass es gescheh'n.

Lass es fließen, deine Tränen,
so lange sie fließen wollen.
Es heilt allen Schmerz,
deine Verletzungen, heilt alles.

Es heilt dich von Grund auf,
macht dich ganz gesund.
Und dann wieg dich
in unsre Liebe hinein.

Lass es geschehen, schenk uns deinen Tanz
und lass dich wiegen.
Lass es geschehen, wir tanzen dich frei
in die Liebe hinein.

In die Liebe,
die dich ganz erfüllt, die du bist,
in das Sein, das sich in dir wiegt,
das du mit allem teilst.

Und die Hoffnung, die dich kennt
und die weiß, was du brauchst,
schenkt dir jetzt dein Vertrauen –
mach die Tür in dir auf.

Und sie steht jetzt vor dir,
deine ganze Schöpferkraft
und sie tanzt jetzt mit dir
und der Tag, er ist gemacht.

Feier du nur das Leben,
wie es in dir sich zeigt.
Gib dem Schmerz einen Raum.

Lass die Trauer in dir,
solange sie in dir verweilen will
und dann steh auf zum Tanz

und du erkennst Mich,
den Einen Geber von Allem,
du erkennst Mein wahres Gesicht.

(Gesprochen:) Fürchte dich nicht, das ist der Schluss.

*Heilige Bäume, heiliger Gott, ich weiß nichts, hab ich jetzt alles so aus meinem Herzen gesungen. Das war jetzt nicht das Lied der Bäume oder heilige Bäume, war das euer Lied?*

Du hast dich eingebracht in deinem Lichterschein, hast die Tür aufgemacht zu feiern mit uns.

*Heilige Bäume, soll das als mein Lied oder als euer oder gar nicht in euer Buch?*

Es weist dir den Weg, wie dieses Buch von dir behandelt werden will.

Gib diesen Schatz hinein und sag, dass es dir Freude gemacht hat, so eins zu singen.

Deine Liebe ist hier so hineingeflossen und wir stehen dankbar davor. Und auch in uns hat sich etwas ereignet, als wir das hörten:

Wir haben zum ersten Mal gedacht: Hier ist unsere Königin.

*Und ihr seid all meine Könige, jeder einzelne und zusammen.*

Du hast jetzt weit aufgemacht deine Herzenstür, und das Lied, das ist von dir.

*Aber komisch, das war doch auch so wie das andere.*

*(Ich sollte mich ans Herz fassen: Es ist mein Schatz, mein Herzensschatz eingeflossen und die Bäume haben andächtig mitgeholfen.)*

*Wollt ihr noch etwas sagen, heilige Bäume?*

Vergiss das Lied nicht rein zu tun.

*Danke.*

Einheitslied
von der Erde für die Erde

Im großen Wald hab' ich gebadet,
in dem Reichtum der der heiligen Bäume.
Im großen Wald hab' ich gebadet
in dem Reichtum der der heiligen Bäume.

Ich bin nicht kalt, bin reich gewesen.
So ist ihr Halt, so ist ihr Wesen.
Ihr Wesen ist Freude, ist Beschwingtheit.
Ihr Wesen ist Freude, und diese singt heut in mir.

Bin gestern im Wald
mit den Bäumen gewesen.
Und heute ist's nicht kalt,
so ist ihr Wesen.

Hab gestern gebracht der Freude Sonne,
ins Wesen der Bäume aus meinem Herzen.
Hab gestern geschaut die süße Wonne
ihres Reichtums, ihrer Zahl.

Bin gestern ganz still im Wald gewesen.
Hab sie geseh'n, die prachtvollen Wesen.
Da taute ich auf, hab mein Herz geweitet,
hab gesehen ihre Schönheit, ihre Zahl.

Bin gestern im Wald mit den Bäumen gewesen,
hab gesehen ihr schönes Wesen,
hab geschaut mir ihren Reichtum an,
und hab gewusst, sie sind da.

Sie unterstützen mich beim Fotografieren.
Sie unterhalten sich, woll'n wir's riskieren?
Woll'n wir sie tiefer in uns schauen lassen,
wollen wir ihnen mehr geben als das Auge wachsen kann?

Und so sind sie in mir
die ganze Zeit gewesen.
Ich hab' nicht hingeschaut,
hab ihre Äste gesehen,

hab ihre Blätter geschaut,
hab sie im Lichte geseh'n,
Und sie haben die ganze Zeit
mich von innen geseh'n.

In diesem Licht bin ich heut.
Der ganze Wald hat wahr gemacht,
dass dieses Licht in mir scheint
– er gab es mir.

Und all die Bäume, sie sind
in meinem Herzen drin,
ich hab sie in mir gespeichert, sie sind in mir.
Sie haben Freude gehabt und sie singen in mir.

Der ganze Wald hat seine Freude,
ich war bei ihm.
Ich war bei ihm gewesen
und hab ihn fotografiert.

Es ist viel Freude gewesen
und jetzt weiß ich:
Der Wald hat sich bedankt
und schenk mir zum Dank eine Tanne.

Ich fahr hin.
Der ganze Wald hat sich bedankt
und schenkt mir zum Dank eine kleine Tanne.
Ich hole sie ab.

Und diese Tanne wächst dann
in meinem Garten am Haus.
So kann ich sie immer sehn,
da wird viel Freude daraus.

Es war sehr schön bei ihnen,
den Bäumen allen.
Habt Dank, ihr Bäume,
auch ich hab' empfangen

die Sonne und euch,
das Licht und euch,
ich hab' euch in mir,
und ich dank euch allen dafür.

Denn alle Bäume sind heilig, sie sind in sich eins.
Sie sind nicht vereinzelt,
sie haben sich immer in ihren Herzen
und tanzen gemeinsam, sind niemals allein.

Und so singe ich in diesen Morgen hinein,
der Bäume Schein, der ist in mir.
Und so singe ich in diesen Morgen hinein,
der Bäume Schein, der ist in mir.

Ich habe viel gelernt
von diesen Bäumen,
die rings um mich sind,
die wir überall kennen.

Wenn wir uns ihnen öffnen,
betreten wir reiches Land.
Wenn wir unsere Schätze ihnen schenken,
dann haben wir treue Freunde.

Denn der, der bewusst empfängt, der schenkt.
Denn der, der bewusst empfängt, der schenkt
seine Liebe, seine Freude,
seine Tugenden, sein Wissen auch,

sein öffnendes Herz, seine Leichtigkeit.
Und der, der schenkt, der empfängt
die ganze Liebe des ganzen Sein.

So feiern wir diesen schönen Tag
und so schenken wir dies Lied der Welt.
So feiern wir diesen schönen Tag
und so schenken wir dieses Lied der Welt.

Es ist ein schönes Lied,
es enthält viel Sonne,
es ist ein warmes Gebet,
es erhellt die Herzen.

Es ist ein schönes Lied,
es enthält viel Sonne,
es ist ein warmes Gebet,
es erhellt die Herzen.

Und dieses Gebet ist der Herzen Schein,
's ist der Herzen Gabe in die Erde hinein.
's ist die Freude des Herzens über diese schöne Erde,
Sie ist das beste Gebet, das die Freude geben kann.

Sie ist die Freude, in der Natur ganz da zu sein,
sie wahrzunehmen und sie zu berühren.
Sie ist die Freude des Herzens, ganz da zu sein,
in der Natur zu sein, mit ihr zu spielen,

des Lebens Tanz,
in ihr zu sein,
der Freude Glanz,
der daraus entsteht.

Sie ist des Herzens Schatz,
der in uns zieht ein,
sie ist der Reichtum
des vollen, ganzen Seins.

Und in dieses Sein hinein,
trifft der Erde Schein.
Sie hat aufgemacht,
das Tor zu ihrem Herzen.

Sie freut sich sehr und weiß,
ihre Kinder kommen jetzt
zu diesem Dankesfest,
es ist bereit.

Die Tafeln sind aufgestellt,
das Festmahl ist schon bereitet.
Die Kinder der ganzen Erde
sie sitzen bereits.

Sie halten Mahl überall.
Sie bereiten sich jetzt vor
zu diesem einen Fest,
das die Erde tanzen lässt.

In unsre Freude, unsre Feier,
in unsre Heiterkeit,
da stimmt sie gerne ein
und sie freut sich mit uns.

Dieses feine Mahl in der Natur mit ihr,
das hat sie aufgenommen,
ihr Herz ist gewonnen
für unser Dankesfest, das unsre Herzen klingen lässt.

Und die Bäume stimmen ein
und die Sasnapurts sind da,
Die Elfen schwingen ein.
Die Sylphen sind dabei.

Die Salamander sind es auch
und alles, was da lebt.
Alle Wesen sind da, alles ist bereit
zu singen die Einheitsmelodie der Freud'.

Die Erde hat aufgemacht
ihr Tor der Liebe für uns.
Sie hat uns gegeben
dieses reiche Mahl.

Sie steht nicht daneben,
sie ist mitten in uns.
Sie hat uns viel gegeben,
wir danken ihr dafür.

Dieses reiche Leben,
dieser große Schatz,
wir haben soeben empfangen
ihre reine Tat.

Sie hat uns gegeben,
sie teilt alles mit uns.
Sie hat uns gegeben,
das Leben voll und zart.

Sie hat uns gegeben das Leben,
wie sie es immer tut.
Wir sind hierhergekommen,
um ihr zu danken von Herzen.

Wir sind hier zusammen
und danken ihnen allen,
die uns so gut ernähren,
die uns alles schenken,

was wir für die Nahrung brauchen,
was uns lebendig sein lässt,
was wir für die Nahrung brauchen
und das ist ein Liebesfest.

Denn nur in der Liebe Nahrung
tut unsrer Seele gut
und nur in der Liebe Gaben
geben uns den Mut

zu tanzen, zu singen,
zu erkennen, uns zu freuen,
dieses Leben zu erneuern,
das sich erneuert in uns,

das sich erneuert in allem,
wo wir unsre Liebe geben,
das sich erneuert in allen,
die mit uns in Berührung sind.

Und dieser Dank, der gilt allem,
was in unsrem Leben ist.
Dieser Dank, der ist alles,
was wir haben, was wir sind.

Wir sind die Natur,
wir sind dieser Baum.
wir sind dieser Strauch,
diese Blume, dieser Wald.

Wir sind die schöne Erde,
wir sind die Vögel alle,
wir sind alle Tiere,
alles Licht, alle Sonne.

Wir sind die die ganzen Steine,
wir sind alle Pflanzen -
in unserer Liebe ist alles
geeint in uns und zusammen.

Wir erkennen den andern.
Wir kennen sein Licht.
Wir hören sein Gebet
und wir vertrauen ihm an

unsere Häuser (?)[10] zu leben,
dass alles sich freuen kann,
unsre Freude, unser Tanzen,
unser Glücklichsein

und alles, was wir brauchen
und wir schenken es uns-
wo einer dem anderen dient,
wird er gesund –

---

[10] Undeutlich auf der Kassette

der Diener und der Empfänger,
das ganze Sein mit uns.
Und unsre schöne Erde
hat's endlich gut mit uns.

Sie muss dann nicht nur geben,
sie empfängt dann uns're Liebe.
Und unser Sein, unser Leben,
ist eins dann mit ihr.

Sie kann uns dann mehr geben,
in Freude ihre Liebe.
Und kann endlich empfangen
unser Sein, uns're Gaben.

Und so ist endlich Frieden
auf dieser schönen Erde.
Sie hat uns viel zu sagen,
sie weiß und kennt uns gut.

Sie weiß all uns'ren Kummer,
sie kennt all uns're Klagen,
sie kennt all uns're Fragen,
sie weiß, wer wir sind.

Sie weiß, was wir brauchen,
sie kennt unsre Gesinnung,
sie weiß, wer wir sind
und was wir brauchen von ihr.

Sie weiß auch, ob wir lieben,
sie weiß auch, ob wir geben.
Sie hat ein fühlendes, wissendes Herz.

Sie kennt auch uns're Schmerzen,
kennt unser ganzes Leben,
und weiß, wann wir scherzen
und geben und danken.

Unser Dankeslied an sie
hat sie sehr gefreut.
Unsere Tafel des Festmahls
steht immer bereit,

um uns zu verbinden
mit allem, was ist,
um unsern Dank zu bringen
dem Sein, das wir sind –

dem Sein, das uns nährt,
das uns're Achtung verdient,
das uns alles gibt
und das empfangen will von uns,

uns're Liebe, uns're Achtung
uns're Aufmerksamkeit,
uns'ren Dank, unser Gebet,
uns're Freude allezeit,

uns're Liebe, uns're Achtung,
uns're Aufmerksamkeit,
uns'ren Dank, unser Gebet,
uns're Freude allezeit.

So sind wir hier vereint
und wir danken dafür,
dass diese schöne Erde existiert
durch unsre Liebe.

Wir schenken sie ihr heute,
wir schenken sie ihr immer.
Sie hat uns alles gegeben
und dafür danken wir.

Wir lassen sie leben,
wir schenken ihr unsere Achtung,
wir schenken ihr unsere Liebe,
unsere Anteilnahme,

unsere Unterstützung in ihrem Prozess
des Aufstiegs der ganzen Erde,
des ganzen Alls,
der Höherentwicklung

des reinen Bewusstseins,
der reinen Liebe,
die in uns entsteht,
die wir ihr schenken.

Und sie hat aufgehört,
unter unserer Last zu leiden,
und sich zu sehnen,
dass sie endlich von ihr abfällt.

Denn nun kommen wir und schenken ihr
uns're Liebe, unser Vertrauen,
unsere Gaben, unsere Hilfe und schauen,
dass es ihr gut geht mit uns.

Denn nun kommen wir
und schenken ihr unser Gebet
und schenken ihr
uns're Gaben, damit sie lebt.

Damit sie gerne uns dient
in dem ganzen Prozess
der Höherentwicklung all uns're Seins,

Damit sie gerne uns dient,
dienen wir ihr auch
und weil wir sie lieben,
sie schätzen und achten.

Und so kommen wir in die Liebe hinein,
das Sein uns ruft, genau dieses zu tun.
Und so kommen wir in die Liebe hinein,
das Sein uns ruft, genau dieses zu tun.

Und dann erkennen wir,
wir sind alle eins
und die ganze Erde,
sie freut sich sehr,

dass wir sie haben
erkannt in ihrem Streben,
in all ihrem Geben,
in all ihrer Liebe.

Und nun freuen sich alle, die leben
und beginnen diesen Tanz,
zu fühlen die Liebe in uns,
zu fühlen das Sein, das sich schenkt,

zu fühlen, dass endlich der Mensch
beginnt den Platz der Liebe auszufüllen,
der ihm gehört, der ihm gebührt
und der schon so lange auf ihn wartet.

Das ganze Sein,
es lädt dich ein,
mit ihm zu tanzen
und es zu lieben.

Das Ganze Sein
hat eine Bitte an dich,
es will geliebt sein.
Drum stimme ein

in das Sein der heiligen Achtung in dir,
in das Sein des heiligen Lebens, das du bist,
in das Sein der reinen Liebe,
das wir alle sind in ihr, in dir,

in das Sein der heiligen Tat,
in das Sein der wahren Liebe, der Wahrheit,
in das Sein der Klarheit in dir,
in das Sein, das nun erwacht.

Und so singen wir alle
dies eine Lied
der ganzen Wahrheit,
des einen Seins, das wir sind.

Es klingt in uns'ren Herzen,
es erlöst uns von uns'ren Schmerzen.
Es klingt in uns'ren Herzen
dies eine Liebeslied

der ganzen Erde, des einen Seins.
Und uns're Herzen stimmen ein
in dieses Lied der Liebe, das wir alle sind,
in dieses Lied der Liebe, das in uns erklingt,

Es ist die reine Tat, die in uns wirkt,
wenn wir haben aufgemacht
das Tor zur großen Einheit in allem Sein
mit dem Einen Großen Geber der Liebe allein.

Und diese Liebe ist alles,
was wir singen,
lasst unsere Gebete
zum Himmel erklingen.

Sie erklingen in allem Sein,
denn wir sind eins in ihm,
dem ganzen Einen Leben.

Wir kennen es jetzt von Angesicht
als seine Schöpfung
und seine Liebe in ihr spricht.

Sie spricht das Gebet
der einen Wahrheit.
Sie singt ihr Lied
aus allem, was da ist.

Sie singt ihr Gebet
mit großer Klarheit,
dass alles, was ist,
in dieser Liebe ist.

Sie singt ihr Gebet,
die große Schöpfung.
Sie singt ihr Lied
zur heiligen Tat.

Und neu ist geboren der Mensch,
der nun hört, dass alles ihn ruft
und nur dann ihm gehört,
wenn er in sich die Liebe ist,

wenn er das große Tor hat aufgemacht und hört,
wie alles ihn versteht, wenn er versteht,
wie alles ihm gehört,
wenn er der Liebe gehört,

wie alles ihm dient,
wenn er ihm dient.
Wie alles ihm hilft,
da, wo er allem hilft.

Und so segne dieses Lied,
die heil'ge Tat der Auferstehung,
das Leben in uns,
damit die Liebe lebt,

damit wir ihr gehören,
damit die Liebe lebt in uns,
und wir nicht mehr getrennt sind
von ihr.

Denn Trennung erleben wir als Sünde,
es ist das gleiche Wort, es kennt uns alle.
Die Trennung haben wir überwunden,
wo wir in die Liebe gehen.

Die Trennung haben wir überwunden,
wenn unser Herz sich berühren lässt
von der Reinheit, der Zartheit,
der Sanftheit, dem Ganzen,

dem Allem, was ist im Augenblick,
wenn wir aufhör'n, zu wünschen, zu lamentier'n,
zu korrigieren, zu klagen
in unsren Wünschen.

Denn alles, was wir brauchen, ist für uns bereit,
wo wir die Tür öffnen ihr,
der Annahme dessen, was da ist.
Und die Liebe erhebt uns ins Sein hinein.

Und verschwunden sind Trauer,
sind Schwere, sind Klagen
und eins sind wir
und die Liebe allein.

Dann erwachen wir
und alles freut sich
und kann uns
endlich dienen.

Und alles will dienen,
auch der erwachte Mensch –
die Erleuchtung erfasst ihn,
wenn er würdigt, was da ist.

Und dieses ist Lieben,
ist heiliges Sein, ist Frieden,
ist Einssein mit allem,
dem ganzen Leben.

Und dieses Einssein
ist alles, was wir sind.
Und dieses Einssein
schafft Platz für das, was wir wollen.

Und dies ist Frieden,
ist die Tat, die uns erfüllt.
Und dies ist glücklich sein,
ist Ehrlichkeit.

Und dies ist Frieden,
ist die Tat, die wir sind,
in uns'rer Liebe geeint,
in dem was wir brauchen.

Und das findet uns
so sicher wie der Wind,
so schnell auch wie er
und so mutig wie ein Vogel im Flug.

Denn alles kennt uns,
wenn wir in der Einheit sind
und alles dient uns,
so wie wir allem dienen.

Das ist die neue Erde,
ist was sie angefangen hat
und sie uns gerne mitnimmt,
wenn wir in uns'rem Herzen dafür Platz geschaffen haben.

Und so danken wir alle
für dieses schöne Lied,
das uns Mutter Erde
hineinlegt ins Herz.

So kennen wir alle
unsern wahren Plan,
auf der Erde ist der Aufstieg,
der uns're Herzen erfasst.

Und dem dienen wir,
wir dienen Mutter Erde.
Wir nehmen uns an den Händen
und danken ihr.

Sie ist ein schöner Planet.
Ihre wundervolle Liebe
hat unsre Achtung verdient.
Und nun dienen wir –

dem Einen Sein in ihr,
dem Einen Sein in allem,
denn alles gehört zusammen
und findet seinen Platz.

Wo es dient im Ganzen,
in einem göttlichen Plan,
da hat uns alle die Liebe erfasst,
und wir erkennen an:

Die Demut unserer Herzen,
die es gewagt,
so kraftvoll zu werden,
dass alles in uns tanzt –

den Tanz des Einen Lebens,
des Einen wahren Seins,
den Tanz des Einen Strebens
zu gebären die neue Erde in uns.

Denn sie will jetzt
in unser Verstehen
und den Weg mit uns gemeinsam gehen,
will uns auf ihr behalten.

Denn sie will jetzt
den Weg mit uns geh'n
und sie dankt uns allen,
dass wir das nun endlich können seh'n.

Und sie will jetzt mit uns
den Weg mit uns gehen
und dass wir alles lieben
so wie sie uns liebt.

Und so tanzen wir alle
und singen dem Einen,
wahren Gott der Liebe,
der alles erschaffen

und danken Ihm
in einem Liebeslied,
das uns alle eint
und unsre Eine Liebe gibt.

Denn alles Leben ist eins,
nur eins kann es sein,
wo es will leben
und sein, was es ist,

wo es will brauchen dürfen
genau was es braucht,
wo es will schenken dürfen
genau was es braucht.

Denn das, was es braucht,
ist das, was es geben soll,
und das, was es gibt,
ist das, womit es dient.

Und dieses Eine Leben
erwacht jetzt in uns
und uns're Schöpfer geben
alles, was wir sind.

Egal, wie wir Ihn nennen,
es ist der gleiche Gott –
des Einen heil'gen Lebens,
der reinen Tat.

Und dieser Gott will Liebe,
weil Er Liebe ist.
Er ist die Liebe in uns
und hat uns sehr vermisst.

Er ist das Eine Leben,
das in uns singt und tanzt,
sobald wir Ihm geben
unser Ja dazu.

Und dieses Eine Leben
hat den Platz geschaffen
für alle, die dienen,
die ihrem Herzen lauschen.

Und dieses Eine Leben
gibt allen den Platz,
auf dem sie alles haben,
was sie so dringend brauchen.

Und dieses Eine Lied ist der Liebe Sein,
der Wahrheit Glanz, der Treue Tanz.
Und dieses Eine Lied ist der Liebe Sein,
der Wahrheit Glanz, der Treue Tanz.

Und dieser singt sich jetzt
in unser Herz hinein
und alles singt,
denn alles vernimmt

dies Eine Lied der Liebe,
das wir alle sind
und alles singt
und alles klingt.

In seinem Sein,
in seiner Liebe
und seiner Antwort,
ist sein Gebet –

und seine Wahrheit
ist's, die wir brauchen,
denn wenn einer fehlt,
geht alles schief.

Wir brauchen alle,
wir brauchen das ganze Sein,
wir brauchen alles,
alles singt sich in uns're Liebe hinein.

Es hat gewartet darauf,
bis wir Liebe sind.
Es hat gebaut darauf,
dass wir alles sind.

Denn dieses Alles ist
unser Wahres Sein
und dieses Alles, das klingt
in unser Herz hinein.

Und dann sind wir da,
im Leben ganz da
und sind uns ganz nah,
die Wahrheit in uns spricht.

Und dann sind wir da,
im Leben ganz da
und sind uns ganz nah,
die Wahrheit spricht.

Wir sind alle eins
und keiner ist mehr.
Wir sind aus der Liebe,
die in uns allen ist.

Und diese Liebe,
wo sie in uns waltet,
die bringt alles ein
in die göttliche Ordnung.

Und diese Liebe,
wo sie in uns waltet,
die bringt alles heim,
in die Ordnung der Liebe zurück.

Dann können wir tanzen,
dann können wir scherzen,
dann können wir geben
und uns freu'n

Uns'res Einen Lebens,
das Freude ist
und keiner wird dann
an dieser Tafel vermisst –

die die reine Tafel
der reinen Herzen ist,
an der wir unser Mahl
so zu uns nehmen,

dass alles uns dankt,
weil wir dann Dank in uns sind,
dass alles uns dankt,
und keiner mehr Angst vor uns hat.

Dann können wir tanzen und singen
und uns freu'n,
dann sind wir ganz sicher
auf dieser Erde nie allein.

Dann können wir hören
auf die Stimme in uns,
die uns sagt, was wir brauchen,
was uns glücklich macht,

dann können wir hören
auf das Sein in uns,
das niemals getrennt ist
vom anderen Sein.

Dann können wir tanzen in die Liebe hinein,
dann können wir bringen darin unser Lied.
Dann können wir tanzen in die Liebe hinein,
dann können wir bringen der Welt unser Licht.

Es wird so dringend gebraucht
und wir brauchen es auch,
die dieses Lied in uns können,
die es schon lange singen.

Wir brauchen dieses Licht
auf dieser Erde so sehr.
Wir haben dieses Licht
in uns drin und noch mehr.

Wir haben alles in uns.
Wir schenken es jetzt der Welt,
die es von uns erhält
und wir von ihr.

Denn alles, was wir geben,
haben wir empfangen dürfen
und alles, was wir sind,
ist die Liebe in uns.

Wir empfangen sie
in dem Moment, wo wir geben,
wo wir Stille sind
und in uns vernehmen,

das, was wir sind,
was wir empfangen wollen,
das, was wir jetzt geben,
das ist unser Lohn.

Denn alles ist eins.
und empfängt seine Liebe dann,
wo er sie schenkt.
Denn alles ist eins

und es gibt keine Trennung mehr
von dem, der Liebe ist in uns allen,
von dem Einen Sein,
von der Einen Liebe.

Und diese ist's,
die in unser Herz will hinein.
Und diese ist's,
die wir sind, die wir brauchen.

Und diese ist's,
die sich uns schenkt, wenn wir tauen,
wenn unser Eis in der Sonne schmilzt –
in der Sonne uns'rer Liebe, die wir alle sind.

Und diese Wonne in uns erklingt, wenn wir tauen vom Eis,
das wir zu lange schon sind,
wenn uns're Herzen klingen im Wind,
der auch die Bäume wiegt.

Er wiegt uns in unser Herz hinein,
er befreit uns von unsren Schmerzen,
die wir schon lange, viel zu lange festgehalten,
die sich jetzt in uns erlösen wollen –

und mit ihm alles Sein,
das durch die ganze Pein,
durch diesen ganzen Schmerz
mitgelitten hat.

Denn wenn das Eine leidet,
leidet alles in allem,
denn das Eine ist alles,
ist in Allem enthalten.

Und wenn das Eine sich freut,
dann freut sich auch das Ganze,
denn alles ist immer
in allem enthalten.

Und dieses Eine Sein
will in unser Herz hinein.
Und dieses Eine Sein
singt seinen Dank.

In diesem Lied in uns,
das die Erde uns gab,
in diesem Lied,
das für uns wirkt

und das die Sonne uns bringt,
die unser Leben ist,
deren Liebe wir sind,
die in uns allen wirkt

zur Einen Tat
der reinen Liebe auf Erden,
dem Einen Sein in uns,
das jetzt auf erstehen will in uns

und das die Freude in uns ist,
wenn wir es hören an,
wenn wir haben Acht auf es
und würdigen,

was da mit uns ist,
was da in uns ist,
was da um uns ist,
was da trägt und was führt.

Was da in uns singt,
was da in uns webt,
das ist die Stimme der Liebe,
die uns ruft hinein

in diesen schönen Tanz,
in der Lichter Glanz,
in das Eine Herz,
das wir alle sind vereint,

in das göttliche Herz,
in die Liebe des Einen,
des wahren Lebens,
des Einen Gottes,

der uns alle ruft,
da wir Seine Kinder sind,
die sich alle erkennen
in dieser Liebetat.

Und die Erde hat Platz gemacht
für das Eine Sein in uns.
Und die Erde trägt uns
und führt uns hinein in unser Lied.

Denn unser aller Lied
ist gespeichert in ihr
und ihr Dank dafür,
dass wir es vernehmen, ist groß.

Und die Erde hat Platz gemacht
für das wahre Lied,
und die Erde hat Platz gemacht,
damit sie uns gebiert

in der Liebe, die wir sind,
in dem Einen Klang,
der alles eint,
der alles vernimmt,

jeden Ton, jedes Herz,
jede Melodie,
jeden Klang, jede Terz,
alles was sich in uns singt.

Denn die Erde ist gemacht
aus diesem reinen Schatz
der Einen, wahren Liebe,
denn sie hat den Aufstieg gemacht.

Und nimmt uns mit hinein
in ihr Liebesein.
Wo wir ihr Antwort geben
in unsren Herzen.

Da wartet sie und tanzt,
diesen Einen reinen Tanz
mit uns, denn sie mit uns lebt
und mit allem Sein, was da webt.

Die Melodie der Liebe,
die Melodie unsres Seins -
und diese Melodie zieht in die Herzen ein,
die Herzen, die in Liebe sind vereint.

Und dafür danken wir dir. Es ist ein großes Geschenk, dass du der Erde und der Menschheit machst.

*Wer spricht?*

Es sind die Bäume, die jetzt wieder das Wort haben und diese Bäume freuen sich, denn ein großes Werk ist gemacht.

Die Erde hat unser Lied aufgenommen und wir haben ihr Lied gesungen. Es ist ein Einheitslied gewesen, und die Erde hat viel Platz geschaffen.

*(Komischerweise habe ich wieder gedacht, für all unsere Sorgen, bitte verzeih mir heilige Erde, dass ich dich wieder beladen wollte.)*

Und dieser Platz ist für uns alle da, denn es ist eine Einheitsmelodie, und die Sorgen, die du angesprochen hast, haben sehr wohl auf der Erde Platz, denn da, wo dieses Lied singt, können sie nicht lange Bestand haben und werden umgewandelt, denn die Liebe hilft ihr, alles so schnell zu verwandeln, dass wir in die Liebe hineinkommen. Und das ist wahr und wir dürfen dir noch mehr sagen.

In der ganzen Unendlichkeit hat das Lied seinen Platz gefunden, und alle, die es singen, schwingen in diese Melodie ein und diese Melodie ist reines Sein.

Du hast es gut transportiert und wir danken dir und wir legen dir sehr ans Herz, einen ausgedehnten Spaziergang heute zu machen, denn du gefällst uns so gar nicht, wenn du nicht lachst und singst und tanzt.

*(Haha, ich habe gerade gelacht, gesungen, getanzt – ja, ich muss mich bewegen, ich habe das jetzt so liegend aufgesprochen, und natürlich in*

*voller Konzentration in einem Zug durch ohne auch nur das winzigste Päuschen, wie immer.)*

*Oh heilige Bäume,*

Ja es ist wahr, du hast es gemacht, das Lied ist wundervoll und wir danken dir.

*Was heißt das, du hast es gemacht?*

Du hast dieses Lied in dir erklingen lassen und darfst jetzt deine Beine und deine ganzen Zellen schwingen.

Sollen wir dir aufhelfen?

*(Schon war ich wieder vergnügt und lachte. So hatten sie mich ganz schnell aus der Anstrengung der Konzentration gebracht.)*

# Ihr findet Frieden,
## sobald ihr aufhört, euch etwas vorzumachen und uns dient

*(Ich hörte die Säge, dann wusste ich nicht und habe gefragt, soll ich hier aufsprechen oder soll ich gehen? Dann haben die Bäume gesagt:)*

Wir würden gern ein kleines Lied mit dir singen.

*(Ich hatte so geweint, ich habe Kreuze an zwei Bäumen gesehen, an zwei anderen Striche, da wo ich über Nacht ausgesprochen habe – es war schon ziemlich verwachsen über den gefällten Bäumen - den Ästen und Baumkronen, es war ganz viel Stachel-Dornengewächse. Ich hatte gewünscht, dass die Menschen, wenn sie Bäume fällen, dies in Ehrfurcht tun und ein Dankesfest machen in Achtung, in Liebe, den Baum würdigen.*

*Ich hatte so geweint, als ich den Baum mit dem Kreuz gesehen habe. Es ist am Weg zum nichtüberdachten Hochstuhl. Ich hatte das Gefühl, dass ich da hingehen soll. Der Weg war aber jetzt versperrt, da stand ‚Lebensgefahr‘, ich bin aber da hin. Ringsherum sind Bäume gefällt, Äste, auch viele, viele Baumstämme. Das ist jetzt die letzten anderthalb Wochen geschehen, wo ich zuhause aufgesprochen habe.*

*Ich habe mich ein bisschen beruhigt. Ich hatte wirklich erschütternd geweint, und habe überlegt, warum gerade da, wo ich aufgesprochen habe, Bäume gefällt werden und sonst nirgends im Wald, aber ausgerechnet da, ob das mit der hohen Energie hier zu tun hat, ob Zerstörungskräfte am Werk sind. Von meiner rechten Seite herüber höre ich von der nahen Ferne eine Motorsäge.*

*Jetzt ist ein Baum gekracht,"( sage ich traurig, mitfühlend und empfange ein Lied:)*

Der Tag hat es ans Licht gebracht,
der Wald ist tot,
er weint vor Schmerz,
hat verloren
seine Brüder und Schwestern,

hat alles gegeben, wird abgeholzt
ohne Dank, ohne Leben
zu empfangen von uns
und unsern Dank.

Er hat geweint, wie er immer weint,
wenn einer von ihm geht, wenn einer sterben muss,
er hat geweint, wie er immer weint um jeden,
und wir tun, als sei nichts geschehen.

Ich hab' geweint, hab mich gefragt,
wie lange noch die Menschen blind und taub sind.
Ich hab geweint und hab gefragt,
was der Wald jetzt brauchen kann.

Er hat gesagt, schenke uns deine Liebe, deine Treue,
er hat geklagt, wie herzlos die Menschen sind.
Er hat gefragt, ob ich für ihn beten kann
und so fange ich jetzt zu beten an.

*(Ich singe das Gebet:)*

# Gebet

Heiliger Gott, schütz den Wald,
mach' ihn wieder gesund
mach' ihn wieder stark,
bring' das Leben in ihn zurück.

Heiliger Gott, schütz den Wald
und hab Acht auf ihn,
denn wir brauchen ihn.
Die Menschen sind so dumm.

Heiliger Gott, schütz den Wald,
denn wir brauchen ihn,
er ist gesund,
wenn wir ihm dienen.

Er hat uns gegeben den Sauerstoff,
die reine Luft und holt uns da ab,
wo wir sind, wo wir steh'n, hebt er unsere Energie
und wir danken es ihm nie.

Er weint und klagt und er fragt,
wie lange noch
des Menschen Herz ist kalt.
Wir brauchen den Wald.

Wir brauchen ihn so,
dass er stirbt ohne unsere Liebe.
Wir brauchen ihn so,
dass er wirbt um sie.

Wir brauchen ihn so,
dass er uns versteht,
warum wir so achtlos
mit ihm umgehen.

Oh habt Acht, ihr Menschen
auf den Wald.
Oh habt Acht, ihr Menschen
auf den einzelnen Baum.

Oh habt Acht, ihr Menschen,
komm heraus aus eurem Traum.
Die Erde leidet, jeder Wald,
die Tiere leiden, es ist so kalt.

Oh habt Acht, ihr Menschen,
kommt heraus aus eurem Traum,
sonst friert euch noch
die Kehle zu.

Oh habt Acht, ihr Menschen,
kommt heraus aus eurem Traum.
Die Natur, sie leidet
und ihr merkt es kaum.

Oh habt Acht, ihr Menschen,
ihr müsst jetzt versteh'n
dass ihr aufhören müsst
nur Schmerzen zu geben und achtlos zu sein.

Oh habt Acht ihr Menschen,
sonst ist's bald um euch gescheh'n.
Dann dient nichts mehr euch,
weil es nicht mehr kann.

*(Ich bin so traurig hier, der leidet wirklich, der Wald, er leidet sehr.*

*Dann singe ich unsagbar traurig ein Lied:)*

### Lied des traurigen Waldes

Die Säge brummt,
die Menschen toben.
Ihre Wut
sie an den Bäumen ablassen.

Die Säge tobt,
ohne Liebe fällen sie.
Die schönen Bäume,
sie weinen wie nie.

Die Säge tobt,
der Mensch hat kein Herz.
Die Säge tobt.
Er fühl nicht seinen Schmerz,

den Schmerz des Baumes nicht,
den Schmerz seines Herzens kaum,
denn er weiß noch nicht,
warum es geht ihm so schlecht.

Die Motorsäge heult.
Der Mensch schaut nicht,
was er da anrichtet,
welches Elend er baut.

Die Säge heult,
der Mensch ist blind.
Die Säge heult,
der Mensch ist nicht dabei.

Er meint nur, dass er arbeiten tut, dabei ist er tot.
In ihm, da regt sich nichts.
Sonst würde er nicht wüten hier,
wie ein Idiot.

Die Lieblosigkeit,
die schreit zum Himmel hinauf.
Die Äste sind tot,
die Stämme sind ab.

Wie Kraut und Rüben liegt alles herum.
Hier wütet ein totes Herz, es geht bergab.
Wenn dies nicht gestoppt wird,
dann ist der Wald nicht mehr stumm.

Dann zeigt er uns, was es heißt,
von ihm erschlagen zu werden.
Denn auch er kann töten,
nicht der Mensch allein.

Dann zeigt er, was es heißt,
von uns gequält zu werden,
denn nicht mehr stumm
ist dann sein Schrei.

Und er heult ihn hinaus
in die düstere Nacht
unserer kalten Herzen,
oh Menschen, habt Acht.

Und er heult ihn hinaus
in die düstere Nacht
unserer kalten Herzen,
oh Menschen, habt Acht.

Ihr friert bald gar sehr,
und wundert euch dann,
warum ihr kein Holz habt,
kein gar nichts, kein Lamm.

Ihr friert bald gar sehr,
und wundert euch dann,
warum ihr kein Holz habt,
kein gar nichts, kein Lamm.

Denn nicht mehr lammfromm
ist dann die Natur,
sind dann eure Tiere.
Sie sind es ja nur,

weil sie euch dienen
und ihr gar nichts spürt.
Ihr mästet nur eure Leiber,
bis ihr darunter krepiert.

Oh Mensch, welche Schande,
oh Mensch, welches Leid,
tust du den armen Tieren an,
dem Baum, mit deinem Streit.

Oh Mensch, schau auf die Erde,
wie sie sich windet,
wie sie sich krümmt vor Schmerzen,
wie sie sich wehrt und schüttelt ab,

ein kalt' Geschlecht,
ein makabres Wesen,
das meint, es kann
durch das Leid der anderen genesen.

So schüttelt sie ab,
diese grausamen Wesen,
die sich schimpfen Mensch
und die haben kein Herz.

Oh Mensch, hör' auf,
die Natur zu quälen,
hör auf in deinem Wahn
alles zu zerstören.

Die Natur hat Bewusstsein.
Jeder Baum, er lebt.
Jedes Holz kann geben,
mehr noch als du

mit deinem kalten Herzen,
mit deinem düsteren Sinn,
mit deiner Lieblosigkeit,
wo führt das nur hin.

Was denkst du, wo das hinführt,
das ist dein Begräbnis.
Hör auf, der Welt
die Liebe zu stehlen.

Drum schwinge dich ein,
in die Achtung vor dem Leben,
die Liebe, die Zärtlichkeit,
die Treue zum Sein,

zu allem, was lebt,
zu allem, was gibt,
und nimm nicht und glotze
so blöd vor dich hin.

Hab Achtung vor allem,
was dir in Liebe dient,
und gib jetzt zurück,
sonst hast du bald nichts mehr.

Denn in deinem Herzen
ist dann eis'ge Kälte
und der Planet
dann von dir sich trennt.

Denn er hat angefangen,
auf die Liebe derer zu bauen,
die stets mit ihm sind,
in denen er wirkt.

Denn er hat angefangen,
auf die Liebe zu bauen
derer,
die ein liebendes Herz.

Und der Wald, er dankt ihnen
und jeder Baum
kennt ihre Namen,
ihr glaubt es kaum.

Und doch ist es so,
dass alles ist bekannt
und alles ist benannt,
drum hört gut zu.

Der Wald hat jetzt
ein Lied für euch gesungen,
ihr, die vielen Stummen,
die sich nicht wehren.

Der Wald hat geklagt sein Leid,
nun habt Acht, es ist höchste Zeit.
Drum höret gut, was der Wald euch sagt.
Er meint es ernst.

Ihr müsst jetzt aufhören, mit dem Gewüte.
Ihr müsst jetzt in eure Herzen geh'n,
denn er allein kann nicht versteh'n,
wenn ihr mordet, tötet, lieblos seid,
wenn ihr verschwendet, achtlos seid.

Dann raubt er euch das,
was ihr ihm geraubt,
denn ihr könnt nicht mehr bekommen,
wo ihr nicht gebt.

Denn die Erde ist geworden,
ein Planet der Liebe, des Einen Seins.
Denn die Erde ist geworden
ein Plantet der Liebe, des reinen Seins.

Und die Bäume stimmen euch in euer Wesen ein.
So lasst es zu, erkennt es im Nu.
Und habt Acht, dass ihr den nächsten Schrei
des Baumes an eurer Tür vernehmt.

Und steht jetzt auf und achtet das Leben,
verwundet habt ihr schon genug.
Das Leben will euch geben,
es braucht euch dazu.

Auch ihr müsst ihm geben,
nun lernt es im Nu.
Ihr habt nicht mehr so viel Zeit,
so hört doch auf, zu tun,

als geht euch das alles nichts an.
Ihr habt nicht mehr viel Zeit,
so hört doch auf, zu tun,
als geht euch das Leben nichts an.

Es ist alles eins,
ihr könnt es nicht vom andern trennen.
Es ist alles eins,
ihr müsst den Schmerz, das Leid, die Wahrheit nennen.

Es ist alles eins,
Ihr müsst versteh`n, wohin Ihr geht.
Wenn ihr weitermacht
wie bisher, ohne Acht,

wenn ihr nicht versteht,
worum's im Leben geht,
werdet Ihr ausgelöscht
und es ist wahr.

Ihr habt kein Recht,
die Natur zu töten
als wär' sie tote Materie.

Ihr habt kein Recht,
euch alles zu stehlen,
denn nur die Liebe
kann empfangen.

Ihr habt kein Recht, so zu tun,
als geht euch das Leid des andern nichts an,
da, wo ihr es erzeugt habt,
da müsst ihr jetzt mit ganzem Herzen ran.

Und dann jubiliert der Wald
und merkt, was ihr braucht
und kann es euch geben.

Denn er ist gebunden
an die Gesetze des Lebens,
die sich auf der Erde schaffen Raum
für die Tat der Liebe auf Erden, der Tat in euch,
die Tat, zu der ihr geboren werdet,
die Tat, die euch alle eint.

Denn die Erde hat den Aufstieg gemacht,
hat erhöht ihre Liebesenergie.
Und die Erde hat dies Wunder vollbracht
und dankt euch, wenn ihr mit ihr geht.

Doch wo ihr blind und taub
und roh und voll Gewalt,
da kann sie euch nicht mitnehmen
in die neue Zeit.

Doch wo ihr blind und taub
und roh und voll Gewalt,
da schlägt sie zu,
ihr tut es auch.

Doch nicht, weil sie euch weh tun will,
sie muss euch dann gehen lassen,
dahin, wo ihr das Leben kennt,
was ihr glaubt, noch für euch zu brauchen.

So lässt sie euch zieh'n,
so lässt sie euch geh'n,
doch glaubt uns,
nur unter großen Schmerzen.

Denn sie liebt alle ihre Kinder,
will ihnen Heimat sein,
will sie erlösen.

Und sie liebt alle ihre Kinder so sehr,
dass sie um jeden trauert
und noch viel mehr,
dass sie so viel Leid auf sich genommen hat,

damit ihr versteht,
ihr lebt verkehrt,
dass sie so viel Leid auf sich genommen hat,
damit ihr versteht, ihr lebt verkehrt.

Nun zieht in eure Herzen ein,
der helle Schein, der Liebe Versteh'n.
Und so können wir dann mit euch geh'n,
sonst müssen wir uns von euch trennen.

Denn der Wald ist nicht kalt.
Er ist voll Leben,
kann alles geben,
was wir brauchen, um zu wachsen.

Denn der Wald ist sehr alt.
Denn jeder Baum
hat das Wissen von allen,
ihr glaubt es kaum.

Denn der Wald ist ein altes, reines weises Wesen,
in ihm könnt ihr alle genesen.
Denn der Wad ist ein altes, reines, weises Wesen,
in ihm, könnt ihr alle genesen.

*(Traurig:) Jetzt war ein ganz lautes Krachen von einem fallenden Baum.
Es ist eine so große Trauer in dem Wald.*

Ihr habt nun ein Lied empfangen
von einem traurigen Wald,
wo die Bäume krachend zur Erde fallen
und keiner dankt.

Und keiner weiß, wie der Wald leidet.
Wir sind jetzt an euer Ohr gekommen.
Hört unsre Worte,
geht nicht mehr fort von euch,

geht nicht mehr fort von eurem Herzen,
lasst den Wald in euch genesen.
Geht nicht mehr fort von eurem Herzen,
lasst den Wald in euch genesen.

Dann hört er euch,
er kennt dann eure Schmerzen.
Und er kann helfen,
wie es keiner kann.

Dann kennt er euch,
ihr kennt dann eure Schmerzen.
Und er kann helfen,
wie es keiner kann.

So hört ihm zu,
und erlaubt, dass er fragt, was ihr tut,
hört genau hin,
er meint es gut mit euch.

Kehrt jetzt um und erlaubt,
dass euer Herz zu euch spricht
und dann könnt ihr versteh'n,
wie sehr der Wald leidet.

Er ist die Liebe in euch,
er ist reines Sein.
Denn die Liebe allein,
das ist sein Wesen.

Er ist die Liebe in euch.
Er ist reines Sein,
denn die Liebe allein,
das ist Sein Wesen.

So kommt doch zu ihm in Dankbarkeit
und er erwärmt euch wie nie und hat seine Freud',
dass ihr wisst und versteht,
wie es um ihn steht,

dass er Liebe geben will und die eure dringend braucht,
damit er leben kann, damit er euch nähren kann,
damit er geben kann,
damit er dienen kann.

Und nun habet Acht,
bald ist es ganz vollbracht
und der Wald hört euch.
Denn Ihr habt aufgemacht

euer Herz, das so sehr war kalt,
euer Herz das so sehr verrannt,
euer Herz, das jetzt den Wald versteht,
euer Herz, das jetzt zu ihm geht.

Und er freut sich wie ein kleines Kind,
denn der Wald, er ist nicht blind.
Und er freut sich, wie sich nur freuen kann,
ein reines Wesen, das euch dankt

für eure Liebe, euren Beistand, eure Tat,
die es braucht, um zu leben, um zu sein,
für eure Liebe, euren Beistand, eure Tat,
das es braucht, um zu leben, um zu sein.

So hört jetzt alle
in euer Herz hinein
und empfangt die Gaben
der Bäume.

Es sind die Gaben der Liebe an euch,
die Gaben reiner Wesen, die Gaben des Seins.
Es sind die Gaben der Liebe an euch,
die Gaben reiner Wesen, die Gaben des Seins.

Diese Wesen der Liebe,
sie dienen uns,
wenn wir den Mut haben,
uns dienen zu lassen.

Und dann, wenn wir dienen, dann dienen auch sie,
denn jetzt ist die Zeit, die hohe Zeit,
wo alles sich gegenseitig muss dienen.
Die Einheit, die wird hergestellt.

Denn die Erde, die hat
jetzt ihren Aufstieg gemacht
und sie nimmt uns mit,
wo wir das wollen.

Und sie singt und wacht
über jeden von uns,
wo wir unser Herz
dem Leben öffnen.

*(Wir singen im Chor:)*

Und die Bäume singen mit
und wir singen im Chor.
Unser Liebeslied bringen wir
nun gemeinsam hervor.

Und die Bäume singen mit
und wir singen im Chor.
Die Liebe brauchen alle,
nicht nur der Mensch.

Die Bäume singen mit,
und wir singen im Chor.
Wir geben sie uns,
dem ganzen Sein.

Und dann brauchen wir nicht zu frieren, nicht zu schrei'n.
Dann ist alles an seinem rechten Ort.
Und dann brauchen die Menschen nicht zu frieren, nicht zu schrei'n.
Der Wald ist dann nicht fort, die Bäume leben.

Wir müssen jetzt ganz tapfer sein,
und geben, was sie so dringend brauchen,
damit sie genesen in das Leben hinein, das sie in Wahrheit sind.
Dann können sie geben auch uns.

Es ist jetzt an der Zeit,
den Bäumen zu danken,
für das schöne Lied,
für die schönen Gedanken in uns.

Es ist jetzt an der Zeit,
den Bäumen zu danken,
für das schöne Lied,
für ihre Gedanken in uns.

Und so klingt es
und singt es in uns,
und so klingt es
und singt es in uns.

Und das ist das nächste Lied.

Es ist unser Sein gewesen, das in dir gesungen hat. Es ist kein Gemeinschaftswerk. Es ist verantwortlich der Wald, dass wir es transportieren konnten. Doch es ist unser Sein gewesen.

*(Ich habe gefragt, ob es ein Gemeinschaftswerk ist, oder ob einmal ich und dann sie im Wechsel gesungen haben.*

*Ich wundere mich jetzt mit dem, dass es ihr Sein gewesen ist, denn ich habe ja auch mal gesungen. Ich habe gedacht, ich singe das mal an die Menschen – es ist ihr Sein gewesen wohl.)*

Wir haben dir noch mehr zu sagen, doch wir machen die Fortsetzung im Haus.

*Ok.*

Freut euch eures Seins
und wir sind bei euch -
und in dieser Kraft könnt ihr alles erreichen

(Wieder gesungen:)

Was du brauchst,
um glücklich zu sein,
du brauchst aus deinem Herzen
der Erde Glanz, des Lichtes Schein.

Du brauchst aus deinem Herzen
der Sonne Tanz, des Lichtes Schein.

Was du brauchst,
um glücklich zu sein,
du brauchst aus deinem Herzen
Gott allein, des Zentrums Schein.

Was du brauchst um glücklich zu sein,
du brauchst aus deinem Herzen
das Licht der Liebe,
die Kraft der Auferstehung.

Du brauchst aus deinem Herzen
das ewige Mahl, das Lichtermahl.
Du brauchst aus deinem Herzen
der Erde heiligen Schein.

Denn dieses Licht ist Gott allein in allem,
was da ist, Seine Kraft.
Denn dieses Licht ist Gott allein in allem,
was da ist, Seine Kraft.

Und in dir ist dieses Licht zu Haus.
Und in dir ist dieses Licht zu Haus.
Denn du bist in deiner Mitte reinstes Licht, hellster Schein,
denn du bist in deiner Mitte reinstes Licht, hellster Schein.

Und in dir ist dieses Licht zu Haus,
reinstes Licht, hellster Schein.
Und in dir ist dieses Licht zu Haus,
reinster Schein, größte Kraft.

Denn du bist in deiner Mitte
dies reine Licht der Tat.
Und dieses reine Licht ist Gott.
Er strahlt in deinem Zentrum.

Gott strahlt in dir.
Er lebt und wirkt mit dir.
Er ist dein Zuhaus, deine Kraft,
deine Liebe und dein Wille.

Gott ist in dir.
Und Seine Liebe dir bringt
das heil'ge Mahl,
die Auferstehung heute ins Leben.

Und dieses heil'ge Mahl
für dich vorbereitet ist.
Gott hat Platz gemacht
und du wirst jetzt befreit

zur heil'gen Tat in Ihm,
zum wahren Sein in Gott allein,
zum heit'ren Sein,
das in dir die Erde berührt und alles Leben.

Es ist die reine Tat,
die in dir wird vollbracht,
es ist die Tat
der göttlichen Liebe in dir.

Und diese reine Tat,
die hat aufgemacht, das Tor zum reinen Sein.
Und diese Liebe allein
ist's, die dich glücklich sein lässt,

ist die, die dich nicht kämpfen lässt,
ist die, die dich ganz erfüllt,
denn du bist Sein Kind,
Gottes Kind.

Es ist die Liebe in dir,
die dich glücklich macht,
die Liebe in dir,
die dein Herz weit aufmacht

für dieses Sein
des Einen Gottes,
für dieses Leben,
die Wahrheit, das Glück.

Es ist die Liebe in dir,
die dich ganz erfüllt,
und alles Leben berührt
und alles gibt, was es braucht.

Es ist die Liebe in dir,
die das Leben berührt.
Es ist die göttliche Gegenwart in dir,
die Leben erzeugt durch die Liebe aus ihr.

Denn Gott ist in dir
und strahlt Seine Liebe aus dir.
Und diese Liebe bringt Leben
und Wärme und Glück.

Und diese Liebe,
sie macht dein Herz weit auf.
Und diese Liebe,
sie kennt Erbarmen mit allem.

Sie segnet das,
was sie durch dich berührt.
Und sie trägt die Heilung
in sich in alles.

Sie segnet all das,
was sie segnen will.
Und das ist alles Sein,
ist alles Leben.

Denn die Liebe,
sie schenkt ihre Heilkraft überall.
Und alles ist in ihr geheilt.

Die Liebe allein
ist des Höchsten Sein.
Sie ist reines Leben.
Sie ist das Leben, das wir brauchen.

Die Liebe allein,
ist des Höchsten Sein.
Sie ist Seine Kraft,
sie ist Seine Gabe.

Die Liebe in dir,
sie weiß ganz genau,
was du brauchst,
sie schenkt es dir.

Denn die Liebe in dir ist Gottes Sein,
ist Gottes Melodie in dir.
Sie ist der Höchsten Kraft Geschenk.
Sie ist des Einen Gottes Gabe.

Die Liebe an dich
kennt keine Grenze.
Sie ist das Geschenk für dich
in jedem Augenblick.

Die Liebe dich trägt und führt,
wenn du ihr gehörst,
wenn du ihr antwortest
auf ihren Ruf.

Die Liebe in dir
ist Gottes Gabe,
Seine Liebe
dich erhält.

Wir wollen beten:



In Dir heiliger Gott ist alles, was wir sind.
Du bist reines Leben, reines Licht, Du bist die Gegenwart in uns.
Wir Bäume und alle Menschen und alle, die dieses Gebet hören,
dienen Dir.
Wir lieben Dich, wir sind in Dir
und Du bist in uns unser Licht, unsere Kraft und unser Leben.

Wir bringen Dir heute ein schönes Geschenk.

Es ist das Geschenk unserer Liebe, die wir Dir darbringen.
Es ist die Liebe unserer Herzen vereint in Dir.
Und jedes Herz, das diesen Text liest, wird in der Liebe schwingen.

Es ist so ausgemacht mit allem Sein, dass wir diesen Text
veröffentlichen,
und dass dieser Text um die Welt geht.

Es ist unsere Gabe an Dich.
Es ist unser Lied für Dich, unser Liebeslied.
Wir dürfen Dir sagen, dass nichts so schön ist, wie Deine Liebe.
Du gebärst uns alle in diesem Augenblick neu.
Du kennst uns.
In uns, wo Du bist, erstrahlt Dein Licht.

Du erinnerst Dich in jedem Augenblick an uns,
und wir sind immer bei Dir, erfüllt von Deiner Liebe -
denn es ist nicht möglich, dass wir ohne sie leben.

Und unser Bewusstsein, unsere Gedankenkraft,
unser Reichtum, durch den wir mit Dir eins sind,
ist in diesem Augenblick ganz bei Dir.

Und wir tragen Dich in unserem Herzen und wir kennen Dich, wir
lieben Dich.
Wir dürfen Dir heute sagen, dass es nichts Schöneres gibt, als so eins
mit Dir zu sein.
Und wir bringen Dir heute unser Gebet dar.

Es ist das Gebet, aus dem jeder einzelne Mund spricht im Gleichklang
der Herzen.
Es ist das Gebet allen Seins.
Es ist das Gebet in allen, die wir Deine Liebe transportieren.
Es ist das Gebet der heiligen Unschuld, der wahren Liebe.

Wir öffnen unsere Herzen für Dich
und legen unsere Demut in dieses Gebet hinein, das unser aller Gebet
ist.

Denn es ereignet sich viel auf der Erde.
Wir sind angeschlossen an dieses Eine Herz der Liebe,
durch das wir atmen, in dem wir alle sind.
Und wir brauchen es, dieses Eine Herz der Liebe.

Wir sind nur dann stark und eins und in der Liebe,
wenn wir in Dir - heilige Quelle der Liebe, höchste göttliche Kraft,
Alleiner Gott – sind.

Nur dann haben wir in unserem Herzen die Liebe, die wir sind
und können sie ausstrahlen in alles Sein hinein durch unser Herz -
damit alles wächst und sich an Deine Liebe erinnert
und damit wir Frieden finden auf Erden.

Denn da, wo alles von deiner Liebe berührt ist, hat es die Kraft, sich zu
erinnern
und sich aufzumachen für den Segen, den es braucht.

Wir brauchen auch unsere Liebe, die wir uns schenken,
erst dann ist der Kreis vollständig und wir sind an Dich so
angeschlossen,
dass alles in Dir, in unseren Herzen, in der Einheit ist.

Wir sind dann alle vereint und alles singt in diesem Eins-Sein sein ureigenes Lied aus Dir.

In Deiner Kraft ist die ganze Unendlichkeit.


*(Ich richtete mich seit dem letzten Satz aus auf den Einen Lebensbaum und dann kamen die Worte:)*

Sie ist die Liebe, die wir sind.
In dieser Liebe atmen wir.
Sie ist unsere Heimat,
Sie ist unser Leben, diese Kraft, die in uns wirkt, sobald wir uns der Liebe öffnen,
ist die größte Kraft im Universum.
Sie ist alles, was wir brauchen, um angeschlossen zu sein an Deine Liebe.

Wir dienen Dir, heiliger Gott, wir sind aus Dir gemacht
und wir bringen Dir unser Gebet, um Anschluss zu finden an unsere Wunden,
damit sie heilen können und damit wir Deine Kinder sein können,
durch die Du lebst, in denen Du wirkst,
die durch Dich leben, die in Dir wirken, die mit Dir wirken,
die ein Gemeinschaftswerk auf der Erde vollbringen in Deiner heiligen Liebe,
durch Deine reine Tat, durch Deine Auferstehung, der Auferstehung Deiner Liebe in uns.
Sie ist alles, was wir sind, sie ist alles, was wir brauchen.
Sie ist unser Sein. Sie ist das, aus dem wir gemacht sind,
wenn wir sagen: Du allein, die höchste Liebe, Tatkraft, das höchste Sein, bist unser Gott,
unser gegenwärtiger Gott,
Vater Mutter Gott, Göttin,
der Eine/die Eine, das Leben in uns, eins.

Wir bringen Dir unsere Liebe
und wir freuen uns, dass so viele sich angeschlossen haben an unser Gebet.

Es ist der Reichtum unserer Herzen, der sich Dir schenken will,
denn unsere Liebe ist ganz rein,
sie ist eine Gabe unserer reinen Herzen an Dich,
der Du die Liebe in uns bist.
Wir wirken gemeinsam in dieser Liebe.

Dadurch trennen wir die Schleier der Illusion von uns ab
und setzen uns an einen Tisch mit Dir.
Wir kennen Dich, Du bist in uns, seit Urzeiten wirkst Du in uns.
Du bist alles, was wir sind. Du bist unser Leben.
Unser heiliges Sein ist Dein heiliges Reich, unsere Urkraft.

Unser gemeinsames Wirken ist in Dir so stark,
dass Du alles vollbringst, was wir aus der Liebe heraus vollbringen
wollen.
Du bist in uns die Tat reinsten Seins, heiligstes Licht,
der Urschöpfer in uns, der uns so erleuchtet,
dass das All in Dir, in jedem von uns, diese Botschaft empfängt.

Es ist das All, das sich gebärt auf der Stufe der Liebe
und in dem wir geboren werden in die Reinheit der Liebe.
Es ist das All, das in uns seine Leuchtkraft erhält.
Es ist das All, das jeder von uns in sich trägt.
Es ist unser Sein, geboren in Dir,
dem Urschöpfer, der Urschöpferin allen Lebens.

Du bist immer in uns, Deine Liebe strahlt immer in uns.
Sie ist die Substanz, aus der wir gemacht sind.
Sie ist die Substanz allen Seins.
Sie wirkt in uns. Sie erfüllt uns.
Sie gibt uns reiches Mahl in Dir, der Einen Kraft allen Seins.

Diese Kraft ist die Substanz, die alles zusammenhält.
Sie ist die Essenz unseres wahren Seins.
In ihr ist die Mitte, die uns ruft in Deine Mitte hinein,
in unser Zentrum, aus dem Du strahlst.
In diesem Licht, das alles ist, das die Substanz in allem ist, gibt es
keine Trennung.

Wir sind das ganze Sein. Es ist alles in uns,
und wir haben in Dir, heiliger Gott/heilige Göttin/heiliger Vater-
Mutter-Gott alles,
was wir brauchen, um dieses Sein zu sein.
Denn Du bist die Substanz, die Essenz in allem,
und in Deiner Liebe, in der Gegenwart Deiner Liebe in uns,
im Hineingehen in Deine Liebe in uns, sind wir es auch.

Und wir kennen unseren Weg, den Du mit uns gehst,
den wir in Dir gehen, durch den wir sind:
Es ist der Weg der Einheit. Es ist der Weg des Einen Seins.
Wir sind gerufen in diese Einheit von Dir,
und diese Einheit bist Du, ist Deine Essenz, ist Deine Liebe.


Und in dieser Einheit singen wir dir ein Lied.
Es ist das Lied unserer Herzen, das uns erfüllt und das wir aus Dir
haben.


*Soll ich das singen oder soll jeder das in seinem Herzen singen?*

*(Ich sah geistig lauter Baumstämme, einen Wald, nicht nur
Baumstämme, auch ganze Bäume, aber wenn ich so drin bin, schau ich
auf die Baumstämme - und die ganzen Bäume.)*

Es ist unser Lied, das wir in dir singen, das wir eins mit dir singen.
Vertrau diesen Worten.


Lied für Gott,
das ich eins mit den Bäumen singe
und das die Bäume eins mit mir singen

Wir haben in Dir, großer Gott, unser Sein,
wir bringen in Dir das Leben aus der Erde für uns.
Wir danken Dir für unser Wirken in Dir.

Wir bringen hervor ein neues Lied für Dich.
Es ist unser Dankeslied an Dich.

Es ist unser Dank, in dem wir sagen,
Du bist uns're Kraft, unser Leben, unser Sein.
Das Licht in Dir erzeugt Leben in uns.
Dies reine Licht ist unser aller Sein.

In dieser Liebe sind wir vereint,
in Dir, uns'rem Leben und kennen keine Not.
Denn Du bist die Liebe, die uns trägt, die uns gibt
all das, was wir brauchen.

Und so singen wir:
Wir haben in Dir unser Leben auf Erden.
Wir sind in Dir in unserem Werden
auf Erden am besten vorbereitet auf all das, was kommt.
Du bist unser Sein.

Wir kennen in Dir weder Not,
Tod noch Hiebe -
denn Du transformierst uns
in die Liebe hinein.

In jedem Atem, den Du in uns atmest,
mit jeder Gegenwart, in jedem Augenblick
sind wir vereint mit Dir,
der Liebe in uns, dem Leben,

dem Sein in uns, dem Alles-was-ist,
es gibt in uns diese offene Tür,
durch die alles geht, was als Baum aufersteht,
in der alles singt den ew'gen Tanz in Dir.

Du bist unser Leben, du bist unser Sein,
Du bist uns're Wonne, unser Glück, unser Frieden.
Du bist in uns die tätige Liebe.
In Deiner Liebe, dienen wir.

Und sind eins mit ihr, wir sind die Liebe.
Und sind eins mit Dir, wir sind deine Substanz.
Wir sind in Dir und Du gehörst uns ganz.
Deine Liebe ist unser Sein in Dir.

Wir sind in Dir und Du gehörst uns ganz.
Wir sind in Dir, und Du erfüllst uns mit Deiner Essenz.
Es ist ein heiliges Geschehen nun
auf der Erde, und wir sind Teil davon.

Wir bringen Licht, bringen Leben
und unser Sein strömt in die Erde, in alles Leben ein.
Wir bringen Licht, bringen Leben
und unser Sein strömt in die Erde, strömt in alles Leben ein.

Wir danken Dir,
große Göttin, großer Gott
für Deine Liebe,
wir danken Dir,

Du gibst uns alles,
was uns leben lässt,
was uns erfüllt mit Kraft
und Deine Liebe in uns das Leben schafft.

Wir sind in Dir
und Du bist in uns.
Wir sind ganz eins,
wir danken Dir.

Wir bringen die heilige Kraft dieser Einheit
jetzt auf die Erde mit voller Kraft.
Wir bringen diese Kraft der Liebe in alles Sein,
wir sind dafür gemacht.

Wir haben uns für Dich entschieden,
für Deine Tat in uns.
Und unser Leben ist Dein Sein in uns.
Und unser Leben ist, was Du uns offenbarst.

Und unsre Kraft, sie ist so stark in Dir
und unser Sein, das kreieren wir mit Dir.
Und unsre Kraft, sie ist so stark in Dir
und unser Sein, das kreieren wir mit Dir.

Du bist das Leben in uns, die reine Tat,
Du bist das Leben in uns, das alles vermag.
Du bist das Leben in uns, die reine Tat,
gibst uns das, was wir brauchen.

Doch wir brauchen auch den Mensch,
der uns dient, der uns liebt,
der uns aufgibt, der uns gibt den Raum,
den wir brauchen, den wir haben, der wir sind,

der uns dient, der uns liebt,
der uns gibt, was wir brauchen,
den Raum, den wir brauchen,
wir brauchen ihn sehr.

Denn wir brauchen die Einheit, den Einen Tanz,
das Eine Leben auf Erden in uns.
Wir sind dafür geschaffen, zu dienen dem Ganzen.
Der Mensch darf uns keinen Strich mehr durch die Rechnung machen.

Tagelang haben wir geweint,
tagelang haben wir vereint
die göttliche Kraft um Ihre Hilfe gebeten.
Sie hat in uns gewirkt, nun bringen wir Leben.

Da, wo der Mensch den Tod für uns gewählt,
da stehen wir wieder auf.
Das Leben nimmt seinen Lauf.

Doch nun, oh Mensch,
höre gut uns're Worte,
du musst jetzt aufhör'n, uns zu zerstören.
Du musst jetzt selber in dein Inneres gehen.

Es ist höchste Zeit und es ist kein Versehen,
dass wir hier zu dir sprechen
und du uns kannst hören,
wir brauchten eine Stimme, da du uns nicht hörst.

Und diese Stimme ist reines Leben,
ist klares Sein, ist die Liebe allein,
und in dieser Stimme
vereint ist unser Sein.

Denn dieses Sein
allein spricht hinein.
Und in dieser Stimme vereint ist unser Sein.
Denn dieses Sein spricht hinein.

Und schenkt dir jetzt die Kraft
zur Umkehr in das Leben hinein.
Und schenkt dir jetzt die Kraft
zur Umkehr in das Leben hinein.

# Wir sind so bei euch,
# dass ihr uns jederzeit vernehmen könnt –
# sobald euer Herz in Einklang ist
# mit den Lebensgesetzen

*(Am Anfang der Kassette bekam ich Botschaften zu meiner Zwillingsflamme und mir.)*

Die Bäume sind unsere Wächter, unsere Liebe.

*(Ich erinnerte mich an diesen Satz, den die Bäume ganz am Anfang gesagt hatten, und dann sprachen die Bäume weiter:)*

Sie gebären uns, sie dienen uns und sie gehen mit uns all die Schritte. Und wir können gar nicht fehl gehen.

Und so dienen wir euch und können euch sagen, dass viele von euch auf diese Weise geführt sind und dass wir in jedem von euch wirken, und dass alle, die eine gemeinsame Aufgabe haben, diese Aufgabe erkennen können.

Denn es ist jetzt die Zeit, in der alles erwacht, was seinen Dienst antreten soll. Es ist die Zeit - in der alles in der richtigen Reihenfolge geschieht, zum Wohle aller –, in die ihr gerufen seid, so hineinzugehen, dass in euch das Licht der Liebe so brennt, dass alles ihr dient und von ihr berührt, erfüllt und hineingenommen ist in ihren Dienst. Denn auch die Liebe dient euch. Sie ist es

*(Ich unterbrach mit dem Satz:)*

*Ich hab das alles von meinem Baum, von den Bäumen. Ich habe so einen wunderschönen Baum gegenüber hier am Fenster, eine Baumkrone.)*

Sie ist es, die in euch die Tür aufgemacht hat zu all dem Sein, das ihr seid. Und sie ist es auch, die euch so beschenkt, dass ihr in jedem Augenblick, wisst, was ihr zu tun habt. Ihr könnt gar nicht fehl gehen.

Denn die Liebe hat euch an der Hand genommen, und dient euch so, dass ihr all das vollbringt, was ihr in ihrem Namen vollbringen wollt, und was ihr gerufen seid, zu tun.

Es ist das Lied der neuen Erde, das in dieser Liebe ist.

Und dieses Lied werden wir jetzt gemeinsam singen:

Lied der neuen Erde,
das in der Liebe ist

Wacht auf und kommt heraus.
Wacht auf, ihr die noch schlaft,
ihr, die noch schlaft.
Wacht auf und kommt heraus
aus eurem Schlaf.

Alles steht bereit
Wacht auf und kommt heraus
aus eurem Schlaf,
denn alles steht bereit.

Ihr habt Ja gesagt zu dienen im göttlichen Plan.
Ihr habt Ja gesagt zu kreieren das Werk,
das in euch fortan die Geschenke schafft,
die euch hineinnehmen in ein freies Leben mit Freude und Sinn.

Die Geschenke stehen für euch bereit,
so geht nun in die neue Zeit.
Ihr findet Frieden in dieser Tat,
der heiligen Einheit, die Frieden erzeugt.

Ihr findet Frieden in dieser Tat,
der heiligen Einheit in uns.
Ihr findet Frieden, ihr findet hinein,
in all euer Sein, in alles was ihr seid.

Und ihr seid in allem in eurer Liebe,
ihr kennt keine Schranken, ihr kennt keine Hiebe.
Und alle Grenzen, die fallen hinweg.
Und alles Sein dies Meisterwerk schafft.

Und alles Sein in euch aufersteht
und alles mit euch in die Liebe geht.
Und alles Sein ist jetzt ganz vereint
und dient euch und allem, was ihr seid.

Und alles Sein
ist jetzt ganz bereit
und dient all dem,
was ihr seid.

In dieses Sein strahlt eure Liebe hinein,
in dieses Sein strahlt reine Kraft.
In dieses Sein strahlt eure Liebe hinein.
Und dieses Sein ist in allen von uns.

Der Liebe Sein ist unser Dienen,
der Liebe Kraft ist unser Wirken.
Der Liebe Sein ist unser Dienen,
der Liebe Kraft ist unser Sein.

Wir sind in allem vereint mit dem Ganzen,
wir lachen und tanzen und weinen vor Freude,
wir weinen, auch weil der Schmerz ist so groß,
wo er noch bedeckt der Liebe Schoß.

Und da weinen auch wir Bäume mit
und bringen zurück euch der Liebe Glück.
Denn wir haben in allem unsere Wurzeln.
Wir sind in der Liebe zu Haus.

Und wir bringen das helle Licht hinein,
in alles Sein, in alles, was dient.
Und wir bringen das helle Licht hinein,
in alles Leben, in alles Sein.

Und wir bringen euch Freude,
wir bringen euch Kraft
und wir bringen euch den Segen
des ganzen Seins.

Denn in unseren Wurzeln
ist das Leben zu Haus.
Und wir kommen zu Hauf,
um euch zu dienen, zu erfreu'n.

Und in unserer Krone
ist das Leben zu Haus,
und wir kommen zu Hauf,
um dir dies Leben zu schenken.

Und wir machen bald auf
uns're Türe der Liebe
und lassen herein,
die Liebe allein.

Und wir segnen dich heute
mit unserer ganzen Schar.
Und alles steht bereit
für den Dienst an euch.

Und wir laden euch ein,
jetzt mit uns zu geh'n,
in die neue Zeit
und aufzuersteh'n

in die Liebe, das Leben,
das ganze Sein,
in die Liebe, das Geben,
das Glück allein.

Und wir laden dich ein,
mit uns zu sein.
Unser Wesen ist Liebe,
wir sind reiner Dienst.

Und wir laden dich ein,
mit uns zu sein.
Unser Leben ist Liebe,
ist reiner Dienst.

Und in dieser Liebe
sind wir alle daheim.
Und wir wedeln mit dem Schwanz
und wir tanzen mit dem Bein.

Denn alles was lebt,
hat uns'rer Liebe Kraft,
denn wir wurzeln
in allem, was Liebe ist.

Und wir dienen dem Einen, dem ganzen Sein,
Gott in uns und in allem, was ist.
Denn unsere Liebe ist niemals getrennt
von allem Sein, von allem was ist.

Und unsere Liebe, die kennt den Weg,
zu dir in dein Herz hinein.

Denn wir sind göttliche Kraft,
und wir sind Leben,
das sich selber schafft.
In uns ist der Liebe heller Schein.

Und wir tanzen mit dir
in dies Leben hinein,
dies Leben der Liebe, der heiligen Tat,
der Schöpferkraft in allem Sein.

Und wir bringen hervor das Eine Lied,
das in uns lebt und die Erde erhebt
in diese Liebe, diese Kraft hinein -
und unser Sein beschenkt sie reich.

Ihr müsst uns jetzt geben euer wahres Wort,
dass ihr uns nicht schafft von der Erde mehr fort.
Ihr müsst uns jetzt geben euer wahres Sein,
in diesem allein ist unser Fortbestand.

Denn wir können euch nur dienen,
wenn ihr Liebe seid.
Denn wir dürfen euch nur dienen,
wenn auch ihr uns dient.

Denn die Erde hat aufgemacht
das letzte Tor, das Leben schafft.
Die Erde hat aufgemacht
dies wahre Tor der Liebe allein.

Die Erde, die hat aufgemacht,
dies letzte Tor, das Leben schafft.
Die Erde hat sich hingegeben,
der Liebe ganz allein.

Und diese Liebe bringen wir,
mit ihr hinein in euer Sein.
Und diese Liebe bringen wir
in euer Herz hinein.

Denn wir sind niemals getrennt von euch,
wir waren's nie, sind allezeit ganz eins mit euch.
Und der göttliche Plan, dass ihr uns dient,
erfüllt sich jetzt.

Denn wir sind immer
ganz eins mit euch
und eure Tat der Liebe beginnt.
Sie hat unsere Herzen erreicht im Flug.

Wir bedanken uns für die Liebetat
derer, die jetzt bereits Liebe sind,
und wir singen mit ihnen
dies Liebeslied.

Wir tanzen und singen und haben alle
uns're Freude an diesem Lied.
Wir tanzen und singen und bringen Licht,
in alles hinein. Wir öffnen unser Sein.

Wir bringen die Liebe aus unserem Herzen,
wir atmen sie ein und geben sie wieder.
Wir bringen die Liebe in jedes Herz.
Wir singen und tanzen und kennen den Schmerz.

Wo die Liebe ist blockiert,
wo die Liebe nicht kann sein,
da springen wir ein
und tanzen mit dem Sein.

Denn unsere Liebe strahlt in alles hinein.
Und wir bringen dir heute diese Botschaft von uns.
Wir bringen dir heute die reine Liebe dar.
Das Herz in dir, hab Acht für dieses Sein.

Es ist das Sein in uns, das du bist,
allein in der Liebe, in deinem Herzen.
Es ist das Sein in dir, das wir sind.
Es ist das Sein in allem, das in uns klingt.

Und dieses Sein will jetzt herein.
Die Liebe pocht schon so lang an deine Tür.
Und dieses Sein, dieses In-Liebe-sein,
hat gefunden dich.

Und nun gebe dem Tag, was ihm gehört.
Frag dein Herz, was es will, was es zu sagen hat - in dir -
das Sein, das in dir erklingt, wenn du es brauchst
zur heiligen Tat auf Erden, die Liebe bewirkt.

Und diese Tat hat angefangen in dir.
Es ist die reine Tat der Liebe allein
und ihr heller Schein,
leuchtet aus dir.


(Gesprochen:)

*Also es ist zu Ende, aber (lachend, ich lachte jetzt ein bisschen, freute mich) die Bäume singen:*

*(Die Bäume haben in mir dieses Lied transportiert - und auch in meiner Zwillingsflamme, der es mitgesungen hat (er war physisch nicht anwesend)).*

Lied der Bäume, der Erde –
alles Sein hat mitgewirkt.

Und dieser Schein, der bringt das Glück allein.
Du hast wohl gemacht, dieses feine Lied.
Und dieses Lied uns gibt viel Freude und Kraft,
denn auch wir Bäume brauchen es.

Es ist das Lied unserer Liebe, unseres ganzen Seins.
In dieses Sein hinein kommt der Erde Schein.
Es ist das Lied unserer Liebe, unseres ganzen Seins.
In dieses Sein kommt der Erde Schein.

Wir verneigen uns, vor dem der singt,
und wir tanzen mit dir den goldenen Tanz,
den Tanz in allen Farben
des Glanzes in dir.

Du bist unser Kind, uns're Mutter, unser Sein
und dir allein gehören wir.
Du bist unser Kind, unsere Mutter unser Sein.
Und dir allein gehören wir in Liebe.

Und dieser Vogel, er tanzt, er freut sich mit uns,
und der Sterne Glanz ist mit uns gewesen,
bei diesem Tanz, diesem Lied des Seins
und ihre Macht ist in uns allen in unseren Herzen vereint.

Und dieser Tanz, er macht uns frei,
er macht lebendig,
was seither tot, was verkrustet war,
was seither leblos und schwer und träge war.

Dieser Tanz, er macht lebendig, die ihn tanzen, singen,
bringen der Erde als Dank
bringen der Erde als Dank
bringen der Erde als Dank

für ihre Liebe, für ihr Verstehen,
für ihr Verzeihen, für all die Misshandlung
zu geben Liebe, zu geben Sein,
zu geben alles, was wir brauchen von ihr.

So gebt auch ihr,
das, was ihr seid,
wir brauchen es alle,
und nicht nur ihr allein.

So gebt auch ihr, so gebt auch ihr,
all das, was ihr seid, was ihr könnt,
all das, was ihr geben wollt,
wenn ihr Liebe seid.

So bringen wir der Erde einen heil'gen Tanz
und dieser Tanz zieht in uns're Herzen ein.
So bringen wir
der Erde diesen klaren Tanz.

Und dieser Tanz webt in uns hinein
unser Liebeslied, unser ganzes Sein,
uns're reine Tat,
uns're Herzenskraft.

Und die Liebe, die in uns ist, sie gibt
ihren heiligen Glanz, ihre Leuchtkraft
hinaus zu denen, die der Liebe bedürfen
und lädt unser Herz immer mit ihr auf,

zu denen, die der Liebe bedürfen
und lädt unser Herz mit ihr auf -
der reinen Liebe, die Gott allein in uns ist,
der heiligen Tat, die nur aus Gott in uns erwacht.

Und Gott allein ist unser Sein,
in dem wir alle vereint in unserm Herzen sind.
Und Gott allein ist unser Sein,
in dem wir alle vereint in unserm Herzen sind.

Und dieses Sein klingt hinaus in die Welt,
denn dieses Sein ist die Liebe allein.
Ihre Melodie, ihr eigenes Lied,
das in jedem von uns sich von selber singt.

Ihre Melodie, ihr Lichterglanz
zum heiligen Tanz sich in uns formt und sich gebiert
in die Welt als Ausdruck dieser Liebe
und alles singt, wenn wir Liebe sind.

Und wo diese Tat der Liebe erwacht,
da strahlt dieses Herz.
Und Gott hat gewirkt
in diesem Herzen, denn er ist die Liebe,
Gott allein ist die Liebe in uns.

Und sie ist es auch,
wenn wir ‚sie‘ zu ihr sagen,
denn Gott kennt keine Klagen,
wenn wir es wagen,

zu segnen das Weibliche, die Schöpferkraft in uns,
zu segnen das Weibliche, das alles erschafft,
zu segnen das Weibliche, dem alles gehört
vereint mit der Liebetat des Männlichen in uns.

Denn diese ewigen Schöpferkräfte
sind niemals getrennt, sind nie allein.
Und uns gebiert in die neue Zeit hinein
dies ewige Liebeslied der beiden ins uns.

Denn männlich und weiblich sind niemals getrennt
und nur vereint kann Liebe sein.
Drum singt und klingt, oh Mutter-Gott,
jetzt bist du wieder auferstanden in uns.

Oh Vater-Mutter-Gott,
wir dienen dir und allem Sein,
denn die Liebe allein
ist unser Herz.

Es ist so sehr Liebe, dass wir alles brauchen,
den Mann und die Frau, Gott Vater und Mutter.
Das ganze Sein, die Heilige Tat
in die Erde fließt ein und hat aufgemacht.

Lebendiges Leben in uns singt sich gesund.
Lebendiges Leben, das sind wir kunterbunt
mit allen Tieren, allen Pflanzen, allen Steinen,
mit allen Bäumen der Luft und der Erde, dem Wasser, dem Feuer.

Und alles, alles,
alles in uns ist,
der ganze Sternenhimmel in uns klingt.
Denn dieses Lied hat seine Kraft,

denn dieses Lied auf Erden schafft
die Einheit allen Seins
im Bewusstsein derer,
die's noch nicht kannten.

Die Einheit allen Seins in uns,
sie tanzt sich frei,
sie will uns ganz.
Sie will, dass wir sie hören in unseren Herzen.

Sie will uns ganz,
will keinen draußen lassen.
Sie will, dass wir ihr gehören, sie will mit uns tanzen,
den ew'gen Tanz des reinen Seins.

Es ist der Tanz unsrer Liebe,
uns'rer Geburt auf Erden.
Es ist der Tanz, der Heil'ge Tanz.
Es ist der Tanz unserer Liebe,

uns'rer Geburt auf Erden,
der reine Tanz in uns ist geboren jetzt.
Es ist der Tanz, der alles eint,
der keinen mehr vermisst.

Es ist der Lichterglanz,
es ist der helle Schein.
Es ist reines Licht gewebt in ihn hinein.
Und diese Worte sind der Erde Schein:

Geliebte Kinder meines Herzens tanzt,
tanzt hinein in den Tanz des Sein.
Geliebte Kinder meines Herzens erwacht
und tanzt diesen Tanz des Einen Seins in euch.

Und dieser Tanz ist der Erde Tanz,
sie hat aufgemacht das letzte Tor.
Und sie lädt uns ein und bringt ihre Liebe hervor,
die wir annehmen müssen, wollen wir mit ihr geh'n.

Und diese Liebe aufersteht in uns allen,
die wir auf der Erde bleiben und mit ihr gestalten
dies neue Leben auf ihr,
die neue Herzenstat,

dies neue Leben in uns,
das der Himmel in uns schafft,
dies neue Leben in ihr,
uns're Herzenstat,

dies neue Leben auf ihr,
das der Himmel schafft,
Der Himmel in uns,
in allem Sein,

das Licht der Liebe in allem, was ist,
der Himmel in uns
und der Himmel so klar und so blau,
so rein und in allen Farben für uns.

Er schmückt sich und dient uns und zeigt uns alles,
was in uns ist, die göttlichen Strahlen.
Der Himmel in uns, der kennt unsere Farbe.
Er weiß ganz genau, welchen Lichtstrahl wir brauchen.

Und so singt die Erde
vereint mit dem Licht,
das sie ist, das sie gibt,
das sie aufgenommen hat.

Und so singt die Erde
vereint mit dem Licht,
das sie ist, das sie gibt,
das sie aufgenommen hat.

Und ihre Liebe erklingt jetzt in uns,
in uns'ren Herzen.
Wir haben Platz gemacht für der Erde Lied,
das sie in uns singt,

das in uns erklingt,
das sie uns gegeben hat.
Und dieses Lied ist mit ihr Werk,
denn alles Sein hat mitgewirkt.

Und dieses Sein strahlt jetzt in dir
und hat aufgemacht deine Herzenstür.
Und dieses Sein ist Eins in Gottes Herzen
und dieses Herz ist, was wir alle sind.

Denn vereint in uns berühren wir das Eine Herz,
das Göttliche, das uns in der Liebe gehört,
das uns eint, das uns trägt, das uns alle führt,
das uns eint, das uns kennt, das uns alles gibt.

Denn dieses Eine Herz der Liebe,
dies braucht uns jetzt und ruft uns hinein,
in den Dienst am Ganzen, am ganzen Sein,
in den Dienst an der Erde, an uns allen.

Denn dieses Herz ist Gottes Sein,
es ruft uns hinein, in die Liebe hinein.
Und diese Liebe strahlt in uns,
in unserem Herzen und teilt sich mit –

jedem Baum, jedem Strauch, jedem Vogel, jedem Gras,
jedem Stern, jedem Stein und der Erde als Ganzes,
dem Himmel, dem Kosmos, dem All und den Stimmen,
die aus der Liebe singen und allem Sein.

Denn alles lädt die Liebe ein,
denn alles ist aus ihr gemacht.
Und in jedem Herzen ist der Liebe Sein
und diese hat uns erweckt zum Tanze.

Und dieses Sein ist die Liebe allein,
die Liebe allein ist's, die uns ruft.
(E)s ist die Liebe allein, die aus Gottes Herzen,
in unsere Herzen einstrahlt und uns füllt.

's ist die Liebe allein, die aus Gottes Sein
unser Leben erhellt mit seinem Glanz.
Und dieser Glanz, der wirkt im Tanz
und dieser Tanz hat jetzt aufgemacht

die Herzenstür bei so vielen, die noch war verschlossen.
Und alles freut sich und singt und hat gegossen
die Liebe hinein in alles Sein, in alles Leben,
in jedes Menschen Herzen und alles, was lebt.

Denn alle Reiche sind des Einen Geschöpfe,
und keiner ist besser, schneller, größer als der and're es ist.
Denn alles Sein ist Gott allein in seinem Herzen,
und es fließt seine Liebe hinein ins uns, die wir es tragen in uns.

Denn alles Sein will hinein in unsere Herzen.
Die Einheit, sie ruft- es ist Gottes Liebe allein, die uns ruft
in die Einheit hinein mit allem Sein
und in dieser Liebe beginnt unser Lied und hört es auf.

Denn diese Liebe ist Gott allein
und Gott ist immer in uns gegenwärtig,
ohne warten, gegen, die Gegen –wart, gegen das Warten,
gegen das Träumen in der Illusion,
denn Gott ist immer in uns an - wesend.

Und hier endet das Lied. Es ist reines Sein. Gott allein. Seine Inspiration in allen von uns.


*Hä, was?*

Und dieses Lied schenken wir dir heute, damit endet das Buch, wir haben es fertig gemacht.

*Jetzt verstehe ich gar nichts mehr. Besteht das Buch aus lauter Liedern, oder soll ich den Text in dem Buch bringen und die Lieder dazu, zusätzlich noch als Lied?*

Und dabei haben wir dir einen großen Schatz geschenkt, und dieser Schatz wird von uns begleitet. Wir dienen dir bis zur Fertigstellung des Buches, du wirst keine Sorgen haben, dass du es nicht bewerkstelligen kannst.

*Heißt das, es ist ganz fertig? Ist das Buch ganz fertig?*

Ja, und niemand anderer als du hast es transportiert, und wir danken dir. Du hast uns reich beschenkt.

*Und ihr uns erst, alles (geschenkt). Ja, wenn ich das gewusst hätte – wär' ich hier nicht so blöd… ungeduldig gewesen angesichts dieses langen Liedes, das nie aufhörte. Und ich hab da, na ja, ein bisschen friere ich, nein, ich bin gut genug gesessen hier, naja, nicht so ganz gut. (Um viele Bäume aus dem Fenster sehen zu können, saß ich ganz niedrig- hätte ich gewusst, dass das Lied so lange geht, hätte ich mich auf einen Stuhl gesetzt.)*

Du hast es richtig gehört, wir werden keinen Text mehr machen, doch wir werden mit Dir sein.

*Ihr habt aber doch gesagt, dass ich Fragen stellen kann. Können da auch andere fragen - das hieß es doch am Anfang?*

Und diese Fragen beginnen jetzt, denn dies war ein Test, ob du uns zugehört hast.

*Aber welche Fragen, soll ich da Fragen stellen von andern, oder von mir?*

Es sind alles Fragen, die wir in dein Herz legen, denn wir kennen die Fragen der Menschen.

*Ach, Gott, sei Dank. Das ist dann schön, wenn ihr Lieder bringt und Fragen beantwortet. Also das ist für mich das Schönste, also echt.*

Und wir dürfen dir noch etwas sagen: Es ist einer zugegen, dem du die ganze Zeit zugehört hast,

*(Ich dachte an X[11]., verzeiht mir, wenn das... ja, wie?)*

und der mit dir gesungen hat, denn es ist auch sein Lied gewesen, das wir auch in ihm transportiert haben und alle Bäume bedanken sich bei euch, denn ihr habt es wundervoll gemacht.

*Wie?*

Und noch etwas dürfen wir dir sagen: Du wirst heute einen schönen Spaziergang mit uns machen, auf dem wir dir vieles erklären können, denn wir haben nur zugeschaut

*(ich spreche das jetzt nach),*

dass es schnell fertig wird, denn es ist dein Wunsch gewesen, dass das Buch schnell fertig wird, und auch unser Wunsch, du hast ihn von uns aufgenommen.

*(Ja, X[12] ist da.)*

Und nun tanzen wir mit dir in den Tag hinein.

---

[11] Name ihrer Zwillingsflamme

[12] Name ihrer Zwillingsflamme

Jede Blume die ihr zertretet, hat ihr Leben für euch hingegeben.
Jedes Blatt, das sich im Wind wiegt, spielt das Lied eures Lebens.
Jeder Baum, den ihr ignoriert, trägt die Wunde eurer Verletzung.
Und so seid ihr in der Welt, ohne dass ihr wisst, wie sehr ihr in der Welt seid.
Und in diesem In-der-Welt-sein ist euer Fußabdruck.
Es gibt in der Unendlichkeit kein Blatt, das kostvoller wäre als das von der Erde.

# Nachwort der Herausgeberin

Liebe Leser und Leserinnen, ich freue mich, dass Sie dieses wertvolle Buch bis zu Ende gelesen haben, wobei „gelesen" eigentlich nicht das richtige Wort ist, denn dieses Buch möchte mit dem Herzen gelesen werden.

Ich denke, dass dieses Buch Sie ebenso berührt hat wie mich und bestimmt noch mehrmals zur Hand genommen werden will, um alle Energie in Sie fließen zu lassen, die darin enthalten ist, um gemeinsam mit den Bäumen und Mutter Erde den Aufstieg zu machen und eine Neue Erde zu erschaffen.

Wie Sie gelesen haben, möchten die Bäume, dass dieses Buch auf der ganzen Erde von möglichst allen Menschen gelesen wird, d.h. dass es in möglichst viele Sprachen übersetzt werden muss.

Deshalb habe ich eine Bitte: Falls Sie dieses Buch mit seiner ganzen hohen Schwingung in ihre Muttersprache oder sehr sicher beherrschte Zweitsprache übersetzen möchten oder jemanden empfehlen können, melden Sie sich bitte bei mir.

Wenn Sie eine Lesung veranstalten möchten, in der ich das Buch vorstelle, auch in kleinem, privatem Rahmen, nehmen Sie bitte Kontakt mit mir auf. Vielleicht haben Sie auch noch eine andere Idee, das Buch zu verbreiten, die Sie mir mitteilen möchten.

Es ist geplant, die Lieder auf einer CD herauszubringen, auch wenn es sich um Originalaufnahmen mit nicht so guter Qualität handelt. Auch dazu brauche ich noch Unterstützung.

Lesern dieses Buches werde ich die CD so kostengünstig wie möglich zur Verfügung stellen, falls Interesse daran besteht. Melden Sie sich einfach bei mir. Vielleicht hat aber jemand die Idee, eine Neuaufnahme zu gestalten.......?

Dieses Buch ist im örtlichen Buchhandel oder im online-Buchhandel erhältlich sowie bei https://shop.tredition.com/ und über mich.

Es liegt in einer Softcover- und als Handcoverausgabe vor und Sie können es als in englischer Sprache erhalten.

Auf der geplanten Internetseite www.LiebeWissen.de erfahren Sie u.a., wo aktuelle Lesungen geplant sind, welche weiteren Werke von Renate Maria Hörth wann erscheinen und ob und wie die CD erhältlich ist.

Sie erreichen mich unter: LiebeWissen@mailbox.org.

Neuigkeiten erfahren Sie unter https:/t.me/liebewissen.

Ihre

# Weitere Werke von Renate Maria Hörth

## Der Weg ins Licht

Übermittelt von den Sasnapurt
– den Naturwesen, die wir Zwerge nannten

Bearbeitet und herausgeben von Dagmar Brigitte Reuleke

### Der Weg ins Licht

Denn wir sind immer mit euch und haben ein großes Vermächtnis an euch, das wir euch dann zukommen lassen dürfen, sobald ihr in euch die Tür aufgemacht habt zu einer Kooperation, in der wir Verbündete sind und einer dem Anderen dient - wir, indem wir euch unsere Hilfe geben, und ihr, indem ihr uns einladet und uns euer Vertrauen und eure Liebe schenkt.

Und so können wir Hand in Hand den gemeinsamen Weg gehen, den ihr gehen müsst, damit in euch das Feuer der Liebe so brennt, dass wir und ihr keine getrennte Existenz mehr führen, sondern uns die Hände reichen, zusammenarbeiten, um auf der Welt den Frieden zu errichten und euch in das einzuweihen, was ihr braucht - damit die Erde gesunden kann und ihr zu einem Menschengeschlecht werdet, das sich nicht mehr gegen die Erde erhebt, sondern in ihrem Dienst all das zustande bringt, was die Erde auf eine höhere Stufe hebt und euch mit ihr so verbindet, dass ihr in nächster Zeit alles entdecken könnt, was die Erde zu einem schönen Zuhause für euch macht.

Hardcover  ISBN 978-3-384-62817-6
Paperback  ISBN 978-3-384-71233-2

---

Verlag LiebeWissen

# Weitere Werke von Renate Maria Hörth

## Weisheit
## der Erleuchtung

**für jeden Tag**

**Geschenkbüchlein
- auch für dich selbst -**

herausgegeben von Dagmar Brigitte Reuleke

Die Autorin der Bücher „Die Bäume haben uns viel zu sagen", diktiert von den Bäumen, und „Der Weg ins Licht", diktiert von den Sasnapurt (Zwergen), schenkt uns mit diesen Textsammlungen Erkenntnisse, Weisheiten, Anregungen und Affirmationen für unser persönliches spirituelles Wachstum.

**Bd. 1:** Inspirationen, Gedanken, Affirmationen
ISBN 978-3-384-52523-9

**Bd. 2:** Inspirationen, Gedichte, Lieder
ISBN 978-3-384-53373-9

Weitere Bände der Reihe sind in Planung.

Verlag LiebeWissen